Nüßgens
Führungsaufgabe Personalwesen

Führungsaufgabe Personalwesen

Analyse und Maßnahmen zur Gestaltung eines Personalinformationssystems

von

Karl-Heinz Nüßgens

W DE G

Walter de Gruyter · Berlin · New York 1975

Dr.-Ing. *Karl-Heinz Nüßgens*
Wissenschaftlicher Assistent am Lehrstuhl für Arbeitswissenschaft an der RWTH Aachen,
jetzt Mitarbeiter im Personalwesen eines Großunternehmens

Mit 85 Abbildungen im Text

ISBN 3 11 004960 0

Satz: IBM-Composer, Walter de Gruyter, Berlin. Druck: Karl Gerike, Berlin.

Vorwort

Wirtschaftlich wie sozialpolitisch ist es unerläßlich, daß jedes Unternehmen und jede Führungskraft sich mit der Führungsaufgabe Personalwesen und den grundlegenden Zusammenhängen eingehend vertraut machen. Sicherlich kann man davon ausgehen, daß sich nicht wenige Unternehmen bereits seit geraumer Zeit dieser Führungsaufgabe bewußt sind und beispielsweise eine mehr oder weniger ausgebaute Personalplanung betreiben. Aber dennoch sind für diese Führungsaufgabe im Gegensatz zu anderen Führungsaufgaben im Unternehmen praktikable Modelle, Methoden, Verfahren und Hilfsmittel noch wenig entwickelt, sind „benutzergerechte" Personalinformationssysteme kaum realisiert.

Vor diesem Hintergrund erscheint es dringend erforderlich, sich in Wissenschaft und Praxis darüber zu verständigen, welche Anforderungen an die Führungsaufgabe Personalwesen zu stellen sind, welche Aufgaben diese Führungsaufgabe in ihrer Gesamtheit beinhaltet. Hierzu soll die vorliegende Arbeit einen Beitrag leisten, die während meiner Assistententätigkeit am Lehrstuhl für Arbeitswissenschaft in Aachen entstand. Für die wertvollen Anregungen und für die Unterstützung bei der Ausarbeitung bin ich meinem verehrten akademischen Lehrer Herrn Prof. Dr.-Ing. R. Hackstein zu großem Dank verpflichtet.

In dieser Arbeit sind sowohl Wissenschaftler als auch Praktiker gleichermaßen angesprochen. Wissenschaftler insofern, als hier ein Ansatz vorgestellt wird, der die verschiedenartigen Problemstellungen des Personalbereichs mit einer gewissen Zwangsläufigkeit zu einem geordneten Ganzen vereinigt. Damit ist für die einzelnen wissenschaftlichen Disziplinen, die sich mit Problemen des arbeitenden Menschen befassen, eine Basis geschaffen, die es erlaubt, einerseits wichtige Einzelprobleme aus einer speziellen Sicht zu beleuchten, andererseits die Einbettung der Einzelprobleme in übergeordnete Zusammenhänge zu sehen und im Rahmen einer interdisziplinären Zusammenarbeit entsprechend zu berücksichtigen. Praktiker sind angesprochen, da sowohl die umfassende Beschreibung der komplexen Führungsaufgabe Personalwesen als auch die grundsätzlichen Überlegungen zur Gestaltung eines Personalinformationssystems eine wertvolle Hilfe bieten, eigene Aktivitäten und Verhaltensweisen zu entwickeln und zu überdenken.

Aachen, im März 1975 Karl-Heinz Nüßgens

Vorwort

[illegible]

Inhalt

1. Einleitung

Gegenstand dieser Arbeit ist die *Führungsaufgabe Personalwesen.* Dabei soll unter „Personalwesen“ kein organisatorisch abgegrenzter Führungsbereich – in vielen Unternehmen z.B. „Personalabteilung“ genannt – verstanden werden, sondern ein Aufgaben- und Maßnahmenbereich, der alle Funktionen umfaßt, die auf den Menschen im Unternehmen ausgerichtet sind. „Personalwesen“ stellt eine primäre Führungsaufgabe dar, bei der es darum geht, allen personalbezogenen Aufgabenstellungen eine möglichst große Rationalität, d.h. eine möglichst hohe Entscheidungsgüte und Verwirklichung zu sichern, um den Besonderheiten der menschlichen Arbeitsleistung umfassend Rechnung zu tragen. Wie bei jeder anderen Führungsaufgabe müssen auch hier klare Ziele gesetzt und/oder Grundsätze aufgestellt und mit Hilfe eines entsprechenden Instrumentariums die Führungsphasen Planung, Entscheidung, Durchsetzung und Kontrolle verwirklicht werden.

Die Führungsaufgabe Personalwesen umspannt ein außerordentlich weites Feld, durchzieht das ganze Unternehmensgeschehen und ist von diesem nur schwer zu trennen. Zugleich ist sie Bestandteil der Führungsaufgabe einer jeden Führungskraft.

Interessant ist in diesem Zusammenhang eine Untersuchung, die von der Forschungsstelle für empirische Sozialökonomik in Köln durchgeführt wurde [24, S. 23–25; 25, S. 36–37]. Hierbei wurde anhand eines standardisierten Selbstbeobachtungsschemas herausgefunden, mit welchen Sachgebieten Führungskräfte aus Wirtschaftsunternehmen während ihrer täglichen Arbeit zu tun haben. Die Ergebnisse sind in der Abb. 1 und in der Abb. 2 verdeutlicht. Differenziert wurde dabei einmal nach kaufmännischen (Abb. 1) und technischen Führungskräften (Abb. 2), zum anderen nach 50 Sachgebietskategorien, die in den jeweiligen Abbildungen zu 12 bzw. 13 Hauptgruppen zusammengefaßt sind. Geordnet wurden diese Sachgebiete nach der Häufigkeit, mit der die kaufmännischen oder technischen Führungskräfte auf den entsprechenden Gebieten tätig wurden, wobei die Prozentzahlen hinter den einzelnen Gebieten den Anteil der Angestellten angeben, die zur Beschreibung ihrer Arbeit das entsprechende Sachgebiet angegeben haben.

Die Reihenfolge der in Abb. 1 angesprochenen Sachgebiete läßt erkennen, daß bei kaufmännischen Führungskräften

Planung,
Organisation,

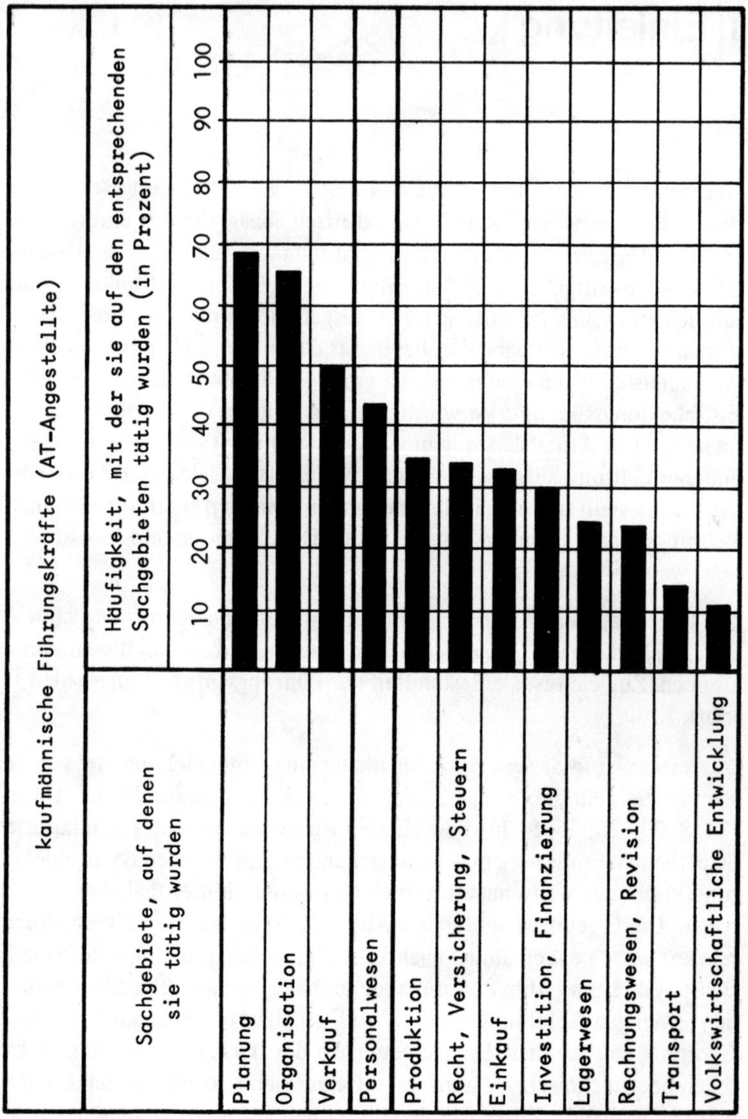

Abb. 1. Häufigkeit, mit der kaufmännische Führungskräfte auf verschiedenen Sachgebieten tätig wurden [24, S. 24]

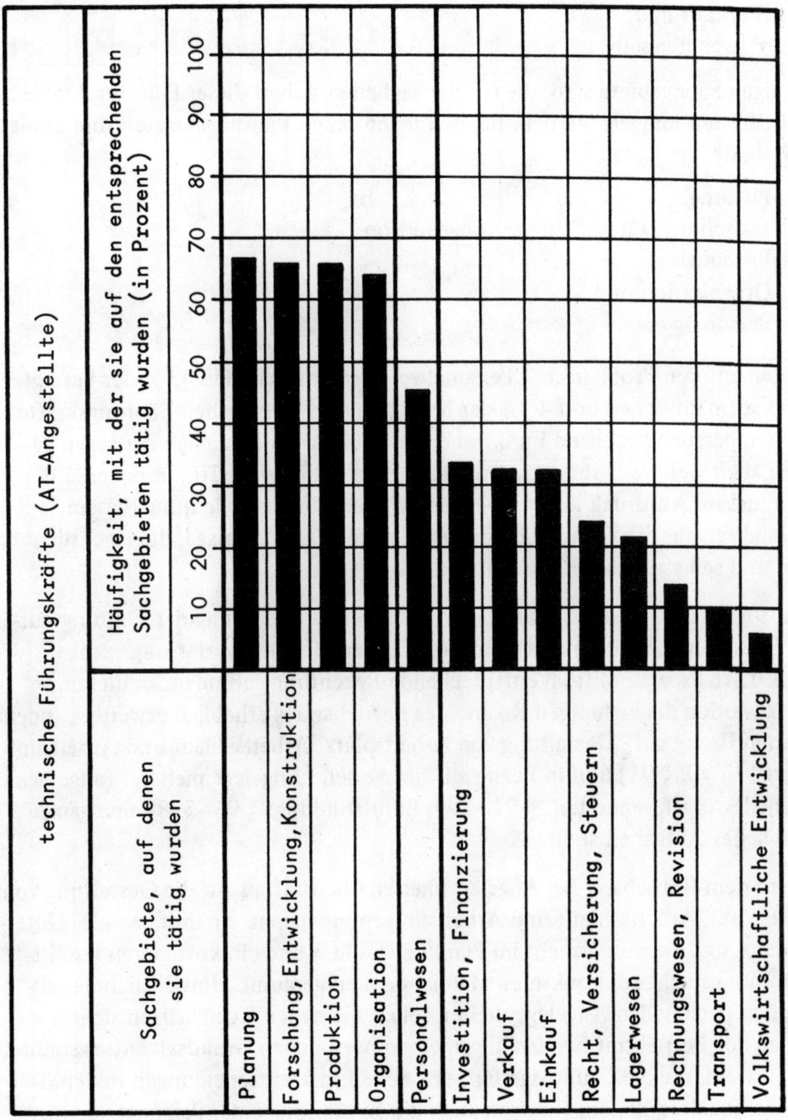

Abb. 2. Häufigkeit, mit der technische Führungskräfte auf verschiedenen Sachgebieten tätig wurden [25, S. 36]

Verkauf und
Personalwesen

diejenigen Sachgebiete sind, die bei der täglichen Arbeit dieser Führungskräfte am häufigsten tangiert werden. Bei den technischen Führungskräften sind es die Sachgebiete

Planung,
Forschung, Entwicklung, Konstruktion,
Produktion,
Organisation und
Personalwesen.

Bezogen auf den Problemkreis Personalwesen ergibt sich, daß 43 % der befragten 1026 kaufmännischen und 45 % der befragten 458 technischen Führungskräfte angeben, personalbezogene Funktionen auszuüben. Zu ähnlichen Aussagen gelangen auch weitere Untersuchungen [23, S. 17–23; 94, S. 10], in denen unter anderem zum Ausdruck kommt, welche wirtschaftliche Bedeutung diesem Problemkreis für die Zukunft beigemessen wird – eine Aussage, die eigentlich trivial und selbstverständlich erscheint.

Die aus wirtschaftlicher Sicht ständig zunehmende Bedeutung der Führungsaufgabe Personalwesen hat nun auch durch das neue Betriebsverfassungsgesetz [15, S. 13ff.] sozialpolitisch entsprechende Beachtung gefunden. In diesem Gesetz werden die bisherigen Rechte des Betriebsrates erheblich erweitert, indem es ihm in Bezug auf „Gestaltung von Arbeitsplatz, Arbeitsablauf und Arbeitsumgebung“ (§ 90, § 91) und in Bezug auf „personelle Angelegenheiten“ (allgemeine personelle Angelegenheiten: § 92–§95; Berufsbildung: § 96–§98) eine ganze Reihe neuer Aufgaben stellt.

So wird dem Betriebsrat bei Angelegenheiten, die Einfluß auf die Gestaltung von Arbeitsplatz, Arbeitsablauf und Arbeitsumgebung haben, ein umfassendes Unterrichtungs- und Beratungsrecht im Planungsstadium und ein korrigierendes Mitbestimmungsrecht bei konkreten Maßnahmen eingeräumt. Hinsichtlich der allgemeinen personellen Angelegenheiten sollen die neuen Vorschriften sicherstellen, daß der Betriebsrat bei den allgemeinen personellen Grundsatzentscheidungen mitwirkt, die die Grundlage für personelle Einzelentscheidungen bilden. Der Betriebsrat soll in diesem Rahmen auch die Einführung einer Personalplanung anregen und Vorschläge für ihre Durchführung machen können. Bei der Aufstellung von Personalfragebogen, von Beurteilungsgrundsätzen und von Richtlinien für Einstellungen, Versetzungen, Neugruppierungen und Kündigungen gibt das Gesetz dem Betriebsrat nicht nur ein Mitwirkungs-, sondern ein Mitbestimmungsrecht. Im Rahmen der Berufsbildung wird dem Betriebsrat ein Anspruch auf Beratung und ein eigenes Vorschlagsrecht in Fragen der beruflichen Aus- und Fortbildung sowie der Umschulung eingeräumt. Weiter erhält der Betriebsrat bei der Errichtung von betrieblichen Bildungseinrichtungen und bei der Einführung von betrieblichen Bildungsmaßnahmen ein Beratungsrecht. Schließlich erhält der Betriebsrat bei der betrieblichen Berufsausbildung ein Mitbestimmungsrecht und das Recht, Arbeitnehmer für die Teilnahme an Berufsbildungsmaßnahmen vorzuschlagen.

Wirtschaftlich wie sozialpolitisch ist es also unerläßlich, daß sich jede Führungskraft ihrer Führungsaufgabe Personalwesen bewußt wird und sich mit den grundlegenden Zusammenhängen vertraut macht.

Im einzelnen verfolgt diese Arbeit *zwei Ziele*:

einmal soll eine *Konzeption zur Gestaltung eines Personalinformationssystems* als Instrument zur Bewältigung der Führungsaufgabe Personalwesen entwickelt werden,
zum anderen soll als unabdingbare Voraussetzung zur Gestaltung eines Personalinformationssystems eine *Analyse und Abbildung der Führungsaufgabe Personalwesen* durchgeführt werden.

Nicht eine mehr oder minder erschöpfende Erfassung und Beschreibung eines Personalinformationssystems unter Einbezug der zur Anwendung kommenden technischen und organisatorischen Hilfsmittel wird angestrebt, sondern der Entwurf eines umfassenden Rahmens, der es erlaubt, die Zusammenhänge zwischen der Führungsaufgabe Personalwesen einerseits und den dazu notwendigen Informationen andererseits zu erkennen. Die vorhandene Beziehung zwischen der Führungsaufgabe Personalwesen und Informationen zur Bewältigung dieser Führungsaufgabe erhebt die Forderung nach einer grundlegenden und geordneten Durchleuchtung dieses Zusammenhangs, um von daher Ansätze zur Gestaltung eines Personalinformationssystems gewinnen zu können.

Der Versuch einer möglichst ganzheitlichen Betrachtung erscheint besonders für den Personalbereich wichtig und erfolgversprechend. Personalfragen und Probleme des arbeitenden Menschen können unter einer Vielzahl spezieller Aspekte betrachtet werden. So befassen sich Psychologen, Physiologen, Soziologen, Juristen, Pädagogen, Betriebswirte, Arbeitsmediziner, Arbeitswissenschaftler, Ingenieure usw. mit wichtigen Einzelfragen, die jeweils aus ihrer speziellen Sicht beleuchtet werden. Die in diesem Zusammenhang erhobene Forderung nach interdisziplinärer Zusammenarbeit konnte bis heute – trotz ernsthafter Bemühungen – aber noch nicht allgemein zufriedenstellend realisiert werden. „Bei dem Versuch, Forschungsergebnisse der verschiedenen Disziplinen in der praktischen Personalarbeit zu verwerten, müssen Praktiker regelmäßig erfahren, daß nur wenige Ergebnisse zueinander passen und die herangezogenen Aussagen unabgestimmt und unverbunden nebeneinander stehen" [19, S. 30]. Woran liegt das?

Bezogen auf den Problemkreis Führungsaufgabe Personalwesen kann ein wesentlicher Grund in dem Fehlen einer Systematik gesehen werden, die die verschiedenartigen Problemstellungen mit einer gewissen Zwangsläufigkeit zu einem geordneten Ganzen vereinigt. Gerade im Personalwesen werden täglich eine Fülle von Fragestellungen aufgeworfen, deren Lösungen nicht isoliert voneinander erarbeitet werden können. Häufig läuft man Gefahr, daß wichtige Einzelheiten übersehen werden. Damit ist verbunden, daß das Erreichte noch weit von dem, was möglich wäre, entfernt bleibt. In diesem Bereich müssen daher die relevanten Zusammenhänge erforscht werden, damit der Führungsaufgabe Personalwesen praktikable Instrumente und eine für deren erfolgreiche Anwendung nötige Informationsbasis zur Verfügung stehen.

Wie Abb. 3 verdeutlicht, stehen *drei Problemkreise* im Mittelpunkt der folgenden Betrachtungen, die miteinander in Beziehung stehen:

Problemkreis 1: *Personalinformationssystem*,
Problemkreis 2: *Informationsbedarfsanalyse*,
Problemkreis 3: *Führungsaufgabe Personalwesen*.

Ausgehend von den grundlegenden Problemen bei der Entwicklung und Gestaltung eines Informationssystems oder speziell eines Personalinformationssystems beginnt die Arbeit damit, das Personalinformationssystem als Instrument zur Bewältigung der Führungsaufgabe Personalwesen darzustellen. Wie nämlich die allgemeine Struktur eines Führungsprozesses mit den Phasen Planung, Entscheidung, Durchsetzung und Kontrolle zeigen wird, läßt sich auch die Führungsaufgabe Personalwesen mit den entsprechenden Führungsphasen unter anderem als komplexe informationelle Prozesse interpretieren, in denen Informationen gewonnen, bearbeitet, gespeichert, verwertet und abgegeben werden. Damit wird deutlich, daß die Qualität der Führungsaufgabe Personalwesen entscheidend von der Qualität der Informationen beeinflußt wird, die dieser Führungsaufgabe zugrunde liegen. Aufgrund dieser Überlegungen werden in dieser Arbeit die sich daraus ergebenden Anforderungen an ein Personalinformationssystem erarbeitet, indem sowohl die Ziele als auch der Inhalt eines solchen Systems aufgezeigt und erläutert werden.

Um diese gesteckten Ziele erreichen zu können, wird zum Aufbau eines Personalinformationssystems eine Vorgehensweise vorgeschlagen und beschrieben, die einmal den Prozeß der Modellanalyse, zum anderen den Prozeß der Modellbildung zum Inhalt hat. Der Prozeß der Modellanalyse zielt dabei darauf ab, ein allgemeingültiges formales informationelles Beschreibungsmodell der Führungsaufgabe Personalwesen und damit eines Personalinformationssystems zu entwickeln. Der Prozeß der Modellbildung beinhaltet hingegen die Festlegung eines zu realisierenden unternehmensspezifischen Gestaltungsmodells eines Personalinformationssystems, wobei die konkrete technische und organisatorische Strukturierung des Systems im Vordergrund dieser Aktivitäten steht.

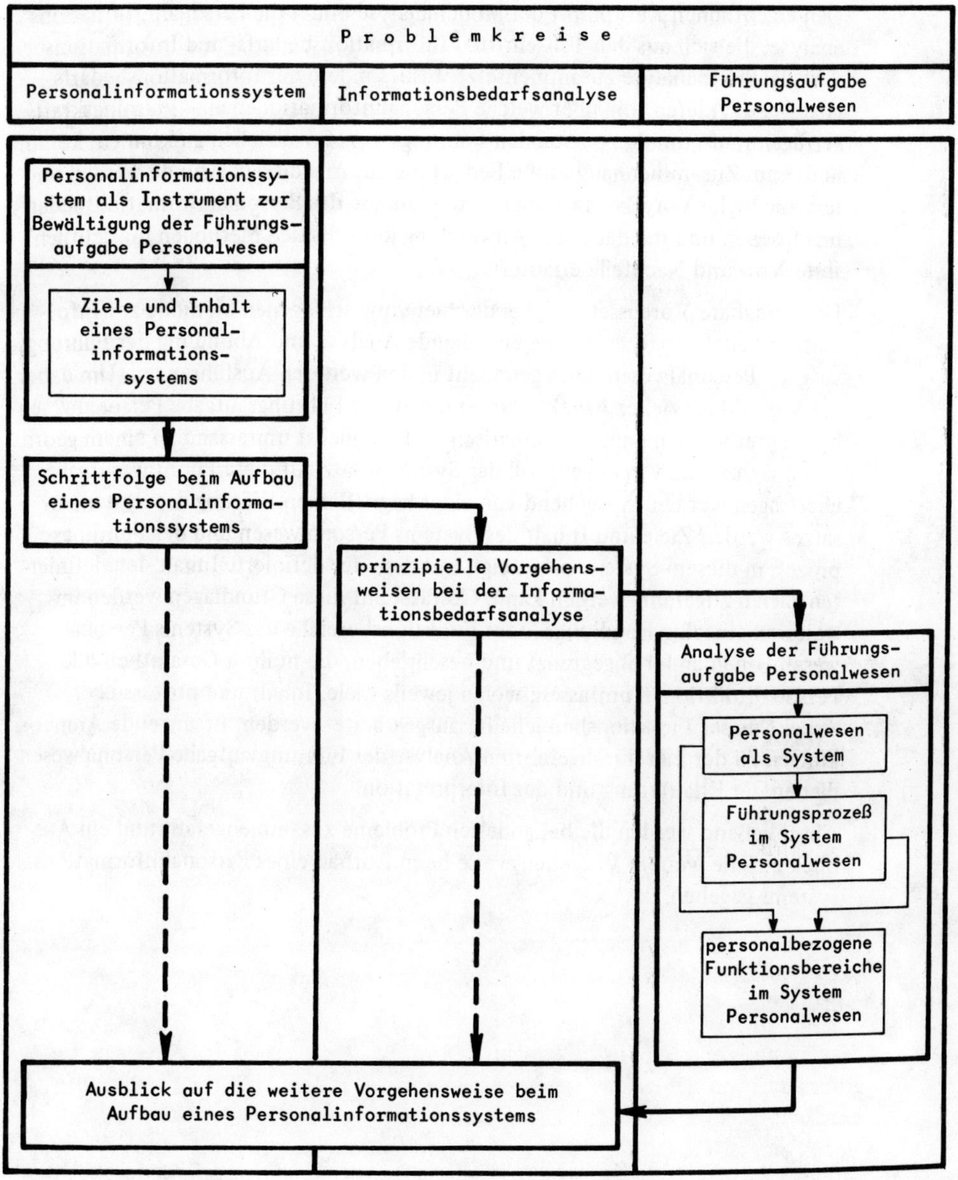

Abb. 3. Anstehende Problemkreise

Den eigentlichen Kernpunkt der Modellanalyse bildet die Personalinformationsanalyse, die sich aus den Teilschritten Informationsbedarfs- und Informationsbedarfsdeckungsanalyse zusammensetzt. Insbesondere der Informationsbedarfsanalyse, die klären soll, über welche Personalinformationen eine Führungskraft verfügen muß, um den personalen Führungsprozeß vollziehen zu können, kommt in diesem Zusammenhang große Bedeutung zu. Aus diesem Grunde werden unterschiedliche Vorgehensweisen bei der Analyse des Personalinformationsbedarfs beschrieben und die dabei zur Anwendung kommenden Methoden hinsichtlich ihrer Vor- und Nachteile erläutert.

Unabdingbare Voraussetzung bei der hier vorgeschlagenen Methode zur Informationsbedarfsanalyse ist eine eingehende Analyse und Abbildung der Führungsaufgabe Personalwesen. Dies geschieht in den weiteren Ausführungen. Um dabei die Vielzahl spezieller Aspekte, unter denen die Führungsaufgabe Personalwesen betrachtet werden kann, systematisch und möglichst umfassend zu einem geordneten Ganzen zu vereinigen, soll der Systemansatz auf diese Führungsaufgabe übertragen werden. Ausgehend von einer begrifflichen Klärung des Systemansatzes werden Ziele und Inhalt des Systems Personalwesen und der Führungsprozeß in diesem System aufgezeigt, mit dem der definierte Inhalt den definierten Zielen zugeführt werden kann. Gestützt auf diese Grundlagen werden im weiteren einzelne Handlungs- oder Funktionsbereiche des Systems Personalwesen voneinander abgegrenzt und beschrieben, die in ihrer Gesamtheit alle Personalfunktionen umfassen, wobei jeweils Ziele, Inhalt und prozessualer Aspekt dieser Funktionsbereiche herausgearbeitet werden. Ergänzende Anmerkungen zu der hier durchgeführten Analyse der Führungsaufgabe Personalwesen dienen der Erläuterung und der Interpretation.

Abschließend werden die behandelten Probleme zusammengefaßt und ein Ausblick auf die weitere Vorgehensweise beim Aufbau eines Personalinformationssystems gegeben.

2. Informationsbedarfsanalyse als Voraussetzung zur Gestaltung eines Personalinformationssystems

Es muß davon ausgegangen werden, daß jedes Unternehmen als offenes, zielorientiertes, soziales System [148, S. 100ff.] ein Informationssystem besitzt. In der Diskussion um die Gestaltung von Informationssystemen (IS), Management-Informationssystemen (MIS), Personalinformationssystemen (PIS) usw. geht es nicht darum, für das Unternehmen etwas völlig Neuartiges zu schaffen. Die Gestaltungsaufgabe besteht vielmehr darin, das vorhandene, zumeist gewachsene Informationssystem eines Unternehmens und/oder einer seiner Teilbereiche zu verbessern, um es zu einem planvollen, zweckorientierten System zu gestalten. Insbesondere haben die Bemühungen, Informationsprozesse mit Hilfe von automatischen Datenverarbeitungsanlagen (ADV-Anlagen) zu unterstützen und/oder zu automatisieren, die Diskussion in Wissenschaft und Praxis über die rationale Gestaltung von Informationssystemen ausgelöst.

Aber gerade in diesem Zusammenhang muß festgestellt werden, daß – wie oft in unserem technisch betonten Zeitalter – die Technik viel schneller voranschreitet, als man in der Lage ist, sachgerechte und nutzbringende Anwendungen zu finden. Oft liegen neue technische Möglichkeiten lange brach oder es werden Anwendungen konzipiert, die die neu geschaffenen Möglichkeiten in keiner Weise nutzbringend anwenden. Dies wird bei der Planung und Gestaltung eines Informationssystems immer dann der Fall sein, wenn man nicht von den eigentlichen Zielen und Funktionen eines solchen Systems ausgeht, sondern sich beispielsweise an den jeweiligen Gegebenheiten einer im Unternehmen vorhandenen Datenverarbeitungsanlage orientiert. „Ein nach der Hardware und Software ausgerichtetes System nutzt zwar die Gegebenheiten von ‚heute', ist jedoch unter Umständen nicht in der Lage, die Möglichkeiten von ‚morgen' auszuschöpfen" [140, S. 532]. Ein grundlegender Mangel vieler bisheriger Ansätze zur Gestaltung von Informationssystemen und speziell von Personalinformationssystemen ist deshalb darin zu sehen, daß man gewissermaßen „das Pferd vom Schwanz her aufzuzäumen" versucht, indem man von den technischen Möglichkeiten der ADV-Anlagen ausgeht [163, S. 2]. Die Gestaltungsaufgabe besteht aber vielmehr darin, das vorhandene Informationssystem zu verbessern, unter anderem – und nur unter anderem – durch den Einsatz automatischer Datenverarbeitungsanlagen.

Ziele, Inhalt und somit die Funktionen eines Informationssystems und speziell eines Personalinformationssystems sind zunächst unabhängig von den ADV-technischen Möglichkeiten zu bestimmen. Dann erst ist zu prüfen, welche Teile eines solchen Systems z.B. in welchem Maße automatisierbar, d. h. auf ADV-Anlagen übertragbar sind, und welche nicht. Wird auf diese Weise ein Personalinformationssystem geplant und realisiert, dann sind einerseits ADV-technische Weiterentwicklungen leichter und sachbezogener auf ihre mögliche Verwendung zu beurteilen und zu nutzen [140, S. 532]. Andererseits ist gewährleistet, daß das Personalinformationssystem tatsächlich zur Unterstützung der Führungsaufgabe Personalwesen und damit der Personalführung[1] dient, und nicht lediglich auf automatisiertem Wege reichhaltiges, aber für diese spezielle Führungsaufgabe irrelevantes Nachrichtenmaterial liefert [1, S. B 147ff.]. Zugleich wird deutlich, welche prinzipiellen Anforderungen an die Ermittlung des Informationsbedarfs zu stellen sind.

2.1 Personalinformationssystem als Instrument zur Bewältigung der Führungsaufgabe Personalwesen

Jede Führungsaufgabe im Unternehmen mit den Führungsphasen Planung, Entscheidung, Durchsetzung und Kontrolle läßt sich in ablaufmäßiger Betrachtung unter anderem als komplexe informationelle Prozesse darstellen [13, S. 79; 50, S. 45ff.; 62, Sp. 1311; 77, S. 53ff.; 85, S. 16ff.; 109, S. 104ff.; 152, 100ff.; 163, S. 1ff.]. Diese Führungsphasen sind nicht nur durch Informationen miteinander in vielfältiger Weise verknüpft, sondern laufen selbst als einzelne Informationsprozesse ab. So gesehen kann auch die Führungsaufgabe Personalwesen mit den entsprechenden Führungsphasen unter *diesem* informationellen Aspekt betrachtet werden, denn auch diese Führungsaufgabe beruht auf und vollzieht sich durch Informationsprozesse, in denen Informationen gewonnen (aufgenommen), bearbeitet, gespeichert, verwertet und abgegeben werden.

2.1.1 Phasen des Führungsprozesses als Informationsprozesse

Zur Verdeutlichung dieses Zusammenhangs sei im folgenden zunächst auf die allgemeine Struktur eines Führungsprozesses näher eingegangen. Um diese Struktur besser erkennen zu können, soll analytisch vorgegangen werden, indem der gesamte Führungsprozeß zunächst in einzelne Phasen zerlegt wird. Unabhängig von der Art und Bedeutung einzelner spezieller Aufgabenstellungen, d.h. unabhängig davon, ob mit Hilfe des Führungsprozesses z.B. Probleme der Zielbestimmung, des Aufbaus und/oder der Prozeßabwicklung einer Lösung zugeführt

[1] In weiter Auslegung des Begriffs „Personalführung" soll dieser mit der „Führungsaufgabe Personalwesen" synonym verwendet werden. Unter Personalführung soll somit das Gesamt aller Vorgänge verstanden werden, die sich auf den Faktor „Personal" oder auf den Menschen im Unternehmen beziehen.

werden sollen, kann dabei – wie schon erwähnt – zwischen den vier Phasen Planung, Entscheidung, Durchsetzung und Kontrolle unterschieden werden. Diese Phasen sind in Abb. 4 angeführt. Die Pfeile in dieser Abbildung sollen verdeutlichen, daß alle Phasen in irgendeiner Form informationell miteinander ver-

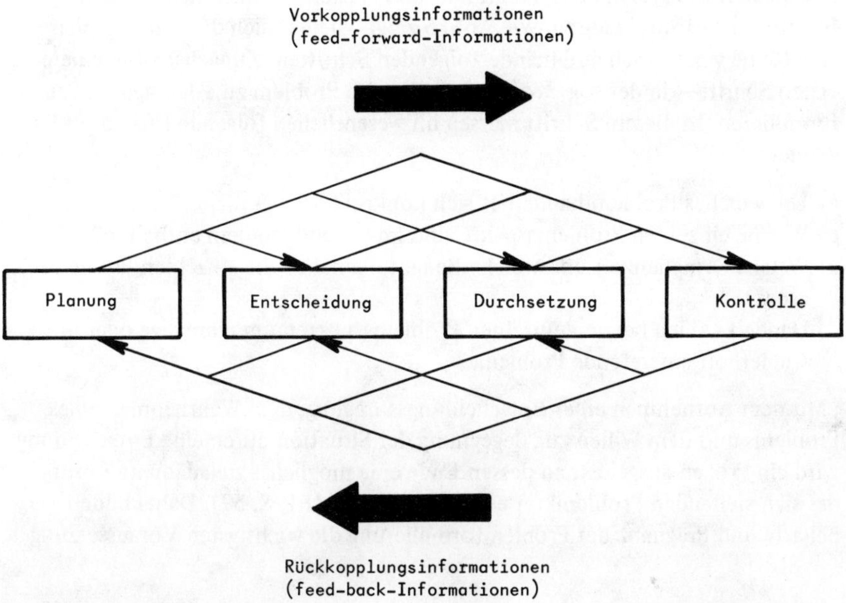

Abb. 4. Phasen des Führungsprozesses

bunden sind, wobei *Vorkopplungsinformationen* (feed-forward-Informationen) und *Rückkopplungsinformationen* (feed-back-Informationen) unterschieden werden. Auf eine nähere Bestimmung dieser Beziehungsstruktur soll später eingegangen werden.

Um zu prüfen, inwieweit es sich bei den angeführten Phasen um einzelne Informationsprozesse handelt, bei denen „Input-Informationen" in „Output-Informationen" umgewandelt werden, wird zunächst der *Inhalt* dieser Führungsphasen aufgezeigt und erläutert.

Die *Planung*, als erste Phase des Führungsprozesses, dient der methodischen Entscheidungsvorbereitung und damit der methodischen Handlungsvorbereitung. Der Zweck der Planung besteht darin, die zukünftig anzustrebenden Ziele sowie die Mittel und Maßnahmen zum Erreichen dieser Ziele aufzuzeigen, um das Handeln auf eine rationale Basis zu stellen. „Es geht darum, die zukünftige Entwicklung durch eigene Aktionen zu beeinflussen" [8, S. 751]. Die Rationalität der Planung ist dabei gekennzeichnet durch ihren methodisch-analytischen Charakter, durch ihre primäre Ausrichtung auf das Quantitative und durch das Bestreben, das zukünftige Geschehen transparent zu machen und möglichst zu objektivieren. Planung ist keineswegs als Gegensatz zur Intuition (dem schöpferischen, kreativen Element) zu sehen, sondern die Planung eröffnet vielmehr die Möglichkeit des systematischen Prüfens und Absicherns unternehmerischer Intuition und Entscheidung. Wie Abb. 5 zeigt, gliedert sich die Planungsphase in eine Reihe von logisch aufeinanderfolgenden Schritten. Zunächst ist in einem ersten Schritt – in der sog. *Problemphase* – das Problem zu erkennen und zu formulieren. In diesem Schritt müssen im wesentlichen folgende Fragen geklärt werden:

a) Um welches Problem handelt es sich konkret?
b) Welche einzelnen Problemaspekte sind im Gesamtproblem enthalten?
c) Welche Dringlichkeit und welche Bedeutung haben die einzelnen Problemaspekte?
d) Handelt es sich bei den einzelnen Problemaspekten um einmalige oder um wiederholt auftretende Probleme?

„Mit dem Aufnehmen einer Entscheidungsanregung, dem Wahrnehmen eines Problems und dem Willen zur Begegnung der Situation durch eine Entscheidung wird ein Prozeß ausgelöst, an dessen Ende eine möglichst zieladäquate Lösung des sich stellenden Problemkreises erwartet wird" [61, S. 57]. Dabei bilden Schärfe und Prägnanz der Problemformulierung die wichtigsten Voraussetzungen

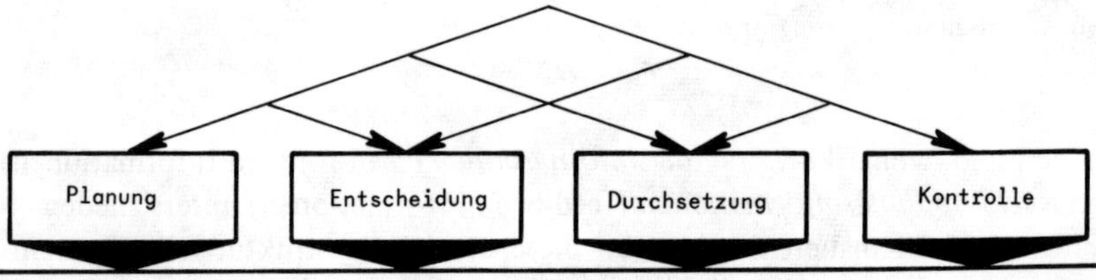

Spezifikation der Phasen			
1. Erkennen und formulieren eines Problems 2. Suchen nach Problemlösungsalternativen 3. Bewerten von Problemlösungsalternativen	1. Vergleichen von Problemlösungsalternativen 2. Entscheiden für eine Problemlösungsalternative	1. Festlegen der Ausführung im Detail 2. Veranlassen der Ausführung	1. Feststellen des Ergebnisses, des "Ist-Wertes" 2. Durchführen des "Soll-Ist-Vergleichs" 3. Beurteilen der Abweichungen nach bestimmten Kriterien

Abb. 5. Spezifizierung der Phasen des Führungsprozesses

für einen erfolgreichen Führungsprozeß. „Ist die Problemformulierung ungenau, so ist die Wirksamkeit aller weiteren Phasen des Führungsprozesses stark herabgesetzt" [78, S. 48].

Im zweiten Schritt der Planungsphase – in der sog. *Suchphase* – sind alternative erfolgversprechende Lösungsmöglichkeiten für die erkannte und formulierte Problemstellung zu erarbeiten. Oftmals liefert schon eine genaue Analyse der Probleme grundlegende Anhaltspunkte zur Erarbeitung von Alternativen oder zumindest erste Ideen zur Behebung des Problems. „Auf jeden Fall aber gibt die Kenntnis der das Problem bewirkenden Faktoren die grundlegenden Anhaltspunkte und läßt in Verbindung mit dem Wissen um die Beziehungszusammenhänge und Abhängigkeiten und nicht zuletzt der schöpferischen Gabe des Entscheidungssubjekts neue Zielerreichungswege zur Begegnung des Problems entstehen" [61, S. 62]. Die Suche nach Lösungen für ein anstehendes Problem ist in erster Linie – sofern es sich nicht um ein Routineproblem handelt – ein geistig-schöpferischer Prozeß, der Einfallsreichtum und systematisches Erfassen des Lösungsfeldes verlangt. Bei der Suche nach Alternativen können zwei Fehler grundsätzlicher Art gemacht werden: „Einerseits besteht die Gefahr, daß der erstbeste Lösungsvorschlag genommen wird, andererseits kann der Wunsch nach einer absolut besten Lösung dazu verführen, zu viele Alternativen zu erarbeiten. Die erste Vorgehensweise bedeutet, daß Vorschläge, die u. U. geeigneter gewesen wären, übersehen werden. Bei der zweiten dagegen kann die Zahl der in Betracht gezogenen Alternativen derart groß sein, daß eine rationale Entscheidung durch die Fülle des Informationsmaterials sehr erschwert wird" [7, S. 89].

In dem letzten Schritt der Planungsphase – in der sog. *Optimierungsphase* – sind die ermittelten Problemlösungen zu bewerten. Um die Realisierbarkeit der verschiedenen Problemlösungen überprüfen und eine den vorgegebenen Zielen entsprechende Wahl treffen zu können, sind einmal die Randbedingungen, unter denen sich die einzelnen Alternativen realisieren lassen, abzuklären und zum anderen die möglichen Konsequenzen und Ergebnisse der Alternativen festzustellen und zu bewerten. Da sich aber die geplanten Handlungen in der Zukunft abspielen werden, können die zu erwartenden Ergebnisse nicht mit Sicherheit vorausgesagt werden. Somit besteht der Bewertungsvorgang darin, den Alternativen Wahrscheinlichkeiten des Gelingens zuzuordnen [148, S. 144], um „optimale" Lösungen, die die Anforderungen der Zielbedingungen weitgehendst erfüllen, erkennen zu können. Damit wird eine Entscheidung unmittelbar vorbereitet. Die Unvollständigkeit der Alternativen kann allerdings bedingen, daß die Suche nach Alternativen mehrmals vertieft werden muß, z.B. dann, wenn die zugrundeliegenden Alternativen die gewünschte Zielerreichung nicht erwarten lassen.

Aus den in der Planungsphase für bestimmte Randbedingungen ermittelten Alternativen muß in der *Entscheidungsphase* eine Alternative als verbindlich festgelegt werden. Dieser zweiten Phase des Führungsprozesses kommt somit eine zentrale Bedeutung zu. Die Besonderheit dieser Phase besteht darin, trotz systematischer Vorbereitung noch verbleibende rational nicht auflösbare Unsicherheitsfaktoren abzuwägen und eventuell bisher nicht berücksichtigte oder nicht quantifizierbare Einflußgrößen bei der eigentlichen Entschlußfassung heranzuziehen. Dazu ist in einem ersten Schritt ein nochmaliges distanziertes Abwägen, Beurteilen und Vergleichen der Risiken und Chancen einzelner Alternativen erforderlich – siehe Abb. 5. Insbesondere sind noch einmal die einzelnen Phasen des Planungsprozesses einer kritischen Analyse zu unterziehen, da schon hier z.B. bei der Erarbeitung der Alternativen und besonders weitgehend bei der Bewertung dieser Alternativen Vorentscheidungen getroffen werden, bevor dieser Prozeß zur endgültigen „Entscheidungsreife" geführt werden kann [8, S. 752]. Vor allem, wenn Teilaufgaben des Planungsprozesses delegiert werden, ist die Gewinnung eines Überblicks über den bisherigen Ablauf des Planungsprozesses und „die Prüfung der vielfältigen Vorentscheidungen durch die den Entschluß fällende und damit die Verantwortung übernehmende Person von Bedeutung" [61, S. 164].

In einem zweiten Schritt schließlich ist eine besonders günstige oder zumindest erfolgversprechende oder aber eine mit weniger Risiken belastet erscheinende Alternative auszuwählen [61, S. 176]. „Mit dem Entschluß wird dann die Verantwortung für die späteren Vollzugstätigkeiten, für das zukünftige Geschehen in der Unternehmung und nicht zuletzt für das Ausmaß, in dem die gesetzten Ziele erreicht werden können, übernommen" [61, S. 176]. Damit wird auch zugleich ein Maßstab für die Ergebnisbeurteilung in der späteren Kontrollphase gesetzt. Eine solche Entschlußfassung beinhaltet nicht nur Wahlakte im Rahmen einmaliger, neuartiger Problemstellungen, sondern auch Wahlakte, die sich täglich, die sich in gleicher oder ähnlicher Form wiederholen können. So gesehen kann bei dem in der Entscheidungsphase zu vollziehenden Auswahlakt zwischen zwei Entscheidungstypen unterschieden werden: zwischen „programmierbaren" und „schwer oder nicht programmierbaren" Entscheidungen [142, S. 681]. Bei dem ersten Entscheidungstyp, der „programmierbaren" Entscheidung, vollzieht sich die Entscheidungsfindung sozusagen als determinierter Prozeß, da bestimmte Verfahrensvorschriften, Entscheidungskriterien, Regeln und andere Vorschriften vorgegeben werden können. Bei dem zweiten Entscheidungstyp kann ein solches festes „Programm" zur Entscheidungsfindung nicht vorgegeben werden. Hier muß sich die Entscheidungsfindung in einem mehr oder minder umfangreichen Prozeß vollziehen, da solche Entscheidungen zahlreiche Komponenten aufweisen, „die in hohem Grade unsicher und nicht voraussehbar sind und sich darüber hinaus oft kaum quantifizieren lassen" [142, S. 682, 683] und somit Werturteile voraussetzen – siehe Abb. 6.

Der Planung und Entscheidung muß ein „In-die-Tat-Umsetzen" folgen, um das mit der Entscheidung Gewollte in Gang zu bringen. Dazu sind in der *Durch-*

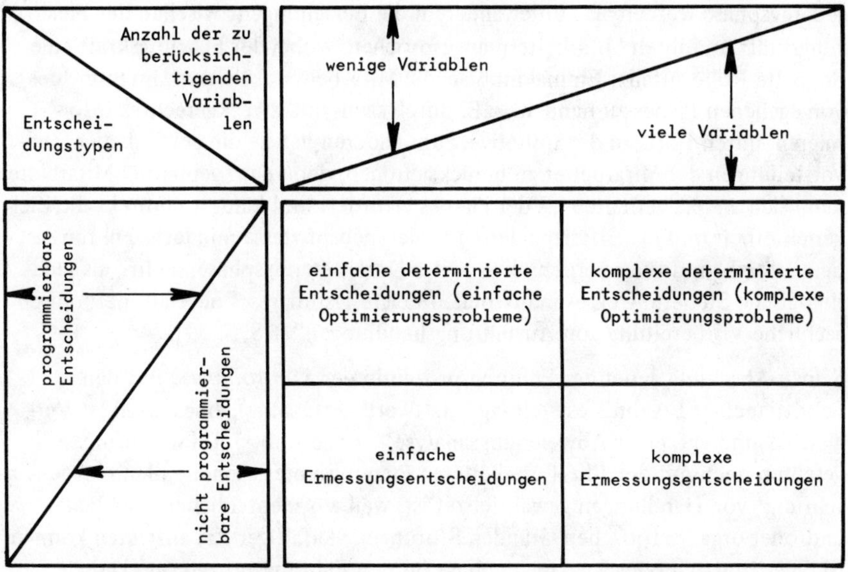

Abb. 6. Entscheidungstypen [142, S. 683]

setzungsphase die Planungs- und Entscheidungsergebnisse in eine vorgabereife Form zu bringen – siehe Abb. 5, d.h. die Entscheidungen sind in spezielle Aktionen, in Tathandlungen zu überführen, „die Entscheidung muß realisierbar gemacht werden" [152, S. 97]. Dazu ist „in der Regel eine Protokollierung, Umsetzung, Übersetzung, Interpretation des Entschlusses oder der Entscheidung notwendig" [152, S. 108]. Während es in der Planungsphase darum ging, vorbereitende, zukunftsausgerichtete Überlegungen anzustellen, ist hier konkret und im Detail festzulegen, wer, was, wie, womit und wo auszuführen hat, um getroffene Entscheidungen zu realisieren. In diesem Sinne kann man von einer sogenannten „Handlungsprogrammierung" [78, S. 58; 152, S. 97] sprechen, wobei im Einzelfall eine Vielzahl von Nachentscheidungen über die Konkretisierung von Mitteln, Wegen, Maßnahmen und Vorgaben notwendig werden können.

In der Art, *wie* diese Festlegungen getroffen und den mit der Ausführung betrauten Mitarbeitern vorgegeben werden, spiegelt sich der im Unternehmen praktizierte Führungsstil schwerpunktmäßig wider. Somit stellt diese Phase den „spezifisch personenbezogenen Teil der Führung" [78, S. 59] dar. Unabhängig davon, ob es sich um die Durchsetzung von sachbezogenen Entscheidungen (Entscheidungen z.B. über Betriebsmittel, Werkstoffe, Finanzmittel) oder um die Durchsetzung von personalbezogenen Entscheidungen (Entscheidungen über das Personal) handelt, geht es darum, das „Dazwischentreten" des Menschen, wenn er im Ausführungsprozeß tätig wird, entsprechend zu berücksichtigen. In der Durchsetzungsphase werden also unter anderem die Beziehungen zwischen der Führungskraft und ihren Mitarbeitern angesprochen, wobei der Führungskraft eine doppelte Rolle zufällt: Einmal muß sie die Mitarbeiter aktivieren, im Sinne des vorgegebenen Planes zu handeln, z.B. durch sach- und zweckgerechtes Informieren, durch Fördern der Initiative, zum anderen hat sie die persönlichen Zielvorstellungen der Mitarbeiter zu berücksichtigen, denn der „geplante" Mitarbeiter kann sich anders verhalten als der Plan es erfordert und kann so indirekt die Zielgerichtetheit und die Effizienz der Unternehmensprozesse mindern. Führung ist demzufolge, und zwar vornehmlich in der Durchsetzungsphase, mehr „als technologische Steuerung eines industriellen Leistungsprozesses oder als methodisch-sachliche Vorbereitung von Ausführungshandlungen" [78, S. 59].

Seinen Abschluß findet der Führungsprozeß in der *Kontrollphase* mit den Schritten einer Ergebnisfeststellung („Ist-Wert"-Erfassung), eines „Soll-Ist-Vergleichs" und ggf. einer Abweichungsanalyse – siehe Abb. 5. Da weder mit ausgefeilten noch mit detailliert erarbeiteten Planungsunterlagen die planmäßige Ausführung[2] von Handlungen gewährleistet ist, weil aus menschlichen, sachlichen und/oder organisatorischen Gründen Störungen vielfältiger Art auftreten können, ist eine Kontroll- oder Rückmeldephase für den Führungsprozeß unerläßlich. Nur auf diese Weise können Abweichungen erkannt und beurteilt werden, um daraus weitere zielgerichtete Maßnahmen ableiten zu können.

Im einzelnen sind zunächst die erreichten Ergebnisse der Ausführungsphase festzustellen und zusammenzustellen, wobei Klarheit darüber herrschen sollte, welche Informationen für einen Vergleich wesentlich sind und welche vernachlässigt werden können. In dem darauffolgenden Vergleich sind die „Soll-Werte" mit den „Ist-Werten" zu vergleichen, um zu prüfen, in welchem Umfang z.B. die dem Führungsprozeß vorgegebenen Ziele oder die in der Planungsphase, Entscheidungsphase oder Durchsetzungsphase erfolgten Festlegungen erreicht wurden. Dabei sind folgende Fälle denkbar:

Die Ziele oder Festlegungen sind
a) tatsächlich erreicht worden,
b) nicht erreicht worden, jedoch sind die Abweichungen tolerierbar,
c) nicht erreicht worden, die Abweichungen sind nicht tolerierbar.

Bei der Beurteilung aufgetretener Abweichungen sollten zur Sicherung eines systematischen Vorgehens bestimmte Beurteilungskriterien herangezogen werden. Solche Beurteilungskriterien sind z.B.:

a) Art der Abweichungen,
b) Ausmaß der Abweichungen,
c) Auswirkungen der Abweichungen,

2 Die Ausführungsphase ist nicht Bestandteil des Führungsprozesses

d) Beeinflußbarkeit der Abweichungen,
e) Ursachen der Abweichungen.

Ob alle vorstehenden Kriterien – in dieser oder jener Reihenfolge, in dieser oder jener Ausprägung – jeweils angewandt werden, ist nur im Einzelfall zu entscheiden. Die Beurteilung der Abweichungen kann z.B. zur Erkenntnis führen, daß das Ziel falsch gesetzt wurde und unter den gegebenen Umständen gar nicht erreicht werden konnte oder daß der zur Zielerreichung eingeschlagene Weg oder die gewählten Mittel und Maßnahmen fraglich oder ungenügend waren [82, S. 12]. So können Abweichungen zu Nachentscheidungen darüber führen, ob der Führungsprozeß als abgeschlossen gelten kann oder zu einer neuen Problemanalyse und damit zu einem neuen Führungsprozeß führt. Damit sind zugleich die Rückkopplungs- und Vorkopplungsbeziehungen im Führungsprozeß angedeutet – vgl. Abb. 4, Beziehungen, die auch im kybernetischen „Rückmeldegedanken" oder „Vormeldegedanken" ihren Niederschlag finden [152, S. 98].

Mit dieser Beschreibung des Führungsprozesses ist seine Struktur und der Inhalt seiner einzelnen Phasen umschrieben. Dies bedeutet jedoch nicht, daß die einzelnen Phasen „streng an eine zeitliche Abfolge gebunden sein müssen und nicht auch isoliert, unterbrochen, rückkoppelnd, vorkoppelnd, oszillierend oder anderswie auftreten können" [152, S. 98, 99]. Diese Einteilung in verschiedene Phasen soll vielmehr als ein Denkschema, als eine logische Ordnung aufgefaßt werden, um die Übersichtlichkeit der Zusammenhänge zu verbessern. „Die Aufeinanderfolge der Phasen ist primär kein zeitlicher gedachter, sondern ein *sachlich* aufzufassender, *genetischer* Zusammenhang der Aufgaben" [105, S. 56].

Damit kann folgendes festgehalten werden:

1. Der Führungsprozeß kann in seiner Gesamtheit unter anderem als ein *Informationsprozeß* verstanden werden, durch den Informationen gewonnen (aufgenommen), bearbeitet, gespeichert, verwertet und abgegeben werden, um entweder Menschen zu führen oder Prozesse zielorientiert zu steuern. Die Führungskraft, als Träger des Führungsprozesses, fungiert unter diesem Aspekt als „Informationsgenerator" [163, S. 1], die unter Einsatz menschlicher Denkleistungen und unter Nutzung verschiedenster Sach- oder Arbeitsmittel „Input-Informationen" in „Output-Informationen" transformiert. Sie „beschafft und nimmt Informationen auf (Input), verarbeitet sie zu Ideen, Plänen, Zielen, Entscheidungen und gibt sie als Anregungen, Weisungen, Instruktionen, Bitten auf dem Wege der Kommunikation weiter (Output)" [163, S. 2]. Für den Vollzug des Führungsprozesses bedarf es somit [163, S. 2]:

a) eines entsprechenden Informationsinputs,
b) eines entsprechenden Informationsprozesses, durch den diese Informationen gewonnen, bearbeitet, gespeichert, verwertet und abgegeben werden,

c) eines geeigneten „Know how" als Wissen, Erfahrung oder Fähigkeit, wie man z.B. Informationen zu beurteilen hat, in welcher Art und Weise man den im Führungsprozeß ablaufenden Informationsprozeß durchführen kann, d.h. mit welchen Regeln, Methoden, Instrumenten und Techniken.

Dieser Sachverhalt ist in Abb. 7 vereinfacht dargestellt. Hinsichtlich der Differenzierung des Informationsprozesses in die Phasen Informationsgewinnung, -bearbeitung, -speicherung, -verwertung und -abgabe sei darauf hingewiesen, daß diese Phasen kein striktes zeitliches Nacheinander darstellen, sondern nur Phasen einer logischen Prozeßgliederung sind, die im Zeitablauf wiederholt notwendig werden können [147, S. 25]. Die Phase *Informationsverwertung* [26, S. 76] bildet dabei die eigentliche „Kernphase", d.h. hier werden Informationen zweckorientiert für die eigentliche Aufgabenerfüllung im Rahmen des Führungsprozesses verwertet und umgewandelt.

2. Bei differenzierterer Betrachtung kann *jede einzelne Phase* des Führungsprozesses als ein geschlossener, unterschiedlich strukturierter Informationsprozeß interpretiert werden, in dem – wie Abb. 8 zeigt – spezifische Informationsarten eingesetzt und produziert werden. Insbesondere wenn der beschriebene Führungsprozeß arbeitsteilig organisiert ist, indem bestimmte

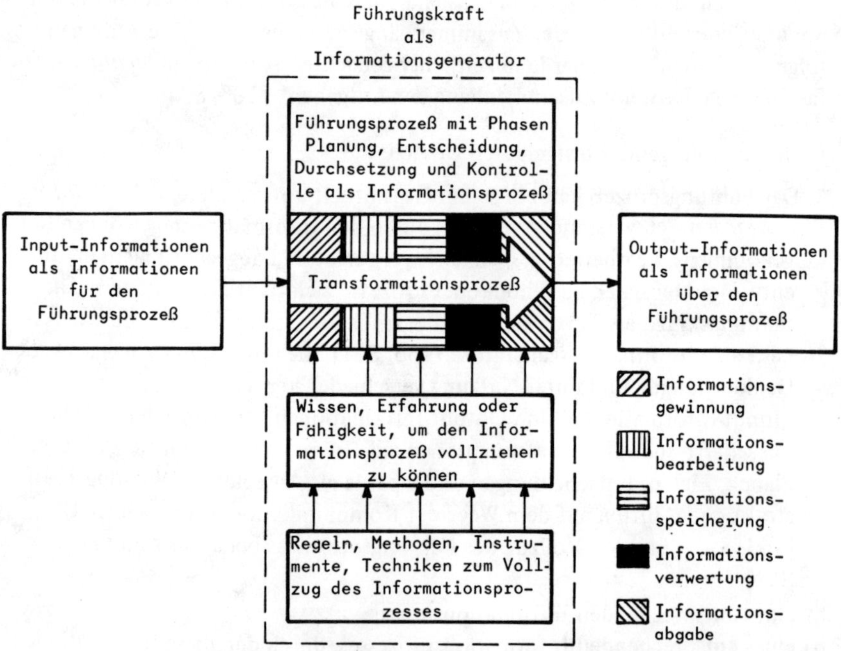

Abb. 7. Führungsprozeß als Informationsprozeß

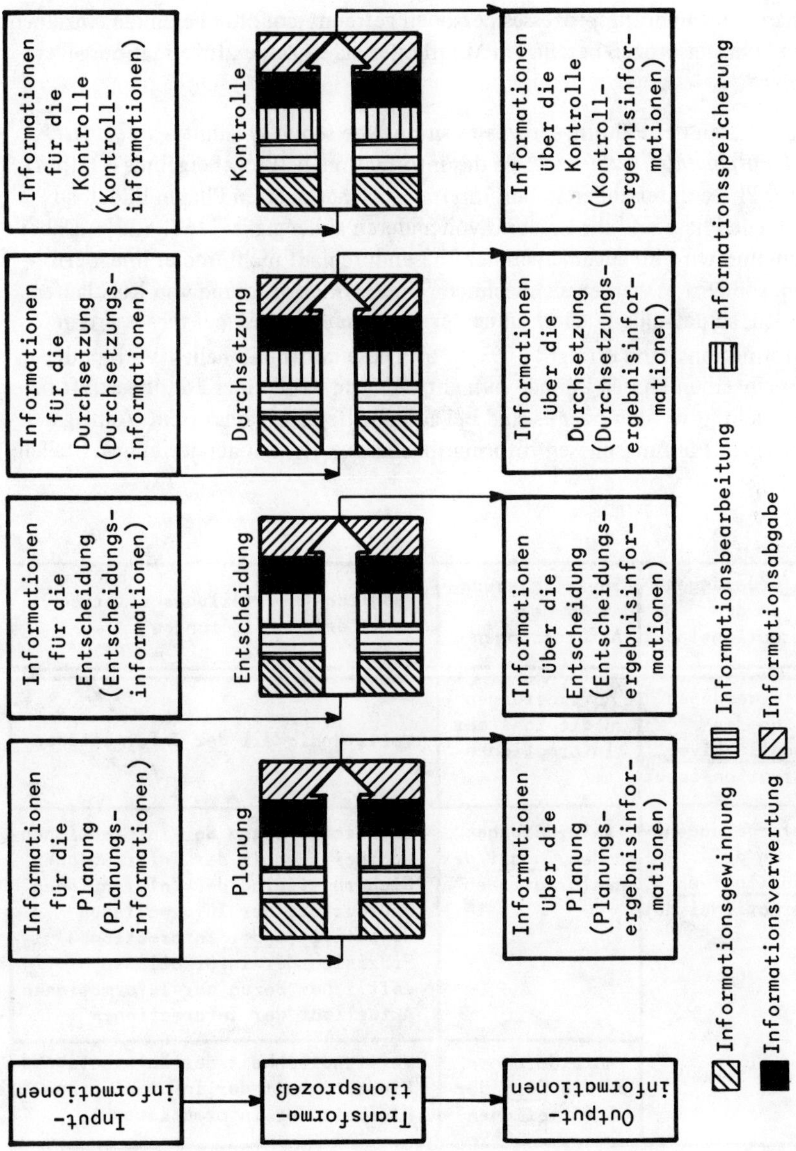

Abb. 8. Phasen des Führungsprozesses als Informationsprozesse

Phasen des Führungsprozesses personell getrennt sind, fungieren die einzelnen am Führungsprozeß beteiligten Mitarbeiter als einzelne „Informationsgeneratoren".

3. Alle Phasen des Führungsprozesses sind – wie schon erwähnt – *informationell miteinander verbunden*, da das informationelle Prozeßergebnis (Output) einer Phase unter anderem den Input der nachgelagerten Phasen bildet, so daß jede Phase und ihr Ergebnis von anderen abhängig ist [163, S. 6]. „Dabei muß und wird im allgemeinen der Phasendurchlauf nicht immer linear erfolgen, sondern es werden sich vielmehr Unterzyklen aufgrund von Rückläufen bilden, so daß eine Wiederholung der einzelnen Prozesse bei verbessertem Informationsstand erfolgt" [163, S. 6]. Diese informationellen Verbindungen der einzelnen Phasen können nun entweder im Kopf einer Führungskraft berücksichtigt werden oder es sind bei aufgabenteilig organisiertem Vollzug der einzelnen Führungsphasen Informationsflüsse zwischen den jeweiligen Stellen

Anforderungen an den Informationsinput	Spezifizierung der Anforderungen	mögliche Beurteilungskriterien der Anforderungen
Anforderungen an den quantitativen Informationsinput	Anforderungen an die Zahl der Informationen	Vollständigkeit der Informationen
Anforderungen an den qualitativen Informationsinput	Anforderungen an den Inhalt der Informationen	sachlicher Bezug der Informationen Wahrheitsgehalt der Informationen Sicherheitsgrad der Informationen Prüfbarkeit der Informationen Objektivität der Informationen Präzision der Informationen zeitlicher Bezug der Informationen Aktualität der Informationen
	Anforderungen an die Form der Informationen	Verständlichkeit der Informationen Eindeutigkeit der Informationen Klarheit der Informationen
Anforderungen an den zeitlichen Informationsinput	Anforderungen an die zeitliche Adäquanz der Informationen	rechtzeitige Verfügbarkeit der Informationen

Abb. 9. Generelle Anforderungen an den Informationsinput und mögliche Beurteilungskriterien

oder Personen notwendig[3]. Im letzten Fall bedarf es der Kommunikation, um die erforderliche koordinierende Verbindung der einzelnen Führungsphasen wiederherzustellen.

4. Schließlich hängt der Informationsoutput einer Führungsphase maßgeblich von ihrem *Informationsinput* ab. Ob also das Ergebnis einer Führungsphase „gut" ist, wird weitgehend von der Qualität der Informationen bestimmt, die der jeweiligen Phase oder dem Führungsprozeß insgesamt zugrundeliegen. Man kann den Grundsatz formulieren, daß die Qualität der Pläne, Entscheidungen, Handlungsvorgaben und Kontrollen nicht besser sein kann, als die Qualität der Input-Informationen. „Es sei denn, man unterstellt, daß aus ungenauen und unvollständigen Informationen durch einen intuitiven, unerklärlichen Verarbeitungsakt ‚vollkommenere' Einsicht in die Umstände und Gegebenheiten entstehen kann als durch genaue Information. Mag dafür zwar manchmal der Anschein sprechen, typisch darf man dieses Phänomen sicher nicht nennen" [85, S. 40, Fußnote 90]. Die Anforderungen an die Informationen zum Vollzug der Führungsphasen sind also einmal Anforderungen an die Informationsgewinnung, zum anderen Anforderungen an die darauffolgenden Informationsprozesse der Informationsbearbeitung und -speicherung. Einige generelle Anforderungen an den Informationsinput und mögliche Beurteilungskriterien sind beispielhaft in Abb. 9 dargestellt.

2.1.2 Ziele und Inhalt eines Personalinformationssystems

Die Informationsgewinnung oder -beschaffung stellt einen äußerst wichtigen Vorgang im Rahmen des Führungsprozesses dar, da die Qualität eines solchen Prozesses entscheidend von der Qualität der Informationsbasis beeinflußt wird. Dies gilt auch für die Führungsaufgabe Personalwesen, die – wie einleitend angeführt – alle Funktionen umfaßt, die auf den Menschen im Unternehmen ausgerichtet sind.

Grundsätzlich kann nun *einerseits* jede Führungskraft selbst aktiv die zum Vollzug des personalen Führungsprozesses für erforderlich gehaltenen Personalinformationen[4] beschaffen. Falls diese Informationen nicht in gespeicherter Form vorliegen, kann sie dadurch im Einzelfall infolge der vielfältigen Suchprozesse mit gewaltigen Informationsaufgaben belastet sein. Dabei ist nicht auszuschliessen, daß viele Informationstätigkeiten verschiedener Führungskräfte über den gleichen Sachverhalt doppelt ausgeführt werden [56, S. 193] oder daß „sich bei

[3] Diese Informationsverbindungen zwischen den einzelnen Führungsphasen sind in Abb. 8 aus Gründen der Übersichtlichkeit nicht eingezeichnet.

[4] In weiter Auslegung des Begriffs sollen unter „Personalinformationen" solche Informationen verstanden werden, die zum Vollzug des personalen Führungsprozesses notwendig sind und nicht nur etwa Informationen über das im Unternehmen beschäftigte Personal.

der Beschaffung von Außeninformationen, die gleichzeitig von mehreren Stellen benötigt werden, Schätzungsdifferenzen ergeben, so daß die entsprechenden Teilentscheidungen auf der Grundlage ungleicher Prämissen getroffen und somit nicht zu einer optimalen Gesamtentscheidung führen würden" [119, S. 17].

Andererseits können aber auch die benötigten Informationen von anderen Stellen oder Führungskräften selbständig herangetragen, angeboten oder zumindest zur Verfügung gehalten werden – wobei allerdings nicht auszuschließen ist, daß gerade bei komplex strukturierten Ermessensentscheidungen noch zusätzliche Informationen beschafft werden müssen. Dieser Zusammenhang zwischen angebotenen und nachgefragten Personalinformationen ist in Abb. 10 anhand eines abstrakten „Kreismodells" veranschaulicht.

Der linke Kreis (*Kreis 1*) stellt die Menge an Personalinformationen dar, die zur Bewältigung der Führungsaufgabe Personalwesen *angeboten* wird. Hinsichtlich der *nachgefragten* Informationen wird zwischen der Menge an Informationen unterschieden, die von den Führungskräften nachgefragt und damit für erforderlich gehalten wird (*Kreis 2*), und zwischen der Menge an Informationen, die zur Bewältigung der Führungsaufgabe Personalwesen sachlich notwendig ist (*Kreis 3*). Das Wesentliche an diesem einfachen Kreismodell sind die „Durchschnitte" (d.h. die Überschneidungen) der einzelnen als Kreise dargestellten Informationsmengen – in Abb. 10 schraffiert eingezeichnet. Ziel jeglicher Gestaltungsbemühungen muß es sein, diese Durchschnitte zu vergrößern, damit letztlich *die* Personalinformationen, die sowohl nachgefragt als auch benötigt werden, soweit wie möglich auch angeboten werden (Vergrößerung des Bereichs e). Bei differenzierter Betrachtung sind in diesem Zusammenhang zwei verschiedene Problemstellungen voneinander zu trennen:

1. Ein Problem ergibt sich aus der Notwendigkeit, die *tatsächlich nachgefragten* und die *sachlich notwendigen* Personalinformationen aufeinander abzustimmen – siehe Abb. 11. Dabei ist auf das Informationsnachfrageverhalten der am personalen Führungsprozeß beteiligten Führungskräfte so einzuwirken, daß sie die sachlich notwendigen Informationen auch tatsächlich als Informationsnachfrage artikulieren und damit auch nutzen [166, S. 833]. Mit anderen Worten: Es muß bei den Führungskräften die Bereitschaft vorhanden sein, einmal wichtige Informationen in ihrem Wert zu erkennen und anzuerkennen, zum anderen sie im personalen Führungsprozeß auch einzusetzen. Hier spielen u.a. soziologische, sozialpsychologische und psychologische Aspekte eine Rolle, die es erforderlich machen, „die verhaltenswissenschaftlichen Erkenntnisse immer wieder auf ihre mögliche ökonomische Rezeption hin zu prüfen" [152, S. 175]. Insbesondere kann durch eine systematische Aufklärungsarbeit über die Führungsaufgabe Personalwesen, über die dafür benötigten Personalinformationen, d. h. durch eine gezielte Einwirkung auf das „Know how" (siehe Abb. 7), das Informationsnachfrageverhalten der Füh-

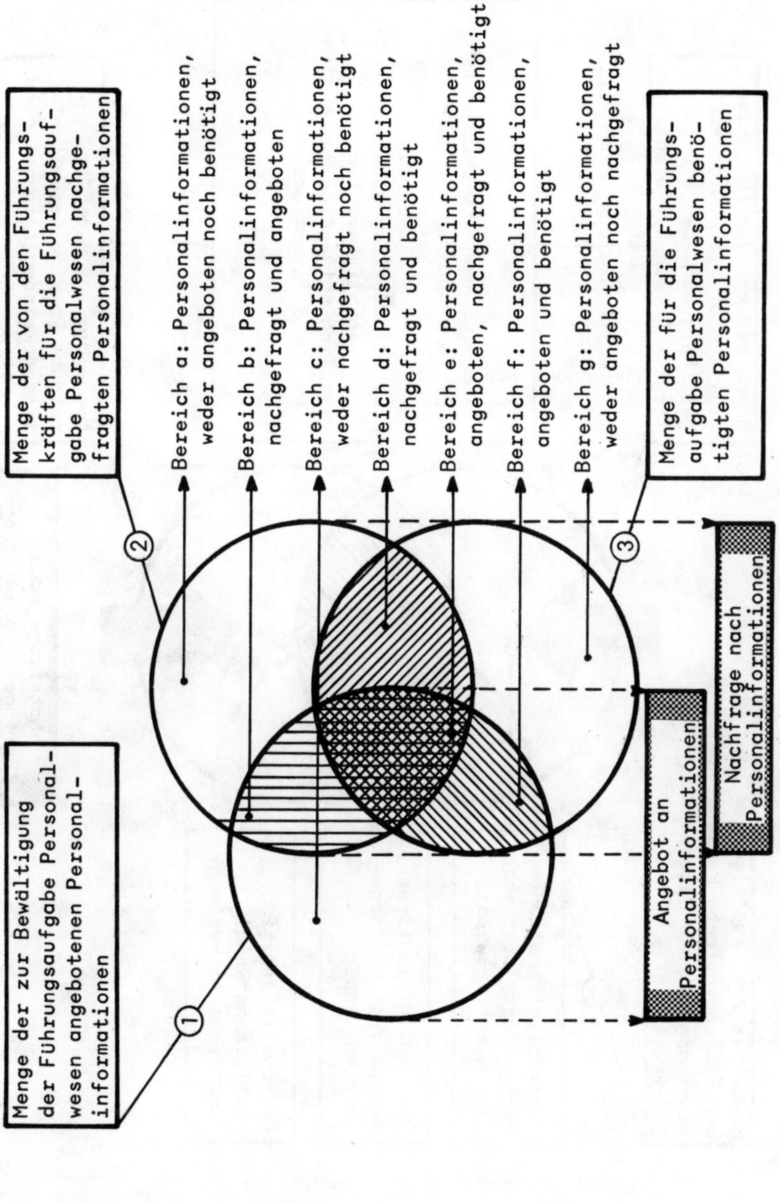

Abb 10. Zusammenhang zwischen angebotenen, nachgefragten und für die Führungsaufgabe Personalwesen benötigten Personalinformationen

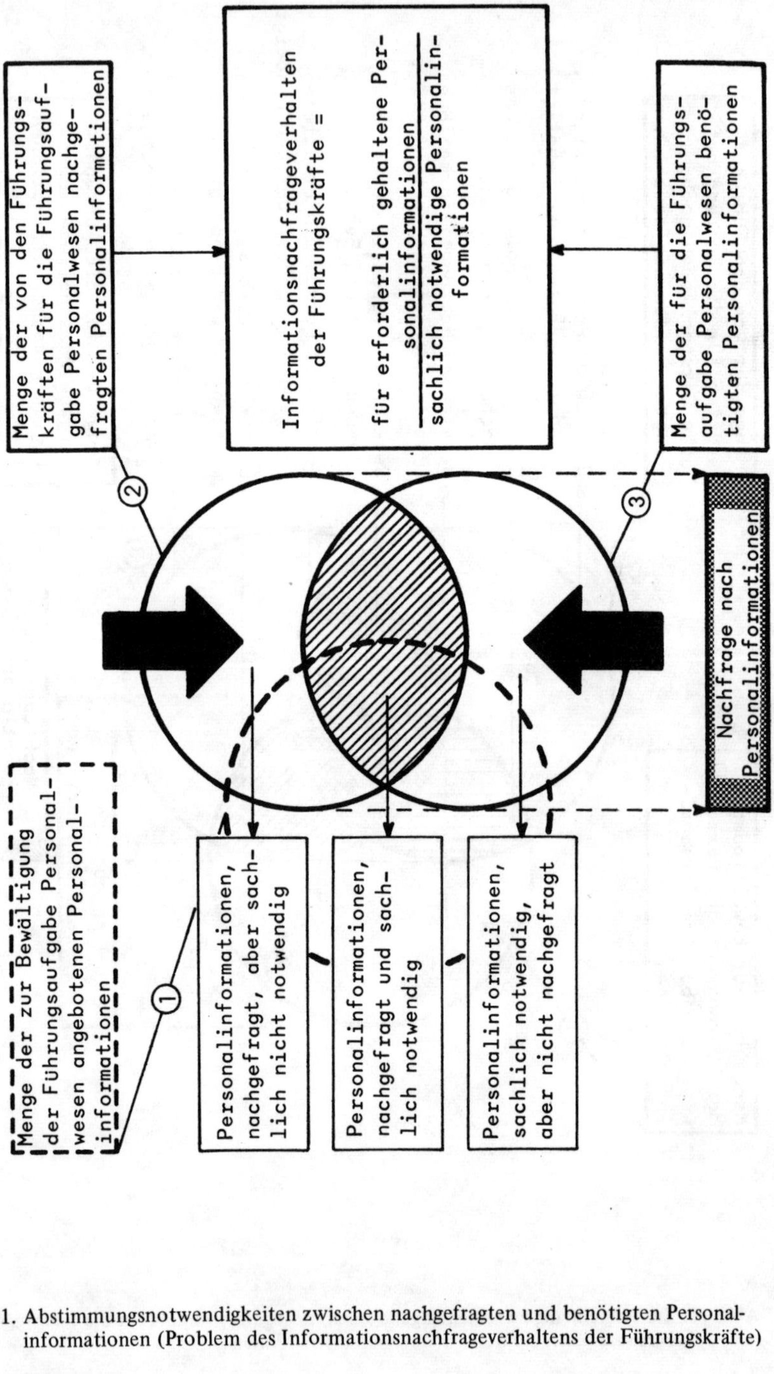

Abb. 11. Abstimmungsnotwendigkeiten zwischen nachgefragten und benötigten Personalinformationen (Problem des Informationsnachfrageverhaltens der Führungskräfte)

rungskräfte positiv beeinflußt werden, damit sie zu einer teilweisen Reduzierung ihrer geäußerten Informationsnachfrage angeregt werden.

2. Ein weiteres Problem ergibt sich aus den Abstimmungsnotwendigkeiten zwischen *angebotenen* und *nachgefragten* Personalinformationen – wobei vorausgesetzt wird, daß die von den Führungskräften nachgefragten Personalinformationen auch tatsächlich für die jeweilige Führungsaufgabe benötigt werden. Bei einer bestimmten Problemsituation findet dieser Zusammenhang seinen Ausdruck in einem sog. Informationsangebotsgrad – siehe Abb. 12. Ziel der Bemühungen, den Führungskräften Personalinformationen anzubieten, muß es sein, den jeweiligen Informationsgrad der Führungskräfte zu erhöhen. Der Informationsgrad hinsichtlich der Führungsaufgabe Personalwesen kann durch folgende Relation dargestellt werden [107, S. 197ff.; 152, S. 51; 167, S. 24ff.]:

$$\text{Informationsgrad} = \frac{\text{tatsächlich vorhandene Personalinformationen (Informationsstand)}}{\text{sachlich notwendige und für erforderlich gehaltene Personalinformationen (Informationsbedarf)}}$$

Der Zähler gibt Aufschluß über die Ausgangsgröße und der Nenner gibt die Zielgröße an, wobei sowohl diese Relation als auch die Bestimmungen des Informationsangebotsgrades und des Informationsnachfrageverhaltens *nicht* den Zweck verfolgen, zu ziffernmäßigen Ausdrücken hinzuführen, sondern vielmehr der Erhellung gewisser Tatbestände dienen [167, S. 26]. So wird beispielsweise beim Vergleich des Informationsangebots- und des Informationsgrades u.a. deutlich, daß die anzubietenden Personalinformationen (und damit der jeweilige Informationsangebotsgrad) vom tatsächlich vorhandenen Informationsstand der Führungskräfte abhängig sind.

Mit dem zuletzt angesprochenen Problem der *bedarfsgerechten* Informationsversorgung für die Führungsaufgabe Personalwesen ist zugleich das eigentliche Kernproblem bei der Gestaltung eines *Personalinformationssystems* angesprochen. Zwar verfügt – wie einleitend schon angedeutet[5] – jedes Unternehmen über ein irgendwie gewachsenes Personalinformationssystem, in dem Personalinformationen gewonnen, bearbeitet, gespeichert, für die Personalführungsaufgabe verwertet und abgegeben werden, aber selten wird man davon sprechen können, daß ein solches System das Prädikat „*benutzergerecht*“ verdient, da zum Teil eine permanente Inkongruenz zwischen den Informationsbedürfnissen einerseits und dem Informationsangebot andererseits besteht. Dabei leiden die Führungskräfte eher an einer Informationsüberflutung, als an einem Informationsmangel [134, S. 766] („Mangel im Überfluß“).

[5] siehe Seite 17f.

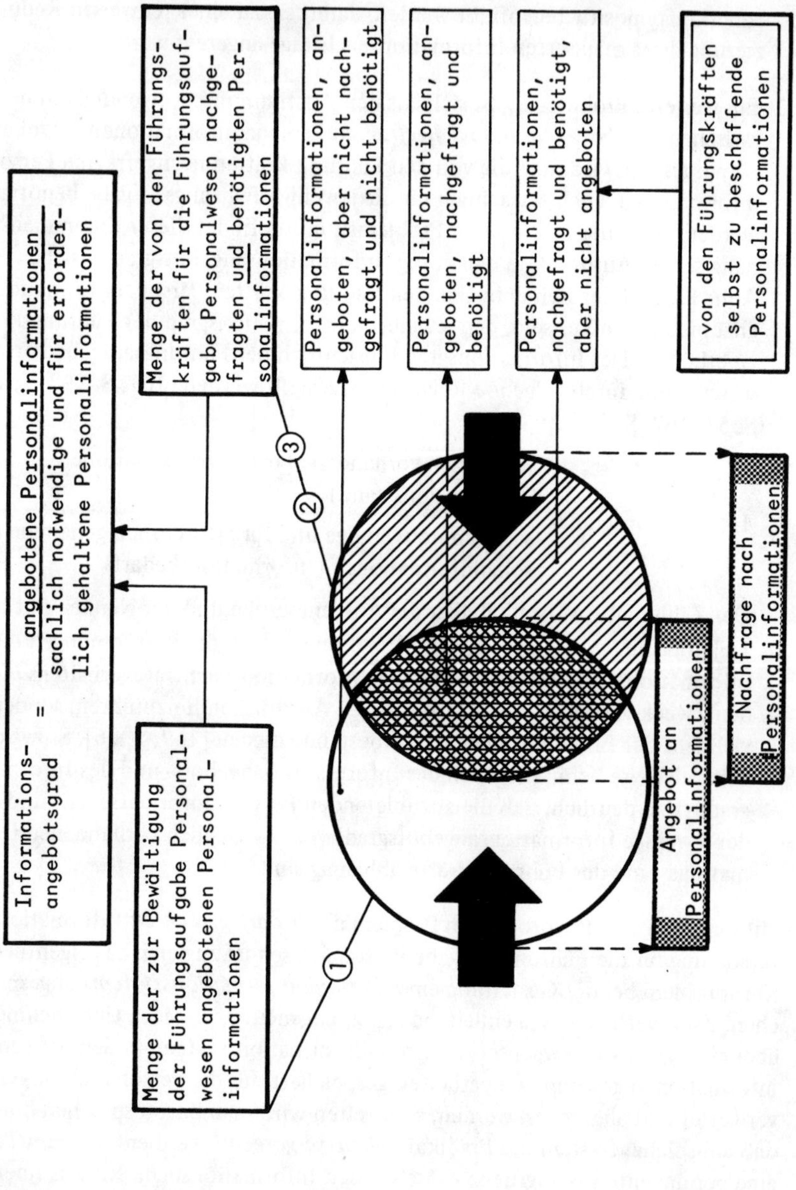

Abb. 12. Abstimmungsnotwendigkeiten zwischen angebotenen und nachgefragten Personalinformationen (Problem des Informationsangebotsgrades)

Von einem „benutzergerechten" Personalinformationssystem kann erst dann gesprochen werden, wenn die den Führungskräften angebotenen Personalinformationen sie in die Lage versetzen, ihre Aufgaben im Hinblick auf die einzelnen Zielsetzungen der Führungsaufgabe Personalwesen „optimal" zu erfüllen. Damit ist zugleich angedeutet, daß der Aufbau eines solchen „benutzergerechten" Personalinformationssystems zunächst eine eindeutige Festlegung der *Zielsetzungen*, die von dem System angestrebt werden sollen, verlangt. Viele Schwachstellen in einem System entstehen nicht zuletzt deshalb, weil die Systemziele im Unklaren bleiben oder nicht beachtet werden.

Hinsichtlich dieser Festlegungen erweist sich eine Einteilung der Zielarten in *Sach-* und *Formalziele* [107, S. 212; 62, S. 315] als zweckmäßig, wobei diese Ziele hinsichtlich Zielinhalt, angestrebtem Ausmaß und zeitlichem Bezug näher zu präzisieren sind [84, S. 59ff.] – siehe Abb. 13.

Das in der Abb. 13 zunächst nur global formulierte *Sachziel* eines Personalinformationssystems beinhaltet die Festlegung der „materiellen" Leistung, die das zu gestaltende System erbringen soll. Dieses Sachziel steckt den Rahmen ab, der im Einzelfall konkret und im Detail abzugrenzen ist. Ergänzt und spezifiziert wird dieses Sachziel durch die *Formalziele*. Sie liefern einen Maßstab für die Art und Weise, wie das Sachziel erreicht werden soll, sowie formale Kriterien, denen die materielle Leistungserstellung genügen muß. Die breite Skala von Formalzielen läßt sich dabei in zwei Gruppen gliedern, nämlich in ökonomische und in soziale Formalziele. Der Inhalt der *ökonomischen Formalziele* kann generell mit Wirtschaftlichkeit und Rentabilität umschrieben werden. Hinsichtlich der ökonomischen Analyse eines Personalinformationssystems steht nicht die Existenz dieses Informationssystems als Ganzes zur Diskussion, sondern lediglich seine Gestaltungsalternativen. Die anstehende Fragestellung richtet sich dabei einmal auf die *Kosten* der Gewinnung und Bereitstellung von Personalinformationen und zum anderen auf den pragmatischen „Gehalt", d.h. auf den *Verwendungsnutzen* oder den Ertrag von Personalinformationen, die im Rahmen des personalen Führungsprozesses eingesetzt werden[6]. Der Inhalt der *sozialen Formalziele* besteht in der Erfüllung menschlicher Erwartungen an die bereitzustellenden Personalinformationen. Es ist schon darauf hingewiesen worden, daß jede Führungskraft zur Erfüllung ihrer Personalführungsaufgabe ganz bestimmte Personalinformationen für notwendig erachtet und daher erwartet, daß sie auch bereitgestellt werden. Dabei werden im Einzelfall ganz bestimmte subjektive Anforderungen an den quantitativen, qualitativen und zeitlichen Informationsinput geknüpft, Anforderungen wie sie beispielsweise in Abb. 9 aufgeführt sind. Da die bereitgestellten Informationen nicht per se zweckorientiert sind, sondern erst in der konkreten Verwendung zur Erreichung vorgegebener

[6] Die Aussage folgender Literaturquelle wurde auf die hier anstehende Fragestellung übertragen: [161, S. 51]

Spezifizierung der Ziele		Sachziel eines Personalinformationssystems	Formalziele eines Personalinformationssystems: ökonomische Formalziele	Formalziele eines Personalinformationssystems: soziale Formalziele
	Zielinhalt	Bereitstellen von Personalinformationen zur Bewältigung der Führungsaufgabe Personalwesen, um sowohl den Informationsstand der Führungskräfte als auch den Führungsprozeß in seinem Ablauf zu verbessern	Wirtschaftlichkeit und Rentabilität als Kriterien zur Beurteilung von für die Führungsaufgabe Personalwesen bereitzustellenden Personalinformationen	Erwartungen der mit der Führungsaufgabe Personalwesen betrauten Mitarbeiter als Kriterien zur Beurteilung von bereitzustellenden Personalinformationen
	angestrebtes Ausmaß	Abstimmen der anzubietenden Personalinformationen mit den Erfordernissen der Führungsaufgabe Personalwesen in quantitativer und qualitativer Hinsicht	maximale oder befriedigende Zielerreichung unter Berücksichtigung von festgelegten Nebenbedingungen	maximale oder befriedigende Zielerreichung unter Berücksichtigung von festgelegten Nebenbedingungen
	zeitlicher Bezug	Abstimmen der anzubietenden Personalinformationen mit den Erfordernissen der Führungsaufgabe Personalwesen in zeitlicher Hinsicht	Festlegen der ökonomischen Formalziele (und gegebenenfalls ihre Gewichtung) in zeitlicher Hinsicht	Festlegen der sozialen Formalziele (und gegebenenfalls ihre Gewichtung) in zeitlicher Hinsicht

Abb. 13. Ziele eines Personalinformationssystems

Ziele in einer spezifischen Situation einen praktischen Nutzen oder Wert erlangen [162, S. 540], wird deutlich, daß das Verhalten der Führungskräfte gegenüber den angebotenen Informationen in starkem Maße von der Berücksichtigung ihrer subjektiven Informationswünsche abhängt.

Mit dieser Erfassung der Sach- und Formalzielsetzungen sind die Gestaltungsziele eines Personalinformationssystems – oder präziser: eines „*personalführungs-orientierten Informationssystems*“ – grob umrissen.

Im einzelnen beinhaltet ein solches System

erstens Stellen oder Prozeßvollzugseinheiten, in denen – unter informationellem Aspekt gesehen – Führungskräfte die durch die Führungsaufgabe Personalwesen induzierten Informationsprozesse vollziehen, d.h. unter Einsatz menschlicher Arbeitsleistungen und evtl. unter Nutzung verschiedenster Sach- und Arbeitsmittel Input-Informationen in Output-Informationen transformieren,

sowie im Einzelfall *speziell geschaffene Stellen oder Prozeßvollzugseinheiten*, die zur Unterstützung der Führungsaufgabe Personalwesen bestimmte Informationsgewinnungs-, Informationsbearbeitungs-, Informationsspeicherungs-, Informationsverwertungs- und Informationsabgabeaktivitäten (z.B. mit Hilfe von ADV-Anlagen) durchführen. Dabei kann z.B. einerseits der Zweck verfolgt werden, die aus der Mehrzahl anfallender Informationen und Daten jene auszuwählen und bereitzuhalten, die für die Personalführungsaufgabe verschiedener Führungskräfte relevant sind. Andererseits können weiterführend diese Informationen und Daten so aufbereitet werden, daß die Ergebnisse dieser Tätigkeiten ohne weitere Umformung direkt für die Personalführungsaufgabe verwertet werden können. Die Aufbereitung kann im Einzelfall soweit erfolgen, daß alle „automatisierbaren“ Informationsprozesse aus dem Aufgabengesamt dieser Führungsaufgabe solchen Stellen übertragen werden.

Zweitens sind die *Informationsflüsse* zwischen den Stellen oder Prozeßvollzugseinheiten, die Personalinformationen zur Planung, Entscheidung, Durchsetzung und Kontrolle personalbezogener Funktionen benötigen (Informationsempfänger) und den Stellen oder Prozeßvollzugseinheiten, die entweder über diese Personalinformationen aufgrund ihrer Planungs-, Entscheidungs-, Durchsetzungs- und Kontrollfunktionen verfügen oder speziell zur Informationserzeugung bestimmt oder geschaffen wurden (Informationssender), Bestandteil eines Personalinformationssystems. Der Weg des Informationsflusses kennzeichnet, wie die einzelnen Informationsprozesse miteinander verknüpft sind, welche logischen und sachlichen Beziehungen bestehen, wobei die Struktur dieser Verknüpfungen die Struktur des Informationsflusses und damit die Struktur des Personalinformationssystems verdeutlicht [93, S. 238].

Diese inhaltliche Erfassung löst eine Betrachtung ab, die im Informationssystem und/oder speziell im Personalinformationssystem lediglich ein Maschinensystem unter Einbezug von ADV-Anlagen und von Datenbanken oder lediglich ein Informationsgewinnungssystem (ein speziell geschaffenes Informationsangebotssystem) nach dem Prototyp des betrieblichen Rechnungswesens [152, S. 41] sah. Es muß vielmehr festgehalten werden, daß das Leistungsprofil eines Personalinformationssystems grundsätzlich u.a. durch die vollzogenen Informationsprozesse, durch die Gestaltung der Informationsflüsse, durch die technologische Beschaffenheit der eingesetzten Sachmittel sowie durch physiologische, psychologische und soziologische Merkmale der Aufgabenträger beeinflußt wird [57, S. 626]. „Je nachdem, welche dieser Einflußfaktoren bei der Gestaltung beachtet bzw. bevorzugt berücksichtigt werden, wird das Gestaltungsergebnis unterschiedlich ausfallen" [57, S. 627]. „Der Mensch als Informationslieferant und Benutzer ist ein ebenso wichtiger Bestandteil des Gestaltungsproblems im Informationssystem wie der Computer selbst" [135, S. 24].

2.2 Schrittfolge beim Aufbau eines Personalinformationssystems

Um die gesteckten Ziele eines Personalinformationssystems erreichen zu können, muß bei der Gestaltung eines solchen Systems methodisch vorgegangen werden. Voraussetzung für den Erfolg dieser Gestaltungsbemühungen ist die Zugrundelegung und Einhaltung einer in sich schlüssigen Methodik. Sie sollte sicherstellen, daß die bestehenden, durch viele Unzulänglichkeiten, Zufälligkeiten und traditionellen Ballast gekennzeichneten Personalinformationssysteme verbessert werden, wobei u.a. im einzelnen die Möglichkeiten einer Übertragung einzelner Informationsaufgaben auf automatische Datenverarbeitungsanlagen aufgezeigt werden können oder sollen. Die Methode sollte die Art und Weise des Herangehens, die schrittweise Folge der Einzelaktivitäten sowie deren komplexe Integration im Hinblick auf das gesteckte Ziel enthalten.

Abb. 14 zeigt die prinzipielle Vorgehensweise beim Aufbau eines Personalinformationssystems. Hier sind die Zusammenhänge anhand eines *kybernetischen Regelkreismodells* schematisch veranschaulicht. Die Vorgehensweise ist dabei folgende: Ausgehend von den gesteckten Zielen eines Personalinformationssystems (vgl. Abb. 13) sind zunächst die Informationsprozesse der Führungsaufgabe Personalwesen *modellartig* zu analysieren und abzubilden. Darauf aufbauend sind mögliche Gestaltungsalternativen eines solchen Systems zu entwickeln, zu bewerten und auszuwählen, wobei von den für die Gestaltung dieses Systems verantwortlichen Organisatoren solche Alternativen zu realisieren sind, die mit hoher Wahrscheinlichkeit die Erfüllung der gesteckten Ziele erwarten lassen. Rückmeldungen an die Organisatoren, d.h. Informationen über die tatsächliche

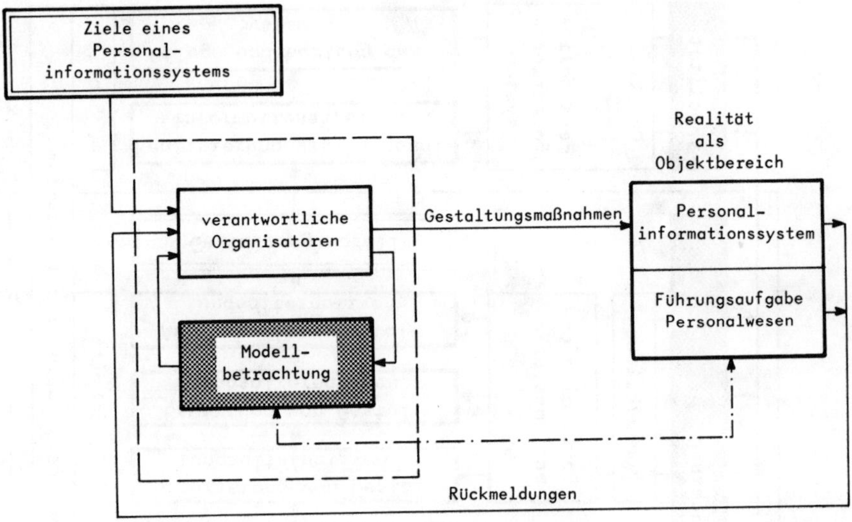

Abb. 14. Vorgehensweise beim Aufbau eines Personalinformationssystems (prinzipiell)

Bewährung realisierter Gestaltungsmaßnahmen, zielen darauf ab, *Lernprozesse* auszulösen oder zu unterstützen. „Der einstufige Weg von einem Modell in einem Schritt zu dem geplanten Realsystem ist wegen der Komplexität und des probabilistischen Charakters im allgemeinen nicht möglich. Mit anderen Worten ausgedrückt, es wird versucht, in einem Lernprozeß schrittweise eine Annäherung an das gewünschte Optimum unter wechselnden Umweltbedingungen zu erzielen" [22, S. 335, 336]. Ein Ansatzpunkt für die Gestaltung erfolgversprechender Lernprozesse ist aber nur dann gegeben, wenn alle beteiligten Personen, d.h. sowohl die Organisatoren als auch die mit der Führungsaufgabe Personalwesen betrauten Führungskräfte, bereit sind, zu lernen [20, S. 5].

In *detaillierterer* Betrachtung können nach der hier vorgeschlagenen Vorgehensweise *4 Schritte* beim Aufbau eines Personalinformationssystems unterschieden werden – siehe Abb. 15.

Zunächst ist in einer *Modellanalyse* (Systemanalyse) ein formales informationelles *Beschreibungsmodell* der Führungsaufgabe Personalwesen zu entwickeln. Ein solches Modell sollte einmal Stellen oder Prozeßvollzugseinheiten beinhalten, in denen die durch diese Führungsaufgabe induzierten Informationsprozesse ablaufen, zum anderen sollte es die logisch und sachlich notwendigen Informationsflüsse aufzeigen. „Die *Modellanalyse* stellt ein besonderes Verfahren der *deduktiven Problemanalyse* dar, das auf empirischen Grundlagen beruht und durch Logisierung der betrachteten Erscheinungen Schlußfolgerungen zieht, die Einsichten und Problemlösungen liefern, die sich wiederum auf die Wirklichkeit zu

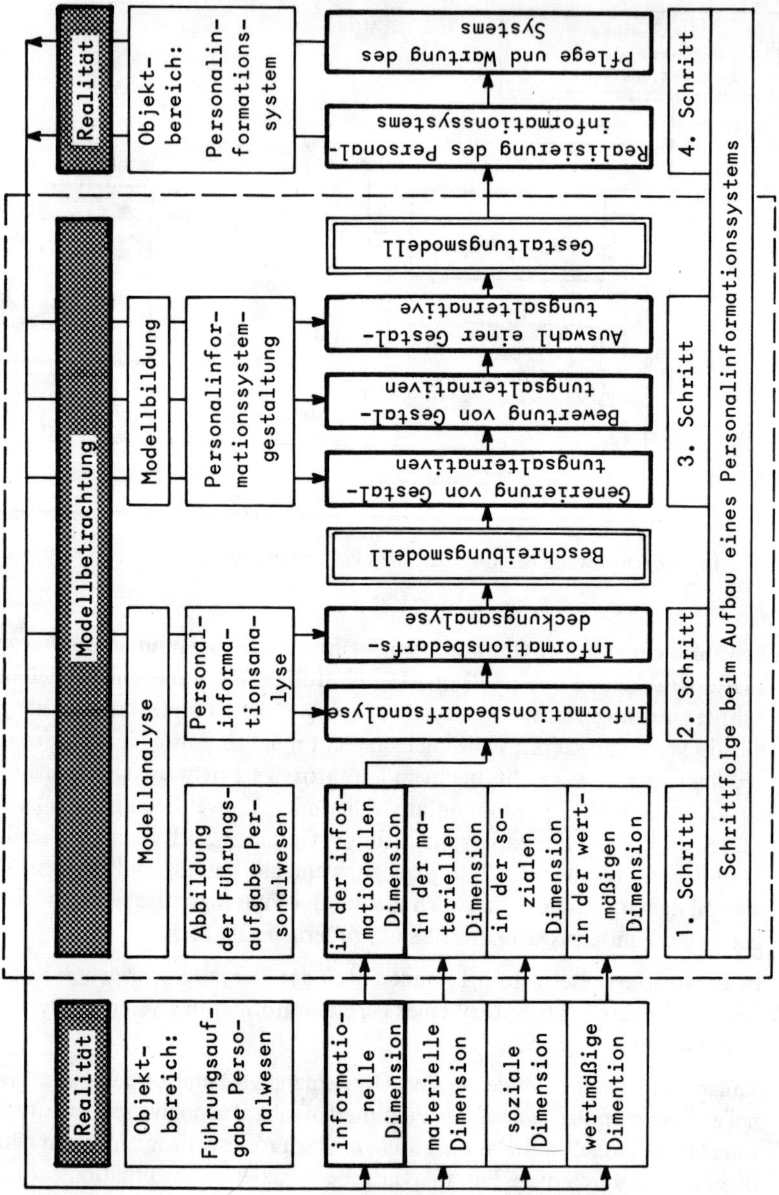

Abb. 15. Vorgehensweise beim Aufbau eines Personalinformationssystems (detailliert)

ihrer gestaltenden Bewältigung übertragen lassen" [104, S. 318]. Ein solches Beschreibungsmodell stellt somit ein gedankliches Hilfsmittel dar, welches auf dem Wege der Abstraktion die Problemstruktur der zu untersuchenden Realität entsprechend dem gegebenen logischen Sachzusammenhang formal abbildet [64, S. 112]. „Diese gedankliche Vereinfachung der Wirklichkeit ermöglicht erst die rationelle Durchdringung der verwickelten Zusammenhänge" [104, S. 319]. „Die zur Erhöhung der Transparenz vorgenommene Abstraktion von der Realität muß jedoch immer ein adäquates Abbild der realen Phänomene zur Folge haben, d. h. unabhängig vom Grad der vorgenommenen Abstraktion muß die Formalstruktur des Modells mit der Problemstruktur der Realität übereinstimmen (Isomorphie)" [64, S. 114].

Im einzelnen können bei der Modellanalyse *zwei Schritte* unterschieden werden:

1. Schritt: Abbildung der Führungsaufgabe Personalwesen.
Ausgangspunkt der Modellanalyse bilden nicht die Informationen *für* diese Führungsaufgabe oder *für* die Personalführungsprozesse, sondern Ziele und Inhalt der Personalführungsaufgabe und der ablaufenden Personalführungsprozesse.

2. Schritt: Personalinformationsanalyse.
Dieser Schritt beinhaltet die Teilschritte *Informationsbedarfsanalyse* und *Informationsbedarfsdeckungsanalyse.* Eine solche Personalinformationsanalyse zielt darauf ab, sowohl die sachlich notwendigen Informationen und die sachlich notwendigen informationellen Verflechtungsbeziehungen der einzelnen Personalführungsprozesse untereinander, als auch die Beziehungen zu sonstigen internen und externen Informationsquellen aufzuzeigen und zu berücksichtigen. Je besser es gelingt, diesen Sachzusammenhang zu durchleuchten und zu erkennen, desto umfassender kann in dem darauf folgenden Schritt der Gestaltung eines unternehmensspezifischen Personalinformationssystems das Ziel einer integrativen Verflechtung der einzelnen Personalführungsprozesse erfüllt werden [64, S. 111].

Das Ergebnis der Modellanalyse findet seinen Niederschlag in einem *Beschreibungsmodell*, welches einen Überblick über die in der Praxis bei der Personalführungsaufgabe durchzuführenden Informationsprozesse einschließlich der zwischen diesen bestehenden Beziehungen wiedergibt. Da ein solches Modell von allen unternehmensspezifischen technischen und/oder organisatorischen Lösungsmöglichkeiten abstrahiert, wird eine grundlegende „allgemeingültige" *Rahmenkonzeption* geschaffen, die den logischen Sachzusammenhang dieser Führungsaufgabe unter informationellem Aspekt wiedergibt. Nur auf der Grundlage eines solchen Modells dürfte es möglich sein, die angestrebten Ziele eines Personalinformationssystems „optimal" oder zumindest in befriedigender Weise zu erreichen. Dieses Modell bildet den Ansatzpunkt und damit eine unabdingbare Voraussetzung für die folgenden Aktivitäten der organisatorischen Gestaltung des Systems, wobei eine zweckmäßige Darstellungsform des Modells spezielle Probleme aufwirft.

Die eigentliche organisatorische Gestaltung (Systemgestaltung) des Personalinformationssystems vollzieht sich in einem *dritten Schritt (Modellbildung)*. Während es in der Modellanalyse darum geht, eine allgemeingültige Aussagekraft des Beschreibungsmodells zu erreichen – indem von unternehmensindividuellen Besonderheiten und Einflußgrößen so weit wie möglich abstahiert wird, um die eigentliche Problemstellung herauszuarbeiten –, beinhaltet dieser Schritt die konkrete organisatorische Strukturierung des Personalinformationssystems im Hinblick auf eine bestmögliche Erfüllung der Systemziele. Das Ergebnis dieser Aktivitäten findet seinen Niederschlag in der Festlegung eines zu realisierenden unternehmensspezifischen Anwendungs- oder *Gestaltungsmodells.* Im Einzelnen können – wie Abb. 15 zeigt – drei Teilschritte unterschieden werden:

1. *Generierung von Gestaltungsalternativen*
   In diesem Teilschritt sind alternative Gestaltungsmöglichkeiten zur Strukturierung des unternehmensspezifischen Personalinformationssystems aufzuzeigen. Wie Abb. 16 zeigt, sind dabei folgende Gestaltungsfragen zu analysieren:
   - Welche alternativen *Programme* der Personalinformationsbereitstellung und -erzeugung können angestrebt werden?
     (*Was?*)
   - Welche alternativen *Bereiche* der Personalinformationserzeugung können infrage kommen? (*Wer?, Wo?*)
   - Welche alternativen *Verfahren* und *Hilfsmittel* können zur Personalinformationserzeugung herangezogen werden? (*Wie?, Womit?*)
   - Welche alternativen *Hilfsmittel* können zur Regelung des Informationsflusses in Betracht kommen? (*Womit?*)

Diese alternativen Gestaltungsfragen sind dabei in einem wechselseitigen Zusammenhang zu sehen. So sind beispielsweise die Möglichkeiten einer Abwicklung einzelner Phasen der Informationsprozesse (z.B. Informationsbearbeitung und -speicherung) in Abhängigkeit von den zur Verfügung stehenden Sachmitteln sehr verschieden. Mit dem Einsatz automatischer Datenverarbeitungsanlagen stehen heute z.B. Sachmittel zur Verfügung, die es gestatten, ganze Informationskomplexe einer geschlossenen (integrierten) Aufgabenerfüllung zuzuführen, wobei sich zugleich Auswirkungen auf alle anderen Gestaltungsfragen ergeben. Bei deren Einsatz ist in diesem Zusammenhang wie folgt vorzugehen [64, S. 112]:

- Auswahl der Informationsaufgaben, deren Erfüllung auf ADV-Anlagen ausgegliedert werden soll,
- Festlegung der Beziehungen zwischen den automatisch zu erfüllenden Informationsaufgaben,
- Festlegung der Beziehungen zwischen den teilweise automatisch und teilweise personell zu erfüllenden Informationsaufgaben.

Personalinformationssystemgestaltung		
1. Generierung von Gestaltungsalternativen		
anstehende Gestaltungsprobleme	sich ergebende Fragestellungen	Erläuterungen der Fragestellungen
alternative Programme der Personalinformationsbereitstellung	Welche alternativen Personalinformationen können für die Personalführungsprozesse bereitgestellt (angeboten) werden?	d.h. welche alternativen Anforderungen können an den quantitativen, qualitativen und zeitlichen Informationsinput gestellt werden?
alternative Programme der Personalinformationserzeugung	Welche alternativen Personalinformationen können beim Vollzug der Personalführungsprozesse oder in speziell geschaffenen Stellen erzeugt werden?	d.h. welche alternativen Anforderungen können an den quantitativen, qualitativen und zeitlichen Informationsoutput gestellt werden?
alternative Bereiche der Personalinformationserzeugung	Von welchen alternativen Stellen können Personalinformationen erzeugt werden?	d.h. welche internen und externen Informationsquellen, welche mit der Personalführungsaufgabe betrauten Mitarbeiter, welche speziell geschaffenen Stellen können infrage kommen?
alternative Verfahren der Personalinformationserzeugung	Auf welche Art und Weise können die notwendigen Informationsprozesse vollzogen werden?	d.h. welche Verfahren, Methoden, Techniken und Modelle können zur Anwendung kommen?
alternative Hilfsmittel der Personalinformationserzeugung	Mit welchen technischen und organisatorischen Hilfsmitteln können die notwendigen Informationsprozesse vollzogen werden?	d.h. welche Aktivitäten der Informationsprozesse (z.B. Informationsspeicherung, -bearbeitung) können ADV-Anlagen übertragen werden, können mit Hilfe organisatorischer Hilfsmittel durchgeführt werden?
alternative Hilfsmittel des Personalinformationsflusses	Mit welchen technischen und organisatorischen Hilfsmitteln können die notwendigen Informationsflüsse zwischen den einzelnen Stellen geregelt werden?	d.h. in welchem Grade kann der sachlich notwendige Informationsfluß durch den Einsatz technischer und organisatorischer Hilfsmittel einer Regelung unterworfen werden?

Abb. 16. Anstehende Gestaltungsprobleme bei der Strukturierung eines Personalinformationssystems

2. *Bewertung von Gestaltungsalternativen*

Zum Zwecke der Bewertung einzelner Gestaltungsalternativen – zweiter Teilschritt der Personalinformationssystemgestaltung – müssen die alternativen Gestaltungsmöglichkeiten im Hinblick auf die angestrebten Systemziele beurteilt und miteinander verglichen werden. Dabei setzt die Beurteilung einzelner Gestaltungsalternativen einmal klare und eindeutige Zielvorstellungen (Entscheidungskriterien) voraus und zum anderen eine Überschaubarkeit der Auswirkungen von Gestaltungsalternativen.

Hinsichtlich der *Zielvorstellungen*, d. h. hinsichtlich der Fragestellung: *Was* soll erreicht werden?, muß unter anderem z.B. folgendes geklärt werden: Soll ein konventionelles (ohne ADV-Anlagen), ein Datenbank gestütztes, ein voraussagendes, ein optimale Entscheidungen errechnendes (vorschlagendes) oder – als „höchste" Entwicklungsstufe – ein optimale Entscheidungen errechnendes und Handlungen anordnendes Personalinformationssystem[7] gestaltet werden?

Hinsichtlich der Überschaubarkeit der *Auswirkungen* von Gestaltungsalternativen ergibt sich die Schwierigkeit, die jeweiligen Auswirkungen auf die Aktionen und Reaktionen der mit Personalführungsaufgaben betrauten Mitarbeiter zu prognostizieren – eine Schwierigkeit, die sich bei sämtlichen auf menschliches Handeln ausgerichteten Gestaltungsmaßnahmen ergibt. Beispielsweise gilt es, das Mißtrauen der Mitarbeiter vor den Informationen anderer Stellen abzubauen. „Wie viele Mitarbeiter führen heute noch ihre eigenen ‚Privatstatistiken', die sie zur Grundlage ihrer Entscheidungen machen, weil sie den Informationen von anderen Stellen nicht trauen und sich daher ihre Informationsbasis immer wieder selbst zusammenstellen wollen. Allein darin liegt ein in vielen Fällen noch ungenutzter Rationalisierungseffekt" [154, S. 23]. Eine weitere Schwierigkeit liegt darin, daß solche organisatorischen Lösungen häufig ein beharrendes Moment aufweisen, das eine Anpassung an veränderte Gegebenheiten erschwert. Damit besteht die Gefahr, „mit der Dynamik der inneren und externen Veränderungen, denen die Unternehmung ausgesetzt ist, nicht Schritt halten zu können; das heißt, ein System zu entwerfen, das wegen geänderter Voraussetzungen vor seiner Realisierung veraltet ist" [118, S. 379, 380]. „Unter diesem Aspekt gewinnen heute Kriterien wie Elastizität, Flexibilität oder Anpassungsfähigkeit zunehmende Beachtung. Deshalb sollen organisatorische Lösungen einerseits genügend Spielraum für kurzfristige erforderliche Strukturveränderungen einräumen und andererseits langfristige Anpassungen der Organisation an wechselnde Bedingungen, wie sie für unsere moderne Wirtschaft charakteristisch sind, ermöglichen" [68, S. 40].

[7] Gleiche Systematik hinsichtlich möglicher Entwicklungsstufen eines MIS: [120, S. 509]

Steht bei der Bewertung von Gestaltungsalternativen eine ökonomische Analyse im Vordergrund, so läßt sich ein stufenweiser Ablauf einer Nutzen- und Kostenanalyse skizzieren, wie er in Abb. 17 angedeutet ist.

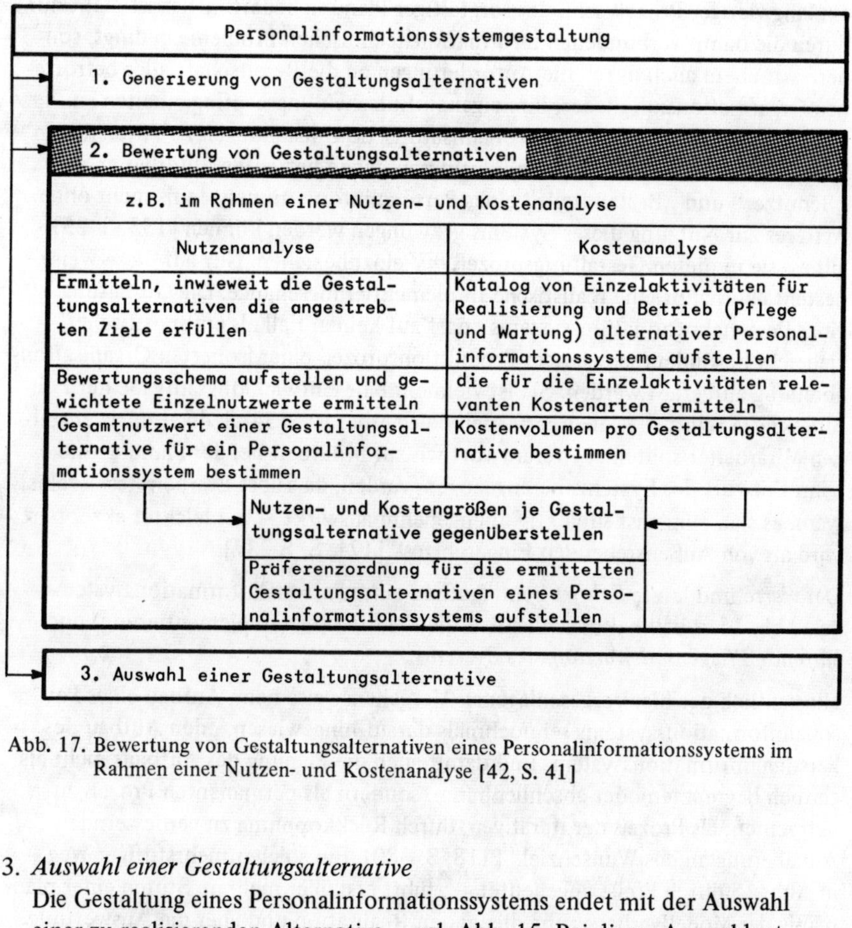

Abb. 17. Bewertung von Gestaltungsalternativen eines Personalinformationssystems im Rahmen einer Nutzen- und Kostenanalyse [42, S. 41]

3. *Auswahl einer Gestaltungsalternative*
Die Gestaltung eines Personalinformationssystems endet mit der Auswahl einer zu realisierenden Alternative – vgl. Abb. 15. Bei dieser Auswahlentscheidung, die sich auf eine vergleichende Betrachtung der Gestaltungsalternativen zur Ermittlung der „besten" Alternative stützt, geht es insbesondere darum, die verbliebenen rational nicht auflösbaren Unsicherheitsfaktoren abzuwägen und eventuell bisher nicht berücksichtigte oder nicht quantifizierbare Entscheidungskriterien heranzuziehen. „Niemand sollte jedoch moderne Organisationsmittel nur deshalb einsetzen, weil es zum guten Ton gehört, sich ihrer zu bedienen. Man sollte die Entscheidungen vielmehr stets davon abhängig machen, ob, wann und inwieweit die angestrebte Zielsetzung mit

vertretbaren Kosten erreicht werden kann. Ein Informationssystem ist dann gut, wenn die Kosten, die es verursacht, geringer sind als der Nutzen, den es spendet" [30, S. 103].

Dieser Gestaltungsprozeß mit den skizzierten drei Teilschritten wird in der Regel ein langwieriger Prozeß sein, der sorgfältiger Planung bedarf. „Dies ist nicht nur durch die damit verbundenen informationstechnischen Probleme bedingt, sondern vor allem auch durch die Anforderungen an die Bereitschaft aller betroffenen Organisationsmitglieder, ihre eigenen Entscheidungsgepflogenheiten zu analysieren und u.U. erhebliche organisatorische Umstellungen zu unterstützen" [102, S. 43]. Da die mit Personalführungsaufgaben betrauten Mitarbeiter als „Benutzer" und „Bestandteile" eines Personalinformationssystems nicht ohne weiteres zur Nutzung dieses Systems gezwungen werden können [135, S. 25], gilt es, sie in diesen Gestaltungsprozeß *mit* einzubeziehen. Nur auf diese Weise besteht überhaupt eine realistische Implementierungschance. Die Gestaltung eines Personalinformationssystems „darf auf keinen Fall als ein spezifischer, vielleicht besonders schwieriger Produktionsprozeß einer isolierten Organisationsabteilung aufgefaßt werden. Sie ist vielmehr eine Entwicklungsaufgabe der Führungskräfte selbst . . ., die nur partiell delegierbar ist" [34, S. 453]. „Die einzelnen Mitarbeiter sollten . . . verantwortlich zur Mitarbeit bei der Planung und beim Entwurf des Systems herangezogen werden, da selbst Erarbeitetes – selbst wenn es sich zunächst subjektiv unangenehm auswirkt – viel leichter akzeptiert wird als von Außenstehenden Eingeführtes" [171, S. E 237].

Der *vierte* und letzte *Schritt* beim Aufbau eines Personalinformationssystems – vgl. Abb. 15 – beinhaltet schließlich die *Realisierung* (Implementierung) und die *laufende Pflege und Wartung des Systems.*

Hinsichtlich der hier vorgeschlagenen Vorgehensweise beim Aufbau eines Personalinformationssystems sei nochmals darauf hingewiesen, „den Aufbau des Personalinformationssystems und damit auch die Planung des Aufbaus nicht als zeitlich begrenzten oder abschließbaren, sondern als permanenten Prozeß zu betrachten; als Prozeß der iterativen, durch Rückkopplung zu verbessernden Annäherung an das Wunschziel" [118, S. 380]. Ein solcher mehrstufiger Weg – in Abb. 15 durch Pfeile angedeutet – „führt erst über mehrere Stufen einer planmäßig der Modellverbesserung dienenden Realisation und über die Auswertung der mit den Realsystemen erworbenen Erfahrungen zu einem als befriedigend oder optimal angesehenen Realsystem" [21, S. 11].

2.3 Prinzipielle Vorgehensweisen bei der Informationsbedarfsanalyse

Der Grundsatz oder das Gestaltungsziel, ein „benutzergerechtes" Personalinformationssystem zu entwickeln, bedeutet im einzelnen, daß jede Führungskraft nur jeweils die Personalinformationen zugeleitet bekommt, die sie zur Erfüllung ihrer Personalführungsaufgabe tatsächlich benötigt. „Jedes Zuviel an Daten und Informationen erschwert die Übersicht und verzögert notwendige Entscheidungen. Jedes Zuwenig führt zu unvollkommener Information und verhindert dadurch klare und eindeutige Stellungnahmen des Entscheidungsverpflichteten" [30, S. 99]. Damit wird deutlich, welche Bedeutung einer Analyse des Personalinformationsbedarfs zukommt. Fehlt eine solche sorgfältige und detaillierte Analyse, besteht nicht nur die Gefahr, sondern die hohe Wahrscheinlichkeit einer Fehlentwicklung des Personalinformationssystems. Dabei wird es nicht möglich sein, in einer *einmaligen* Ermittlung zu einem bestimmten Zeitpunkt oder Zeitraum den gesamten bestehenden und/oder zukünftigen Personalinformationsbedarf sämtlicher Führungskräfte aller hierarchischer Ebenen im voraus festzulegen. Vielmehr wird es so sein, daß ein Teil des Personalinformationsbedarfs erst während der konkreten Gestaltungsaktivitäten erkennbar wird und im Rahmen eines Lernprozesses entsprechend abzuklären und zu berücksichtigen ist [18, S. 163].

Zur Ermittlung des Personalinformationsbedarfs können *mehrere Methoden* zur Anwendung kommen, wobei jeweils gewisse Vor- und Nachteile in Kauf zu nehmen sind. „Die ex ante Informationsbedarfsanalyse führt zu dem Problem, mit welcher Methode welcher Informationsbedarf auf welcher Managementebene erhoben werden soll" [134, S. 764]. Dabei sind im konkreten Einzelfall zwei Aspekte bei der Bewertung und Auswahl der einzusetzenden Methode oder Methoden zu beachten [66, S. 7]:

1. Inwieweit werden bei der Durchführung der Informationsbedarfsanalyse subjektive Einflüsse durch die Führungskräfte wirksam oder inwieweit werden sie berücksichtigt?
2. Inwieweit besteht die Möglichkeit, den Informationsbedarf möglichst vollständig zu erfassen?

Der „neuralgische Punkt" bei der Entwicklung eines Personalinformationssystems liegt somit nicht in der Aufgabe „Ermittlung des Informationsbedarfs", „sondern in der methodisch richtigen Vorgehensweise zur Lösung der Aufgabe" [103, S. 149].

Hinsichtlich der Ermittlung des Informationsbedarfs können die anwendbaren Methoden nach zwei unterschiedlichen Vorgehensweisen klassifiziert werden:

1. *Induktive Vorgehensweise*

Das Prinzip dieser Vorgehensweise besteht allgemein darin, „aus einer Vielzahl von Einzelbeobachtungen typische Merkmale, Beziehungen und Regelmäßigkeiten zu gewinnen, also vom Besonderen, Einzelnen zum Allgemeinen vorzudringen“ [168, S. 28]. Dazu ist zunächst in einem *ersten* Schritt für alle mit Personalführungsaufgaben betrauten Führungskräfte der jeweilige Informationsbedarf zu bestimmen. Wie Abb. 18 zeigt, können folgende Methoden zur Anwendung kommen:

a) Befragung,
b) Selbstaufschreibung,
c) Spiegelbildmethode,
d) Dokumentenanalyse,
e) Beobachtung,

wobei die Durchführung der Informationsbedarfsanalyse entweder *mit* oder *ohne* Mitwirkung der Führungskräfte erfolgt. Der *zweite* Schritt beinhaltet eine Zusammenfassung, d. h. eine Verallgemeinerung der gefundenen Einzelergebnisse und führt zu einem subjektiven Personalinformationsbedarf.

Damit wird deutlich, daß das Ergebnis dieser Vorgehensweise u.a. weitgehend sowohl subjektiven Einflußfaktoren unterliegt (bei Anwendung einer Befragung, einer Selbstaufschreibung, der Spiegelbildmethode) als auch situationsbezogenen Einflußfaktoren, da eine Dokumentenanalyse oder eine Beobachtung nur eine „Momentaufnahme“ der jeweiligen Informationsbedürfnisse ergeben.

Hinsichtlich einer subjektiven Beeinflussung des Ergebnisses, bedingt durch die Mitwirkung der Führungskräfte bei der Informationsbedarfsanalyse, sollte z.B. beachtet werden, daß aus menschlich verständlichen Gründen allgemein die Tendenz besteht, lieber einen erhöhten Informationsbedarf anzugeben und geltend zu machen, als nachher zuwenig Informationen zu bekommen, zumal es den Führungskräften im Einzelfall nicht möglich erscheint, genau anzugeben, welchen Informationsbedarf sie heute haben oder morgen haben werden. Die entsprechenden induktiven Methoden, bei denen eine Mitwirkung der Führungskräfte erforderlich ist, sind hinsichtlich Inhalt und ihrer Vor- und Nachteile in Abb. 19a kurz umrissen.

In bezug auf eine situationsbezogene Beeinflussung sollte z.B. berücksichtigt werden, daß der durch solche Methoden ermittelte Informationsbedarf auf der Grundlage eines Ist-Zustandes beruht. „Der auf dieser Basis ermittelte Informationsbedarf führt zu einer relativen Verbesserung des derzeitigen Zustandes, nicht aber zur Bestgestaltung des Informationssystems. Die Gefahr des Haftenbleibens am Bestehenden, des Nichterkennens von zur Zeit nicht vorgefundenen, aber notwendigen Informationen ist sehr groß“ [66, S. 7]. Solche induktiven Methoden, bei deren Anwendung keine Mitwirkung der

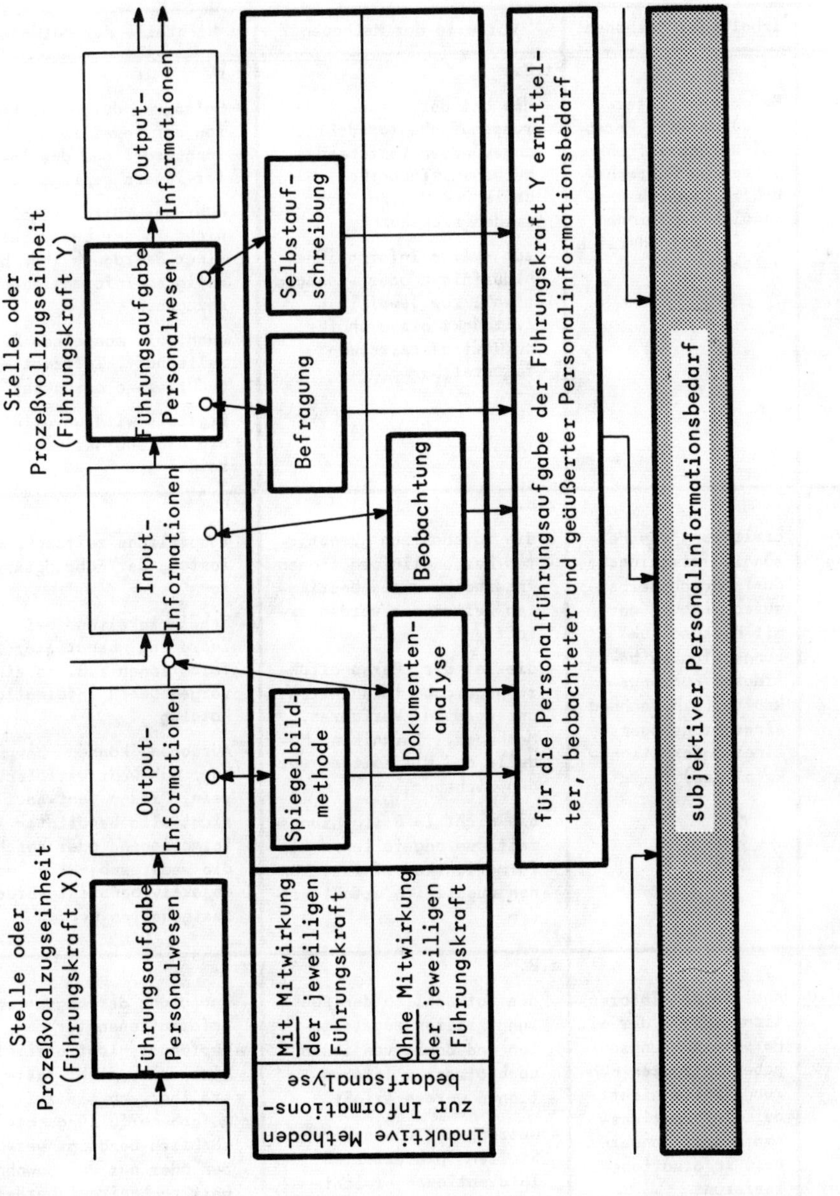

Abb. 18. Ansatzpunkte der induktiven Methoden zur Ermittlung des Personalinformationsbedarfs

Methoden	Inhalt der Methoden	Vorteile der Methoden	Nachteile der Methoden
Befragung	Befragung (Interview) der mit Personalführungsaufgaben betrauten Führungskräfte, welche Personalinformationen sie für erforderlich halten	z.B. - die bei der Personalführungsaufgabe tatsächlich angewandten Verfahren, Methoden, Techniken, Modelle und Hilfsmittel werden sichtbar - subjektive Informationsbedürfnisse oder -wünsche sowohl zum jeweiligen Zeitpunkt als auch für zukünftige Zeiträume feststellbar	z.B. - Befragung durch die Person der jeweiligen Führungskraft und des Interviewers geprägt - Führungskräfte oftmals nicht in der Lage, bei einer Befragung ihre benötigten Informationen anzugeben - eventuell mangelnde Bereitschaft, Informationsbedürfnisse anzugeben - Ergebnis wird unvollständig und subjektiv geprägt sein
Selbstaufschreibung	Ermittlung des Personalinformationsbedarfs durch Selbstaufschreibung der mit Personalführungsaufgaben betrauten Führungskräfte (z.B. anhand eines Fragebogens, eines Informationskataloges)	z.B. - die tatsächlich benötigten Personalinformationen innerhalb eines bestimmten Zeitraumes werden erfaßt - die bei der Personalführungsaufgabe tatsächlich angewandten Verfahren, Methoden, Techniken, Modelle und Hilfsmittel werden sichtbar - die nicht im Betrachtungszeitraum angefallenen Informationsbedürfnisse können zusätzlich erfaßt werden	z.B. - zusätzliche zeitliche Belastung der Führungskräfte - Schwierigkeiten bei der Zuordnung benötigter Informationen z.B. in einem vorgegebenen Informationskatalog - Aussagen können bewußt oder unbewußt verfälscht sein, indem entweder nicht alle benötigten Informationen oder solche, die weder subjektiv noch objektiv benötigt werden, festgehalten werden
Spielgelbildmethode	Analyse des Informationsbedarfs der mit Personalführungsaufgaben betrauten Führungskräfte nicht beim Informationsempfänger, sondern beim Informationslieferant	z.B. - die tatsächlich den Führungskräften zugeleiteten und damit von ihnen nachgefragten Informationen werden erfaßt - Nutzung der von anderen Stellen "produzierten" Informationen ersichtlich	z.B. - Bedeutung der abgegebenen Informationen für den Empfänger nicht ersichtlich, d.h. nicht feststellbar, ob sie zur Aufgabenerfüllung tatsächlich benötigt werden oder nur aus Gewohnheit nachgefragt werden - nur ein bestehender Zustand wird erfaßt, sonstige Informationsbedürfnisse des Benutzers nicht bestimmbar

Methoden	Inhalt der Methoden	Vorteile der Methoden	Nachteile der Methoden
Dokumentenanalyse	Analyse der schriftlichen Unterlagen, d.h. der formell zugeleiteten Personalinformationen, hinsichtlich Zahl, Inhalt, Form und Häufigkeit	z.B. - die tatsächlich von anderen Stellen schriftlich zugeleiteten Informationen werden erfaßt (Istzustand des Informationsflusses) - subjektiver Einfluß der Führungskräfte auf die Bestimmung des Informationsbedarfs wird weitgehend ausgeschaltet	z.B. - Analyse bezieht sich auf Informationen, die momentan zugeleitet werden, nur ein bestehender Zustand wird analysiert - Inhalt einer zugeleiteten Information muß nicht notwendigerweise mit ihrer Verwertung gekoppelt sein - mündliche oder von den Führungskräften selbst beschaffte Informationen werden nicht erfaßt
Beobachtung	Beobachtung des Informationsverhaltens der mit Personalführungsaufgaben betrauten Führungskräfte	z.B. - die tatsächlich zugeleiteten, selbst beschafften und verwerteten Informationen können ermittelt werden - hoher Genauigkeits- und Aktualitätsgrad der Ergebnisse - subjektiver Einfluß der Führungskräfte auf die Bestimmung des Informationsbedarfs wird weitgehend ausgeschaltet	z.B. - hoher zeitlicher Untersuchungsaufwand - schwierige Durchführung der Untersuchung - nur Informationen und Informationsflüsse erfaßbar, die während der Untersuchungszeit anfallen - zukünftige Informationswünsche nicht erfaßbar

Abb. 19b. Induktive Methoden zur Ermittlung des Personalinformationsbedarfs (ohne Mitwirkung der jeweiligen Führungskraft)

←Abb. 19a. Induktive Methoden zur Ermittlung des Personalinformationsbedarfs (mit Mitwirkung der jeweiligen Führungskraft)

Führungskräfte erforderlich ist, sind in Abb. 19b hinsichtlich Inhalt und ihrer Vor- und Nachteile angeführt.

2. *Deduktive Vorgehensweise*
Im Gegensatz zur induktiven wird bei der deduktiven Vorgehensweise vom Allgemeinen auf das Besondere geschlossen. Den Ausgangspunkt bildet hier – wie Abb. 20 zeigt – eine Abbildung der Führungsaufgabe Personalwesen. Von daher stellt sich bei dieser Vorgehensweise zunächst das Problem, Ziele, Inhalt und prozessualen Aspekt dieser Personalführungsaufgabe herauszuarbeiten. Erst auf dieser Grundlage kann dann die eigentliche Informationsbedarfsanalyse erfolgen, die im Rahmen einer „theoretischen" Ableitung die relevanten Informationsbedürfnisse ermittelt. Das Ergebnis dieser Aktivitäten ist der für die einzelnen Führungskräfte „theoretische" Personalinformationsbedarf.

Hierbei wird deutlich, daß diese Vorgehensweise in entscheidendem Maße von der Abbildungsgenauigkeit der in der Realität vorkommenden Personalführungsaufgaben abhängt. Dabei muß man sich darüber im Klaren sein, daß es sehr schwierig, wenn nicht sogar unmöglich sein wird, *sämtliche* Aufgaben-

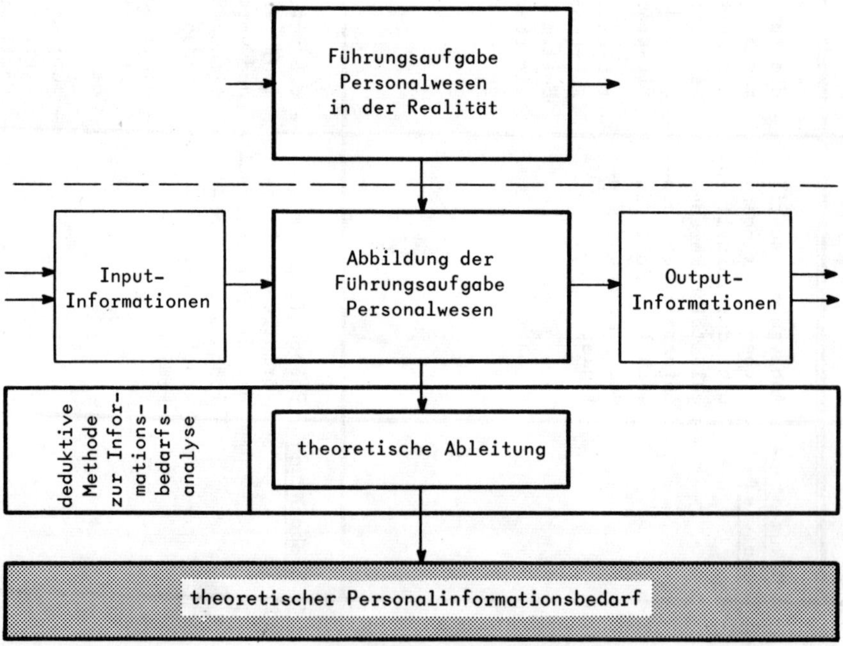

Abb. 20. Ansatzpunkt der deduktiven Methode zur Ermittlung des Personalinformationsbedarfs

stellungen der Führungsaufgabe Personalwesen auf diese Weise zu erfassen. „Es sind nur die regelmäßig durchzuführenden Aufgaben erfaßbar; bei den fallweise durchzuführenden Aufgaben können nur die fixiert werden, die vorkamen bzw. mit gewisser Wahrscheinlichkeit häufiger vorkommen werden" [66, S. 8]. Somit wird der auf diese Weise fixierbare Personalinformationsbedarf geringer sein als der sachlich notwendige Bedarf (Kreis 3 in Abb. 10), da u.a. nicht alle zukünftig zu bewältigenden Aufgabenstellungen, wie sie z.B. durch neue sozialpolitische Gesetze bedingt sein können, im voraus erfaßbar sein werden. „Daraus geht eindeutig hervor, daß es für viele Entscheidungen objektiv nicht möglich ist, apriorisch zu bestimmen, welche Informationen relevant sein werden" [118, S. 381].

Weiter hängt der Erfolg einer solchen Vorgehensweise davon ab, inwieweit es gelingt, die für die fixierte Personalführungsaufgabe sachlich und objektiv notwendigen Informationen anhand eines gedanklichen Prozesses zu bestimmen. Es stellt sich mithin das Problem, „aus allen für eine Entscheidung denkmöglichen Informationen einen Bereich relevanter Informationsarten . . . zu bestimmen . . ." [13, S. 57], wobei jede Information als relevant zu bezeichnen ist, die in irgendeiner Form das Entscheidungsergebnis beeinflussen kann [13, S. 58].

Eine solche deduktive Vorgehensweise strebt somit eine Ermittlung des Personalinformationsbedarfs an, „die sich nicht so sehr an den mit der Person wechselnden individuellen Informationswünschen eines Stelleninhabers orientiert, sondern vielmehr an den aus der Entscheidungsaufgabe resultierenden ‚objektiven' Erfordernissen" [102, S. 50]. Inhalt, Vor- und Nachteile der dabei zur Anwendung kommenden Methode der „theoretischen Ableitung" sind in Abb. 21 dargestellt.

Diese beiden skizzierten Vorgehensweisen zur Analyse des Personalinformationsbedarfs beinhalten jeweils ein ganz bestimmtes prozessuales Vorgehen, um letztlich die Personalinformationen zu bestimmen, über die eine Führungskraft mindestens verfügen muß, damit die Personalführungsaufgabe so rational bzw. so gut wie möglich wahrgenommen werden kann. Die induktiven Methoden stützen sich vornehmlich auf die vorhandenen Informationsflüsse und die Informationswünsche der Führungskräfte, wobei u. a. die Gefahr besteht, daß man sich zu sehr am momentanen Geschehen orientiert. Die deduktive Methode geht hingegen von Zielen, Inhalt und prozessualem Aspekt der Führungsaufgabe Personalwesen aus, aus der dann anhand eines gedanklichen Prozesses die relevanten Informaitonsbedürfnisse abgeleitet werden, wobei u. a. leicht praktische Anforderungen und Erfahrungen übersehen werden. Damit wird deutlich, daß sämtliche zur Anwendung kommenden Methoden gleichermaßen durch spezifische Vor- und Nachteile gekennzeichnet sind. Als logische Konsequenz ergibt sich daraus, daß im konkreten Fall, nur eine sinnvolle *Kombination* induktiver und

Methode	Inhalt der Methode	Vorteile der Methode	Nachteile der Methode
<u>theoretische Ableitung</u>	Erfassung der für den Personalführungsprozeß relevanten Personalinformationen, indem von einer modellmäßigen Abbildung der Führungsaufgabe Personalwesen ausgegangen wird	z.B. - sie knüpft an den führungsorientierten Rollen der Informationen an - die objektiv relevanten Informationen können erfaßt werden, da die Einflußfaktoren, die direkt oder indirekt die Personalführungsaufgabe beeinflussen, theoretisch abgeleitet werden können - Informationsbedarf wird unter weitgehendem Ausschluß subjektiver Momente bestimmt, d.h. Ermittlung erfolgt unabhängig von einem bestimmten Aufgabenträger - durch Vorgabe entsprechender Verfahren, Methoden, Techniken, Modelle und Hilfsmittel zur Bewältigung der Personalführungsaufgabe können die sachlich notwendigen Informationen ermittelt werden	z.B. - nicht alle Informationsbedürfnisse können auf diese Weise erfaßt werden, d.h. die Möglichkeit einer vollständigen Ermittlung des Informationsbedarfs ist beschränkt - sämtliche auftretende Aufgabestellungen im Rahmen der Personalführungsprozesse müssen im voraus bekannt sein - eine solche theoretische Ableitung des Informationsbedarfs kann im Einzelfall zu abstrakt, theoretisch und zu unvollständig sein

Abb. 21. Deduktive Methode zur Ermittlung des Personalinformationsbedarfs

deduktiver Methoden zu einer einigermaßen befriedigenden Lösung führen kann [34, S. 452; 103, S. 149; 150, S. 149]. Es ist dabei empfehlenswert, „jeweils bestimmte Methoden zu einer ‚Strategie der Informationsbedarfsermittlung' zusammenzufassen und eindeutige Entscheidungskriterien für die Bewertung dieser Strategie zu definieren" [103, S. 150]. Solche Strategien zur Informationsbedarfsermittlung werden sich hauptsächlich darin unterscheiden, ob bei ihnen das deduktive oder das induktive Element dominiert – vgl. Abb. 22.

Eine Strategie besteht z.B. darin, zunächst anhand einer „theoretischen Ableitung" (deduktive Vorgehensweise) den „theoretischen Personalinformationsbedarf" zu bestimmen. Der so ermittelte Personalinformationsbedarf liefert dann für die anschließenden induktiven Erhebungen, z.B. für gezielte Fragestellungen, wertvolle Hinweise und bildet eine wichtige und wesentliche Orientierungshilfe. Ohne gezielte Fragestellungen sind Befragungen selten fruchtbar. „Stundenlange Gespräche schmelzen dann bei der Auswertung auf einen minimalen Gehalt zusammen. Induktive Erhebungen müssen daher intensiv vorbereitet werden . . ." [150, S. 150], was ausgehend vom theoretischen Personalinformationsbedarf erheblich leichter ist. Die auf diese Weise ermittelten Informationswünsche oder Informationsflüsse (subjektiver Personalinformationsbedarf) –

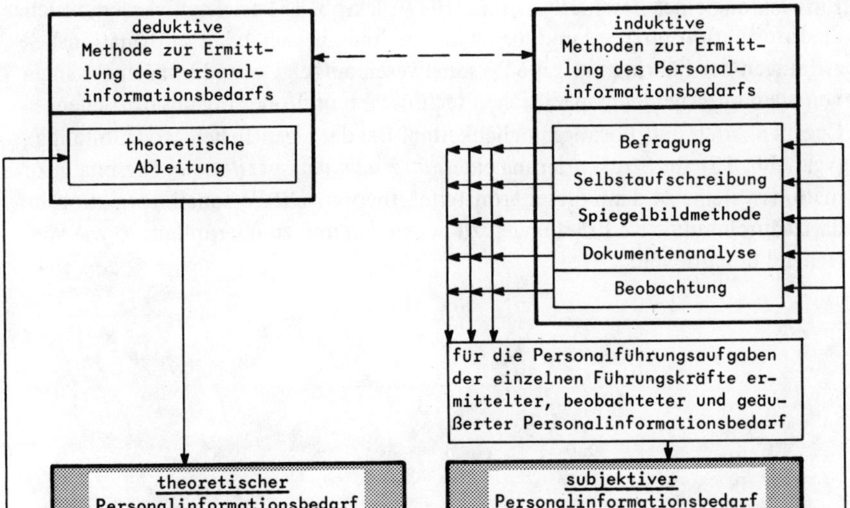

Abb. 22. Kombination deduktiver und induktiver Methoden zur Ermittlung des Personalinformationsbedarfs

die z.B. im Rahmen einer repräsentativen Auswahl der zu befragenden Führungskräfte festgestellt werden können – sind anschließend mit dem theoretischen Personalinformationsbedarf zu vergleichen (vgl. Abb. 22). Ein solcher Vergleich dient dazu, die Vollständigkeit und Zweckmäßigkeit des auf theoretischem Wege ermittelten Personalinformationsbedarfs zu beurteilen und zu prüfen. Bei auftretenden Diskrepanzen zwischen theoretischem und subjektivem Personalinformationsbedarf können zwei Fälle unterschieden werden:

1. Der theoretische Personalinformationsbedarf ist um solche Informationen zu ergänzen und zu differenzieren, die nicht erkannt wurden, aber zur Erfüllung der Personalführungsaufgabe sachlich erforderlich sind (*Modifizierung* – siehe Abb. 22).
2. Die Führungskräfte sind im Einzelfall entweder zu beeinflussen, nachweisbar sachlich notwendige Informationen zu erkennen und sie zu akzeptieren oder anzuregen, ihren geäußerten subjektiven Informationsbedarf zu reduzieren [58, S. 133] (*Rückfragen* – siehe Abb. 22).

Im Rahmen dieser aufgezeigten „Strategie zur Personalinformationsbedarfsermittlung" steht in den folgenden Ausführungen die Ermittlung des *„theoretischen Personalinformationsbedarfs"* im Vordergrund. Damit soll ein Beitrag zur Entwicklung eines Beschreibungsmodells (vgl. Abb. 15) geleistet werden, welches die Informationsprozesse und die zwischen ihnen bestehenden Informationsbeziehungen der Führungsaufgabe Personalwesen aufzeigt – und zwar unabhängig von allen unternehmensspezifischen technischen und/oder organisatorischen Gegebenheiten und Lösungsmöglichkeiten. Bei der eigentlichen Modellbildung (vgl. Abb. 15) zur Strukturierung eines *unternehmensspezifischen* Personalinformationssystems ist dann dieser ermittelte „theoretische Personalinformationsbedarf" durch induktive Erhebungen zu beurteilen und zu überprüfen, so wie vorstehend beschrieben.

3. Analyse der Führungsaufgabe Personalwesen

Aufgrund der Erkenntnis, daß im Rahmen der hier vorgeschlagenen Methode zur Informationsbedarfsanalyse zunächst die Führungsaufgabe Personalwesen zu analysieren und zu beschreiben ist, werden zunächst Ziele, Inhalt und prozessualer Aspekt dieser Führungsaufgabe herausgearbeitet. Erst wenn auf diese Weise die Führungsaufgabe erfaßt und formalisiert ist, können aus ihr zwangsläufig die sachlich notwendigen Personalinformationen abgeleitet werden.

3.1 Personalwesen als System

Versteht man unter der Führungsaufgabe Personalwesen oder unter der Personalführung die Gesamtheit aller personalbezogenen Funktionen, die darauf gerichtet sind, „einerseits dem Betriebszweck entsprechende vertragliche Leistungen von Betriebsangehörigen zu beschaffen und laufend in ihrer Eignung für diesen Betriebszweck zu erhalten und andererseits dafür Sorge zu tragen, daß bei Inanspruchnahme dieser Leistungen die Rechte und Interessen der Belegschaftsmitglieder gewahrt werden, soweit sie im Rahmen ihrer betrieblichen Tätigkeit in Frage gestellt sein könnten" [11, Sp. 4322], so wird deutlich, welches außerordentlich weitgespannte Feld diese Funktionen umfassen und welcher Vielzahl von Aspekten im einzelnen Rechnung zu tragen ist. Somit läßt sich das Personalwesen als ein *gesamtunternehmensbezogener* Funktionskomplex charakterisieren, im Gegensatz zu den sogenannten bereichsbezogenen Funktionskomplexen wie z.B. Beschaffung, Entwicklung, Produktion und Absatz.

Angesichts dieses Umstandes liegt es nahe, im folgenden den sog. *Systemansatz* auf das Personalwesen anzuwenden. Seit Beginn der sechziger Jahre hat das Systemdenken, ausgehend von der allgemeinen Systemtheorie und Kybernetik, eine universelle Verbreitung bei der Gestaltung komplexer technischer und organisatorischer Sachverhalte gefunden. Die vielen verschiedenen Anwendungen zeigen dabei, daß der Systembegriff ein breites Spektrum zum Teil divergierender Konzepte umschließt. Ihnen gemeinsam aber ist das Bemühen „einer möglichst ganzheitlichen Realitätsbetrachtung, die im Gegensatz zur mechanistisch-summativen Betrachtungsweise steht" [169, S. 209]. „Der Systemansatz ist auf das Erkennen von Zusammenhängen und von vielgliedrigen Ursache-Wirkungsbeziehungen ausgerichtet und deshalb für das Erfassen der komplexen Vorgänge in Unternehmungen besonders geeignet. Er wirkt unzweckmäßigen isolierenden

Betrachtungsweisen entgegen und führt zur Aufdeckung bisher unbekannter Zusammenhänge" [148, S. 135, 136]. Die Bedeutung des Systemansatzes für die Erfassung der Führungsaufgabe Personalwesen ist daran zu messen, inwieweit es mit seiner Hilfe gelingt, die verschiedenartigen Problemstellungen des komplex strukturierten Gebildes Personalwesen als geordnetes Ganzes, d.h. auf der Grundlage einer einheitlichen Systematik, zu erfassen. Der Systemansatz ist in diesem Sinne nichts anderes als ein *Hilfsmittel*, welches einen allgemeinen, formalen Ausgangspunkt oder einen formal-logischen Rahmen für die inhaltliche Darstellung der Führungsaufgabe Personalwesen gibt; für die Auffüllung dieses Rahmens mit konkretem Inhalt liefert dagegen der Systemansatz keinen Beitrag [148, S. 137].

Zur Erleichterung des Verständnisses erscheint es notwendig, zunächst die wichtigsten Grundlagen des Systemansatzes, so wie er in dieser Arbeit verwendet wird, kurz zu umreißen, da der Systembegriff unterschiedlich definiert und ausgelegt wird.

3.1.1 Begriffliche Grundlagen des Systemansatzes

Der zentrale Begriff des Systemansatzes ist der des *Systems.* Nach der etymologischen Herkunft ist unter einem System „das Zusammengesetzte, die Zusammenstellung, das geordnete Ganze, die Anordnung von mehreren Teilen . . . zu einem Ganzen" [90, S. 598] zu verstehen. Kurzum: „Mit ‚System' bezeichnet man in allgemeiner Auslegung des Begriffsumfangs eine Zusammenstellung verschiedener Dinge zu einem geordneten Ganzen" [87, S. 35]. Dieser Systembegriff ist sehr allgemein gehalten, so daß jeder beliebige Tatbestand als System betrachtet werden kann. Wir kennen zum Beispiel Gebirgssysteme, Flußsysteme, Sonnensystem, Zahlensysteme, Straßenverkehrssysteme, Transportsysteme, Wirtschaftssysteme, Systeme vorbestimmter Zeiten. Unser Körper selbst ist ein komplexes System, der das Knochensystem, das Kreislaufsystem und das Nervensystem umfaßt. „Teil, Glied oder *Element* einerseits, Einheit oder *Ganzheit* andererseits sind also zwei Grundmerkmale des allgemeinen Systembegriffs. Dazu kommt nun noch das Merkmal der Ordnung; die Teile oder Elemente sind in der Ganzheit nicht irgendwie und unbestimmbar vorhanden, sondern es besteht ein Anordnungsmuster, die Ganzheit ist strukturiert oder organisiert" [148, S. 105].

Um für die weiteren Betrachtungen eine Klärung und Präzisierung des Systembegriffs zu schaffen, soll obige Begriffsdefinition durch eine Definition ergänzt werden, die auf der Mengenlehre, der theoretischen Grundlage der Systemvorstellung, aufbaut. Danach wird ein System aus einer Menge von Elementen und einer Menge von Beziehungen, die zwischen diesen Elementen bestehen, gebildet. Berücksichtigt man ferner, daß die Elemente Eigenschaften [44, S. 26; 55,

Sp. 1620; 87, S. 38; 106, S. 338, 339; 155, S. 23, 24] besitzen, so erweitert sich vorstehende Definition wie folgt [68, S. 28]:

Ein System besteht aus einer Menge von Elementen, Eigenschaften und Beziehungen, wobei sich drei Beziehungstypen unterscheiden lassen [87, S. 38]:

1. Beziehungen zwischen den Elementen,
2. Beziehungen zwischen den Elementen und den dazugehörigen Eigenschaften,
3. Beziehungen zwischen den Eigenschaften.

Die für diese Systemdefinition wesentlichen Merkmale sind somit die Begriffe *„Elemente"*, *„Eigenschaften"* und *„Beziehungen"*, die als Systembestandteile bezeichnet werden sollen. Abb. 23 zeigt, wie diese Systemdefinition mit Hilfe der Mengenlehre dargestellt werden kann.

In der allgemeinen Systemdefinition wird nichts über die *Art der Elemente* ausgesagt [55, Sp. 1620]. Somit können alle Dinge oder Sachverhalte wie z.B. Sterne, Atome, Apparate, Werkstätten, Arbeitsplätze, Funktionen, d.h. irgendetwas Konkretes oder Abstraktes, als Elemente eines Systems bezeichnet werden. Die Elemente sind die Grundbestandteile, aus denen sich ein System zusammensetzt. „Sie können isoliert betrachtet Ganzheiten darstellen; werden sie jedoch im Zusammenhang mit einem sie umfassenden System, innerhalb dessen sie eine Teilfunktion übernehmen, untersucht, so stellen sie Teile oder Elemente dar, deren Zwecksetzung und Verhaltensweise nur aus der Zielsetzung des sie umschließenden Systems heraus erklärt werden können" [155, S. 22]. Damit wird unter „Element" jener einzelne Teil eines Systems verstanden, der für ein bestimmtes Untersuchungsziel nicht weiter untergliedert werden *soll*, d.h. seine Zusammensetzung und seine inneren Vorgänge interessieren nicht [148, S. 107]. Daraus

mathematische Schreibweise	verbale Beschreibung
$S = \{EL, E, B\}$ mit:	Ein System S besteht aus:
$EL = \{EL_i\}$; $i = 1,2,\ldots,k$	einer Menge von Elemente EL mit EL_i ; $i = 1, 2, \ldots, k$
$E = \{E_i\}$; $i = 1,2,\ldots,l$	einer Menge von Eigenschaften E dieser Elemente mit E_i ; $i = 1, 2, \ldots, l$
$B = \{B_i\}$; $i = 1,2,\ldots,m$	einer Menge von Beziehungen B mit B_i ; $i = 1, 2, \ldots, m$

Abb. 23. Definition des Systembegriffs

ergibt sich, daß die Bestimmung der Elemente in einem konkreten Fall von dem Zweck der jeweiligen Untersuchung abhängt, d.h. Elemente eines bestimmten Systems können bei formaler Betrachtung wiederum Systeme nächstniederer Ordnung darstellen. „So sind etwa in der Chemie die Atome Elemente im Sinne des Systembegriffs. In der Atomphysik hingegen sind sie selbst wieder komplexe Systeme“ [98, S. 1061].

Diesen jeweiligen Elementen können spezifische *Eigenschaften* zugeordnet werden, die ihre Beschreibung ermöglichen und sie damit näher charakterisieren. Eigenschaften einer Maschine sind z.B.: Abmessungen, Geschwindigkeit, Energie- und Materialverbrauch, Lärmpegel, Leistung; Eigenschaften des Menschen sind z.B.: statische und dynamische Körpergrößen, Körperkräfte, Funktionalität der Sinnesorgane, Motivationsstruktur; Eigenschaften der Sterne sind z.B.: Masse, Dichte, Temperatur, chemische Zusammensetzung. Eigenschaften stellen also die relevanten Aspekte dar, unter denen die Elemente des Systems betrachtet werden können oder müssen. „Nicht immer entsprechen die Eigenschaften der zur Verfügung stehenden Elemente genau den aus der Zielsetzung hervorgehenden Anforderungen an die Qualität der Elemente. Daher ist die Beschaffenheit der in ein System einzubringenden Elemente von grundlegender Bedeutung . . .“ [155, S. 23] für eine optimale Erfüllung der Systemziele, wobei die Beachtung einer Vielzahl von Aspekten dazu beiträgt, die jeweilig spezifischen „Besonderheiten“ der Elemente hervorzuheben.

Das dritte Merkmal eines Systems sind die *Beziehungen* zwischen den Elementen, zwischen den Elementen und den dazugehörigen Eigenschaften und schließlich zwischen den Eigenschaften.

- Eine „aktive Beziehung“ [55, Sp. 1620, 1621] oder eine „aktive Wirkbeziehung“ [155, S. 24] zwischen zwei Elementen soll dann vorliegen, wenn der Output eines Elementes zum Input eines anderen wird. Sie konkretisiert sich z.B. in dem Austausch der zu verarbeitenden Objekte und beruht auf Aktionen zwischen den Elementen, d.h. es werden Outputs abgegeben und/oder empfangen. Solche Beziehungen „zwischen den Elementen bewirken nun, daß die einzelnen Aktivitäten nicht unabhängig voneinander sind; die Aktivität eines Elementes kann die Folge des Verhaltens eines anderen sein und wiederum die Aktivität eines dritten beeinflussen; das Verhalten des Systems als Ganzes ist vom Verhalten aller seiner Elemente abhängig“ [148, S. 109]. Somit können diese aktiven Beziehungen zwischen den Elementen z.B. aus den Abhängigkeiten der Teilverrichtungen untereinander resultieren, sowie aus der Art der Verteilung dieser Verrichtungen auf die Elemente [155, S. 25]. Daneben können sog. „inaktive Beziehungen“ [55, Sp. 1621] oder „Zuordnungsbeziehungen“ [155, S. 24, 25] unterschieden werden. Sie sind z.B. als temporale, lokale oder logische Beziehungen zu bezeichnen, die als Anordnung der Elemente in einer bestimmten zeitlichen Reihenfolge, als Standorte der Elemente auf der betrieblichen Fläche oder als logischer Zusammenhang zwischen den Elementen zu interpretieren und zu beschreiben sind. Die Beziehungen zwischen den Elementen, vor allem die Gruppe der aktiven Beziehungen, haben eine grundlegende Bedeutung für das Verhalten und die Wirkungsweise eines Systems, da durch sie die Eigenschaften der Elemente aktiviert werden [155, S. 25].

– Beziehungen zwischen einem Element und bestimmten Eigenschaften charakterisieren die möglichen Aspekte, unter denen ein Element betrachtet werden kann oder muß. Sie zeigen auf, welche unterschiedlichen Zustände, Verhaltens- und Wirkungsweisen eines Elementes im Rahmen der möglichen Ausprägungen der jeweiligen Eigenschaften realisiert werden können. Mit anderen Worten: Die Beziehungen beschreiben, welche noch nicht genutzten, jedoch vorhandenen Eigenschaften aktiviert werden können oder müssen, welche bereits genutzten Eigenschaften in welcher anderen Form zur Geltung kommen können oder müssen.
– Beziehungen zwischen den Eigenschaften eines Elementes oder verschiedener Elemente charakterisieren die Interdependenz, d. h. die gegenseitige Abhängigkeit der jeweiligen Eigenschaften. Ob beispielsweise eine bestimmte Eigenschaft eines Elementes genutzt bzw. aktiviert werden kann, hängt u.a. auch von den anderen Eigenschaften des betreffenden oder eines anderen Elementes ab. Eine solche Beziehung zwischen einer Eigenschaft des Menschen und einer Eigenschaft der Maschine läßt sich z.B. dadurch veranschaulichen, daß die Darbietungsform einer optischen Information (aufgrund der Gestaltung des optischen Informationsträgers an der Maschine) von wesentlicher Bedeutung für die Möglichkeit genauen Ablesens durch den Menschen ist. Durch solche Beziehungen werden die verschiedenen Eigenschaften eines oder mehrerer Elemente in ihrer ganzen Komplexität begriffen und beschrieben und damit eine einseitige Betrachtung vermieden.

Hinsichtlich der Abgrenzung dieser drei aufgezeigten Beziehungstypen kann zusammenfassend folgendes festgehalten werden: Durch die Beziehungen zwischen den Elementen und den dazugehörigen Eigenschaften sowie zwischen den Eigenschaften werden die *möglichen* Zustände eines Elementes bzw. eines Systems erfaßt; durch die Beziehungen zwischen den Elementen werden die *konkreten* Zustände eines Elementes bzw. eines Systems beschrieben.

Mit Hilfe einer schematischen Darstellung können die bisherigen Ausführungen zum Systembegriff näher veranschaulicht werden – vgl. Abb. 24.

Die hier gewählte Form der Blockdarstellung hat den Vorteil, daß sie übersichtlich ist, da die Einzelheiten der von den einzelnen Blocks umspannten Inhalte zunächst außer Betracht bleiben, d.h. man betrachtet sie als sogenannte „schwarze Kästen", deren Inhalte vorerst nicht in die Untersuchung mit einbezogen werden. Die Beziehungen zwischen den drei verschiedenen Bezugsgruppen sind als Pfeile

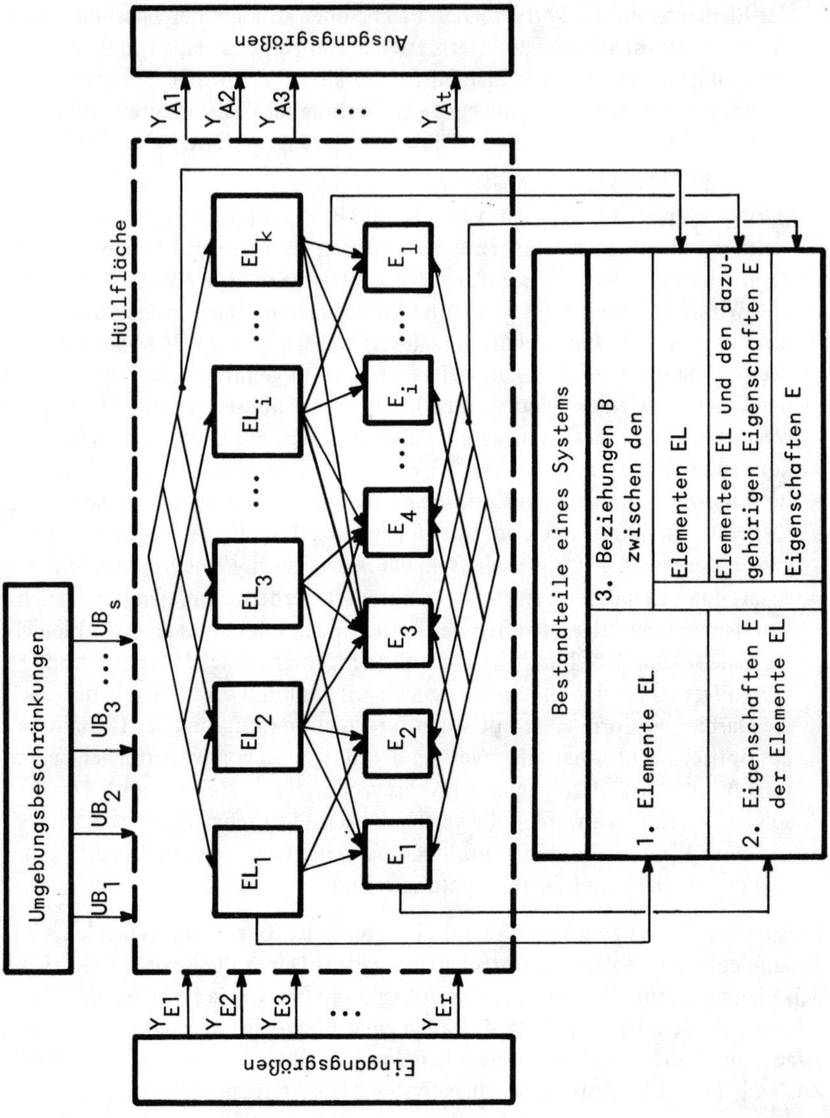

Abb. 24. Blockdarstellung zur Systemdefinition

dargestellt, wobei in der Abbildung sämtliche möglichen Beziehungsalternativen zwischen den Elementen einerseits und zwischen den Eigenschaften andererseits aufgezeigt sind.

Zur vollständigen Definition eines Systems muß dieses noch von seiner *Umgebung* abgegrenzt werden. Wie Abb. 24 zeigt, wird das System durch eine sogenannte Hüllfläche (gestrichelter Linienzug) von seiner Umgebung abgegrenzt oder als abgegrenzt gedacht, wobei durch diese Hüllfläche die Verbindungen des Systems mit seiner Umgebung geschnitten werden [41, S. 3]. „Was zum System und was zur Umwelt gehört – d.h. die Lage der Systemgrenzen – ist eine reine Frage der Zweckmäßigkeit für die jeweils zu behandelnde Problemstellung. Es gibt keine abstrakten, theoretischen Richtlinien, um solche Grenzen zu ziehen. Gelegentlich ist die Lage der Systemgrenzen offensichtlich; häufig ist es aber auch eine Frage, die einer eingehenden Abklärung bedarf" [28, S. 374].

In der Praxis umfaßt die Umgebung alle Elemente außerhalb des Systems oder – negativ formuliert – alles nicht zum System Gehörige, „wobei zweckmäßigerweise nur solche Elemente betrachtet werden, die

– das System beeinflussen oder
– durch das System selbst beeinflußt werden" [28, S. 374].

Zusätzlich können auch alle die Elemente, die zwar im System auftreten, aber in einer speziellen Problemstellung nicht weiter berücksichtigt werden sollen, als zur Umgebung gehörig betrachtet werden [87, S. 39]. Mit einer solchen Abgrenzung des Systems von seiner Umgebung durch eine Hüllfläche ist somit ein Rahmen geschaffen, der es erlaubt, die Beziehungen des Systems zu seiner Umgebung festzulegen. Je nach der Wirkungsrichtung bezeichnet man diese Beziehungen als *Eingänge* oder als *Ausgänge* des Systems – oder in der angelsächsischen Terminologie als *Input* oder *Output* – und veranschaulicht sie entweder als Pfeile zum System oder vom System (vgl. Abb. 24).

Die *Eingänge* umfassen die Gesamtheit der in ein System eingehenden und sein Verhalten beeinflussenden Größen. Wie Abb. 24 zeigt, können in weiterer Differenzierung diese Eingänge in Eingangsgrößen und in Umgebungsbeschränkungen unterteilt werden.

Eingangsgrößen sind dabei solche Größen, die

– entweder als Zielgrößen (Führungsgrößen) in das System eingehen, um die entsprechenden systeminternen Aktivitäten und Prozesse zielgerichtet zu lenken,
– oder als relativ dauerhaft nutzbare Faktoren, wie z.B. Personal und Betriebsmittel, in das System eingehen,
– oder als „Verbrauchsgüter" in das System eingehen, d.h. als Güter, wie z.B. Werkstoffe, Finanzmittel, Energie und Informationen, die im System bearbeitet, verwertet werden, durch das System „fließen" und somit den Gegenstand der Aktivitäten im System darstellen [148, S. 156].

Umgebungsbeschränkungen sind hingegen solche Größen, die entweder als Randbedingungen und somit als Beschränkungen für die systeminternen Aktivitäten und Prozesse vorgegeben und entsprechend zu berücksichtigen sind oder die als externe Störungen, d. h. als unerwünschte und zum Teil unbekannte Umgebungseinflüsse auftreten und damit die Zielerreichung gefährden können. Solche Umgebungsbeschränkungen sind für das System Unternehmen z.B. Stand der Technik, Anzahl und Qualifikation des vorhandenen Personals, Wirtschafts- und Rechtsordnung, Struktur des Arbeitsmarktes, Konkurrenzverhalten, allgemeine Konjunktursituation, Währungskrisen.

Ausgänge oder *Ausgangsgrößen* des Systems sind die Gesamtheit der das System verlassenden und auf die Umwelt einwirkenden Größen. Dazu gehören im einzelnen entweder die durch das System zielkonform erstellten Sach- oder Dienstleistungen, die die eigentliche Systemleistung darstellen, oder die unstetig erfolgenden Abgänge z.B. von Personal und Betriebsmitteln.

Die für diese Definition der Umgebung wesentlichen Bestandteile sind somit die Begriffe „*Eingangsgrößen*", „*Umgebungsbeschränkungen*" und „*Ausgangsgrößen*". Abb. 25 zeigt, wie diese Definition der Umgebung eines Systems wiederum mit Hilfe der Mengenlehre dargestellt werden kann.

mathematische Schreibweise	verbale Beschreibung
$UG = \{Y_E, UB, Y_A\}$	Die Umgebung UG eines Systems S besteht aus:
mit:	
$Y_E = \{Y_{Ei}\}$; $i = 1,2,\ldots,r$	einer Menge von Eingangsgrößen Y_E mit Y_{Ei} ; $i = 1, 2, \ldots, r$
$UB = \{UB_i\}$; $i = 1,2,\ldots,s$	einer Menge von Umgebungsbeschränkungen UB mit UB_i ; $i = 1,2,\ldots,s$
$Y_A = \{Y_{Ai}\}$; $i = 1,2,\ldots,t$	einer Menge von Ausgangsgrößen Y_A mit Y_{Ai} ; $i = 1, 2, \ldots, t$

Abb. 25. Definition der Umgebung eines Systems

Bei der Übertragung dieser Definitionen zum Systembegriff und zur Umgebung eines Systems in einen Gestaltungsbereich der Praxis wird erkennbar, daß hierbei – wie schon erwähnt – der Begriffsumfang eines Elementes von dem Grad der Unterteilung abhängt. In gleicher Weise, wie ein System gegenüber seiner Umgebung abgegrenzt werden kann, kann ein Element eines Systems auf einer nächstniederen Gliederungsstufe wiederum aus den Bestandteilen bestehen, wie sie in Abb. 24 angeführt sind. Innerhalb eines solchen Systems, welches als

Teilsystem[8] bezeichnet werden soll, können dann neue, in der Regel detaillierter strukturierte Elemente, Eigenschaften und Beziehungen beschrieben werden, „wobei der Rest des übergeordneten Systems zur Systemumwelt wird" [28, S. 375]. So ist es möglich, durch geeignete Unterteilung eines Systems in Teilsysteme immer feinere und detailliertere Analysen der Systembestandteile oder Analysen unter unterschiedlichen Aspekten durchzuführen, ohne daß die ganzheitliche Betrachtung des Systems verloren geht. „Dieses Herausgreifen eines Teils und das Beiseitelassen all' dessen, was im Augenblick nicht interessiert, ist an sich nicht neu; wir alle tun es tagtäglich, jedoch eher unbewußt. Neu ... ist höchstens, daß dieses Prozedere formal, systematisch und bewußt angewendet wird" [28, S. 376]. Ebenso wie innerhalb eines Systems Teilsysteme separiert werden können, ist es umgekehrt möglich, ein System seinerseits in ein anderes, sog. *übergeordnetes System*[9] einzugliedern, damit übergeordnete Zusammenhänge sichtbar werden, wobei dieses größere System eine Reihe zusätzlicher Elemente aufweist. Eine solche Unterteilung komplexer Systeme bezeichnet man als „hierarchische Gliederung" [28, S. 375] oder als „hierarchische Ordnung" [55, Sp. 1620] eines Systems. Beispielsweise ist ein Auto Bestandteil des übergeordneten Straßenverkehrssystems, umgekehrt enthält es Teilsysteme wie z.B. Antriebssystem, Steuerungssystem, Bremssystem, Karosseriesystem usw.

Zur Systembetrachtung kann zusammenfassend folgendes festgehalten werden: Der Begriff „System" ist sehr formaler Art, d.h. eine solche Betrachtungsweise kann auf ganz unterschiedliche und auf überaus viele Sachverhalte angewendet werden. „Der Systembegriff erweist sich damit nicht nur als Hilfsmittel dafür, gegebene Probleme gesamtheitlich optimal zu lösen, sondern darüber hinaus als geeignet, die wesentlichen Probleme überhaupt erst einmal aufzuzeigen" [33, S. 296].

Das hier zu behandelnde System heißt *Personalwesen*. Es ist einerseits Bestandteil des übergeordneten Systems Unternehmen und läßt sich andererseits in Teilsysteme untergliedern, wie später noch im einzelnen gezeigt wird. Zunächst sind jedoch, wie die prinzipielle Darstellung des Personalwesens als System in Abb. 26 zeigt, sowohl die Elemente, Eigenschaften und Beziehungen dieses Systems als auch seine entsprechenden Eingänge (Input) und Ausgänge (Output) aufzuzeigen und mit konkretem Inhalt zu füllen.

Ausgehend von diesen allgemeinen Überlegungen zum Systembegriff und von der Zielvorstellung, das Personalwesen als ein System aufzufassen, soll im fol-

8 andere deutsche Bezeichnungen: Untersystem, Subsystem, Insystem; andere angelsächsische Bezeichnung: subsystem [106, S. 337]

9 andere deutsche Bezeichnungen: Umgebungssystem, Übersystem, Supersystem, Umsystem; andere angelsächsische Bezeichnungen: supersystem, over-all-system, higher order system [106, S. 339].

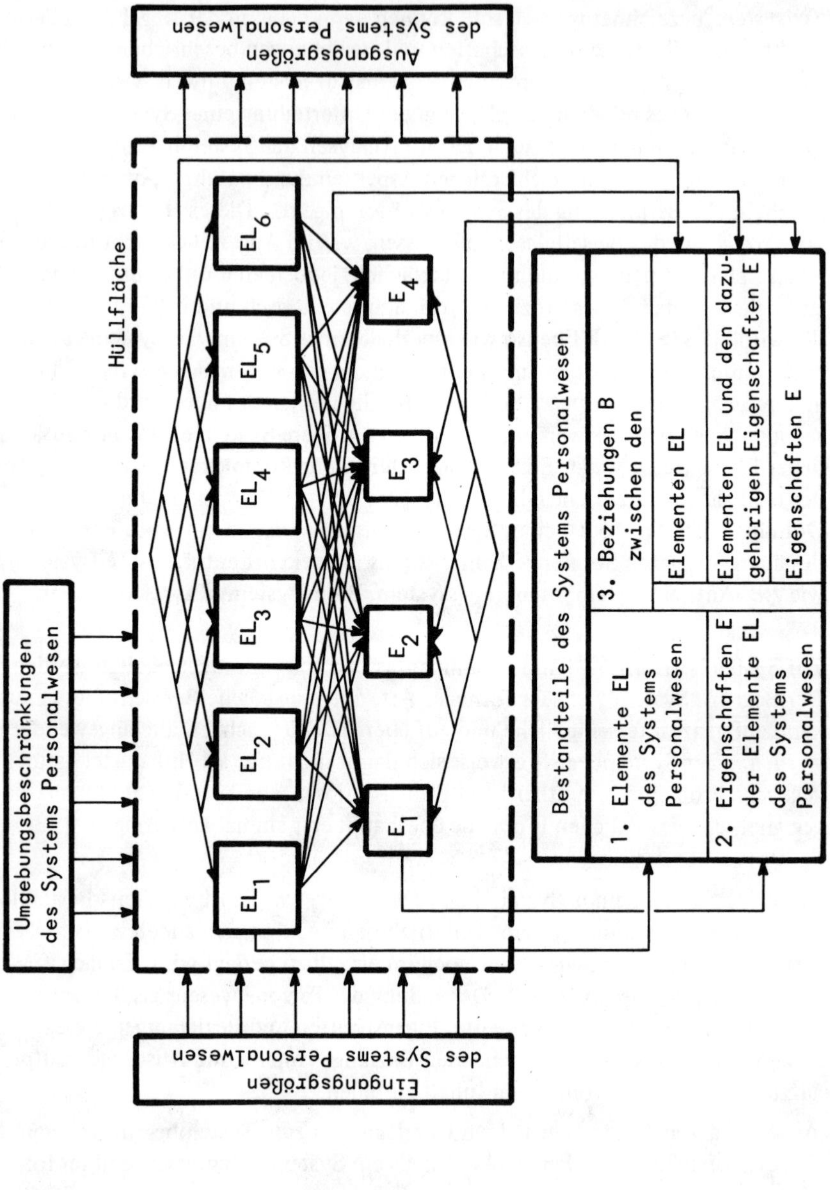

Abb. 26. Personalwesen als System (prinzipiell)

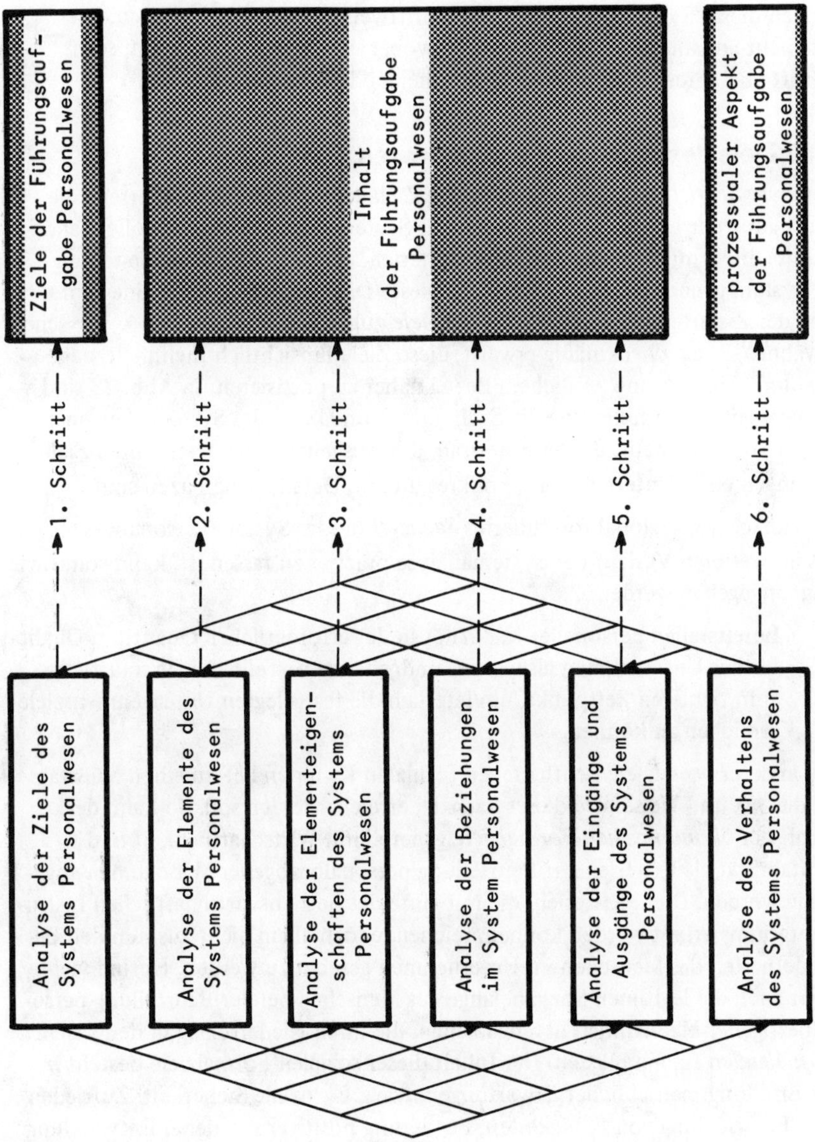

Abb. 27. Schrittfolge bei der Durchführung einer Systemanalyse für das System Personalwesen

genden dieses System Personalwesen schrittweise determiniert werden. Dies geschieht anhand einer *Systemanalyse*, wobei sich, wie Abb. 27 zeigt, sechs Schritte bei ihrer Durchführung unterscheiden lassen.

3.1.2 Ziele des Systems Personalwesen

Der *erste Schritt* der Systemanalyse, die Zielanalyse, beinhaltet einerseits die Festlegung der Leistungen, die durch das System erbracht werden sollen, andererseits die Ermittlung der formalen Kriterien, denen die Leistungserstellung im System genügen muß [155, S. 73]. Dieser Differenzierung liegt eine Einteilung der Zielarten in *Sach- und Formalziele* zugrunde, wobei es sich – wie schon erwähnt[10] – als zweckmäßig erweist, diese Ziele hinsichtlich Zielinhalt, angestrebtem Ausmaß und zeitlichem Bezug näher zu präzisieren. In Abb. 28 sind in allgemeiner Formulierung die Sach- und Formalziele des Systems Personalwesen zusammengestellt, die im Einzelfall, d.h. ausgehend von bestimmten Zielsetzungen eines Unternehmens, konkret und im Detail abzugrenzen sind.

Ein zunächst nur global formuliertes *Sachziel* für das System Personalwesen, das im weiteren Verlauf der Systemanalyse präziser zu fassen ist, kann somit wie folgt angegeben werden:

> Bereitstellen personeller Kapazität in der erforderlichen Quantität, Qualität, für das Unternehmen als Ganzes und/oder seine Teilbereiche und zwar zum richtigen Zeitpunkt, um letztlich die festgelegten Unternehmensziele erreichen zu können.

Die in den *Formalzielen* enthaltenen formalen Kriterien liefern einen Maßstab für die Art und Weise, *wie* dieses Sachziel erreicht werden soll. So kann der Inhalt der *ökonomischen Formalziele* generell mit Wirtschaftlichkeit und Rentabilität als Kriterien zur Beurteilung personalbezogener Maßnahmen angesehen werden. Diese Kriterien, die mit Hilfe des betriebswirtschaftlichen Instrumentariums erfaßt werden können, reichen jedoch allein nicht aus, um den Besonderheiten des Menschen im Unternehmen gerecht zu werden. Es sind vielmehr auch die legitimen Sozialbelange des Menschen bei der Beurteilung personalbezogener Maßnahmen heranzuziehen, die ihren Niederschlag in den *sozialen Formalzielen* finden müssen. Der Inhalt dieser sozialen Formalziele besteht in der Erfüllung menschlicher Erwartungen, wie z.B. soziale Sicherheit, Zufriedenheit, Entwicklung von Fähigkeiten, Förderung positiver Antriebe, Entwicklung eines Zugehörigkeitsbewußtseins, Vermeidung sozialer Konflikte. Damit ist zugleich eine Besonderheit des Systems Personalwesen angedeutet: Im Personalwesen sind Gegebenheiten wirksam, die eine spezifische Behandlung erfordern. Es müssen verschiedene auf Einzelpersonen wie auf Personengruppen bezogene Aufgabenstellungen wirksam gelöst werden.

[10] Vgl. Seite 35ff.

Spezifizierung der Ziele	Sachziel des Systems Personalwesen	Formalziele des Systems Personalwesen	
		ökonomische Formalziele	soziale Formalziele
Zielinhalt	Bereitstellen personeller Kapazität zur Erreichung der Unternehmensziele	Wirtschaftlichkeit und Rentabilität als Kriterien zur Beurteilung personalbezogener Maßnahmen	menschliche Erwartungen (z.B. soziale Sicherheit, Zufriedenheit der Mitarbeiter) als Kriterien zur Beurteilung personalbezogener Maßnahmen
angestrebtes Ausmaß	Abstimmen der bereitzustellenden personellen Kapazität mit den Erfordernissen des Unternehmens in quantitativer, qualitativer und örtlicher Hinsicht	maximale oder befriedigende Zielerreichung unter Berücksichtigung von festgelegten Nebenbedingungen (z.B. Liquidität, Sicherheit im Sinne eines langfristigen Überlebens)	maximale oder befriedigende Zielerreichung unter Berücksichtigung von festgelegten Nebenbedingungen (z.B. Einhaltung sozialer Ordnungsregeln)
zeitlicher Bezug	Abstimmen der bereitzustellenden personellen Kapazität mit den Erfordernissen des Unternehmens in zeitlicher Hinsicht	Festlegen der ökonomischen Formalziele (und gegebenenfalls ihre Gewichtung) in zeitlicher Hinsicht	Festlegen der sozialen Formalziele (und gegebenenfalls ihre Gewichtung) in zeitlicher Hinsicht

Abb. 28. Ziele des Systems Personalwesen [68, S. 33]

Sind die Systemziele bestimmt, so geht es im folgenden darum, das System mit den entsprechenden Systembestandteilen aufzubauen.

3.1.3 Elemente des Systems Personalwesen

Im *zweiten Schritt* der Systemanalyse ist die Frage nach den Elementen des Systems Personalwesen aufgeworfen, d.h. es sind hierbei die zur Zielerreichung erforderlichen Aktivitäten zu bestimmen.

Betrachtet man den Inhalt des Begriffs „Personalwesen", worunter ein Aufgaben- und Maßnahmenbereich verstanden werden soll, der alle Funktionen umfaßt, die auf den Menschen im Unternehmen ausgerichtet sind, so wird deutlich, daß das System Personalwesen als ein *Handlungssystem* aufgefaßt werden kann, welches eine geordnete Menge von Handlungen oder Funktionen umfaßt. In diesem Sinne können Handlungs- oder Funktionsbereiche voneinander abgegrenzt und als Elemente dieses Systems interpretiert werden.

Um für die wissenschaftliche Forschung und für die Praxis operational zu sein, muß eine solche Abgrenzung der Funktionsbereiche oder Elemente gewissen Anforderungen genügen [128, S. 200]:

1. Die Funktionsbereiche als Elemente dieses Systems dürfen nur personalbezogene Funktionen beinhalten, wodurch zugleich dieses System Personalwesen von seiner Umgebung abgegrenzt oder als abgegrenzt gedacht wird (Hüllfläche).
2. Die einzelnen Funktionsbereiche müssen in ihrer Gesamtheit alle personalbezogenen Funktionen umfassen.
3. Die Abgrenzung dieser Funktionsbereiche muß eindeutig sein, d.h. sämtliche personalbezogenen Funktionen müssen eindeutig einem bestimmten Funktionsbereich zugeordnet werden können, Überschneidungen dürfen nicht auftreten.
4. Um eine notwendige Überschaubarkeit zu gewährleisten, sollte die Zahl der Funktionsbereiche, d.h. die Zahl der Elemente, einerseits nicht zu groß sein, andererseits muß vermieden werden, daß solche Funktionsbereiche inhaltlich zu breit gefaßt sind.

Unter Berücksichtigung dieser Anforderungen lassen sich für das System Personalwesen folgende in Abb. 29 spezifizierten Funktionsbereiche als *Systemelemente* unterscheiden [68, S. 34]:

1. Personalbedarfsermittlung,
2. Personalbeschaffung,
3. Personalentwicklung,
4. Personaleinsatz,
5. Personalerhaltung,
6. Personalfreistellung.

Personalbedarfsermittlung	Personalbeschaffung	Personalentwicklung	Personaleinsatz	Personalerhaltung	Personalfreistellung
Spezifizierung der Elemente					
Ermitteln der zur Erreichung der Unternehmensziele erforderlichen personellen Kapazität und Feststellen einer personellen Unter- oder Überdeckung bzw. Deckung, jeweils in quantitativer, qualitativer, örtlicher und zeitlicher Hinsicht	Gewinnen personeller Kapazität zur Beseitigung einer personellen Unterdeckung in quantitativer, qualitativer, örtlicher und zeitlicher Hinsicht	Anpassen der Qualifikation der Mitarbeiter an die an sie gestellten Anforderungen unter gleichzeitiger Berücksichtigung ihrer auf persönliche Entfaltung gerichteten Interessen	Eingliedern der verfügbaren personellen Kapazität in den unternehmerischen Leistungsprozeß und zwar in quantitativer, qualitativer, örtlicher und zeitlicher Hinsicht	Sichern der den Erfordernissen des Unternehmens angepaßten personellen Kapazität durch Erhalten des Leistungsvermögens und der Leistungsbereitschaft des Personals	Freistellen personeller Kapazität zur Beseitigung einer personellen Überdeckung in quantitativer, qualitativer, örtlicher und zeitlicher Hinsicht

Abb. 29. Personalbezogene Funktionsbereiche als Elemente des Systems Personalwesen

Diese Systemelemente werden an späterer Stelle anhand einer tiefergehenden Betrachtung als Teilsysteme aufgefaßt und sind dann Gegenstand weiterer Untergliederung.

Mit Hilfe dieser Betrachtung einzelner Funktionsbereiche des Personalwesens wird einmal der Inhalt dieses gesamtunternehmensbezogenen Funktionskomplexes transparent gemacht, zum anderen dient eine solche Systematik dazu, sich leichter in der Vielzahl personalbezogener Funktionen zurechtzufinden. „Letzten Endes ist es wichtig, daß über die im Personalbereich angewandten Begriffe eine einheitliche Auffassung herrscht. Das erleichtert die weitere Durchdringung dieses Gebietes und wird sicherlich auch den Diskussionen bei Tagungen und anderen Zusammenkünften dienlich sein" [52, S. 212]. Zugleich wird damit einer einleitend angedeuteten Forderung entsprochen, die verschiedenartigen Personalfragen und Probleme des arbeitenden Menschen mit einer gewissen Zwangsläufigkeit zu einem geordneten Ganzen zu vereinigen.

3.1.4 Eigenschaften der Elemente des Systems Personalwesen

Im *dritten Schritt* der Systemanalyse sind die Eigenschaften zu bestimmen, unter denen die einzelnen personalbezogenen Funktionsbereiche betrachtet werden können oder müssen, um eine hinreichende Beschreibung dieser Funktionsbereiche zu ermöglichen. Auch dabei gilt wiederum: Die Festlegung des Detaillierungsgrades ist abhängig von der zugrundegelegten Zielvorstellung der Systembetrachtung.

Eigenschaft im Sinne von Eigenheit (Attribut) bezeichnet in allgemeiner Auslegung des Begriffsinhaltes „eine einzelne Bestimmung oder ein Merkmal, das einem Ding beigelegt oder aus seiner ganzen Beschaffenheit hervorgehoben wird" [90, S. 187]. Um die vielen für die personalbezogenen Funktionen relevanten Eigenschaften (im Sinne von Bestimmungen, Merkmalen, Aspekten, Gesichtspunkten usw.) in eine übersichtliche Ordnung zu bringen, ist es angebracht, sie in Gruppen mit jeweils gleichartigen Eigenschaftskriterien zusammenzufassen.

Es erscheint dabei zweckmäßig, von den verschiedenen *Dimensionen des Unternehmensgeschehens* [148, S. 225ff] auszugehen, um entsprechende Eigenschaftskomplexe abzuleiten. Wie Abb. 30 (obere Hälfte) zeigt, können vier Dimensionen des Unternehmensgeschehens unterschieden werden, wobei anhand einer solchen Betrachtung das Unternehmen „mehrfach und in unterschiedlicher Weise ‚als' irgendetwas" [148, S. 155] aufgefaßt wird.

So stehen

in der *materiellen Dimension* die materiellen Leistungsprozesse,
in der *sozialen Dimension* die Besonderheiten der Menschen im Unternehmen,
in der *informationellen Dimension* die Informationsprozesse und
in der *wertmäßigen Dimension* die ökonomischen Aspekte

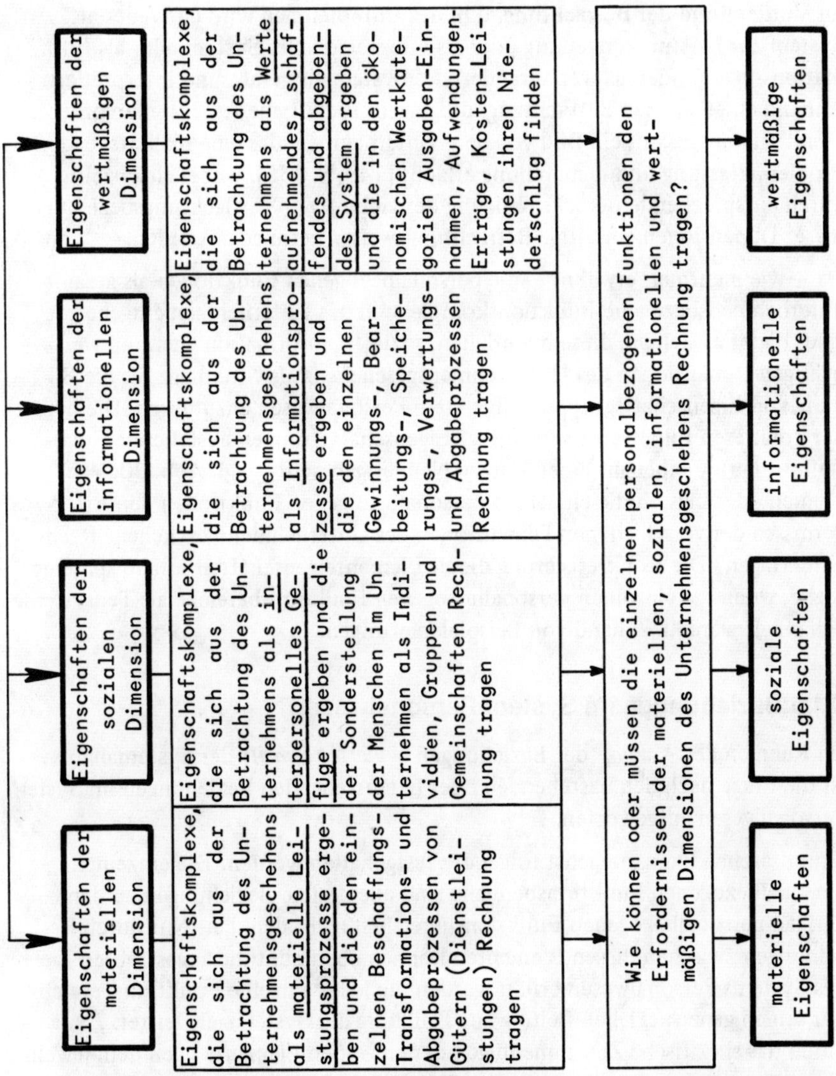

Abb. 30. Eigenschaften der Elemente des Systems Personalwesen

im Vordergrund der Betrachtung, d.h. das Unternehmen wird entweder als System zur Leistungserstellung oder als interpersonelles System oder als Informationssystem oder als wertveränderndes System aufgefaßt und interpretiert. Anhand einer solchen Betrachtung, die jeweils spezifische Aspekte hervorhebt, erhält man insgesamt ein Bild von dem Unternehmen, das eine realitätsbezogene Problemerfassung und -behandlung erlaubt [148, S. 155], wobei gleichzeitig durch entsprechende Berücksichtigung der vielseitigen Verflechtungsbeziehungen dieser Dimensionen einseitige Betrachtungsweisen vermieden werden.

Da – wie mehrmals erwähnt – die personalbezogenen Funktionen als gesamtunternehmensbezogene Funktionskomplexe in das Unternehmen eingebettet sind, bietet es sich an, diese materiellen, sozialen, informationellen und wertmäßigen Dimensionen des Unternehmensgeschehens als Grundlage für die Bildung von Eigenschaftsgruppen im System Personalwesen anzuführen. Die bei der konkreten Inhaltserfassung dieser Eigenschaftsgruppen anstehende Fragestellung lautet dabei auf einen kurzen Nenner gebracht – vgl. Abb. 30: Wie können oder müssen die einzelnen personalbezogenen Funktionen den Erfordernissen der verschiedenen Dimensionen des Unternehmensgeschehens Rechnung tragen? Die Konkretisierung dieser Elementeigenschaften soll an späterer Stelle, wenn die einzelnen personalbezogenen Funktionsbereiche als Teilsysteme behandelt werden, anhand von Beispielen erfolgen.

3.1.5 Beziehungen im System Personalwesen

Im Rahmen der Analyse der Beziehungen – *vierter Schritt* der Systemanalyse – ist die Frage nach den bestehenden oder herzustellenden Beziehungen im System Personalwesen aufgeworfen.

Grundsätzlich kann zunächst folgendes festgehalten werden: Die einzelnen personalbezogenen Funktionsbereiche sind allein ohne Beziehungen zu den übrigen personalbezogenen Funktionsbereichen nicht denkbar. Nur durch Beziehungen zwischen diesen Elementen können überhaupt die angestrebten Ziele des Systems Personalwesen erfüllt werden, da jeder einzelne Funktionsbereich nur seinen ganz speziellen Beitrag zur Erfüllung der Systemziele leistet. „Nur durch das spezifische Zusammenfügen der einzelnen Elemente nach dem jeweils vorgegebenen Zweck entsteht das im Sinne der gesetzten Aufgabe selbsttätig wirkende . . . System. Die Aufgabenerfüllung wird erst durch das ‚Funktionieren' oder Zusammenwirken aller Einzelteile möglich, von denen jedes in einem ganz bestimmten Sinnzusammenhang zu den übrigen Elementen und zum Ganzen steht. Die Qualität des . . . Systems liegt also nicht nur in der Beschaffenheit der Elemente begründet, sondern auch und vor allem in der Beschaffenheit der *Elementverknüpfung*" [63, S. 33]. Diese Aussage wird deutlich, wenn man sich die in Abb. 29 angeführten personalbezogenen Funktionsbereiche und ihre entsprechenden Beschreibungen vor Augen führt.

So sind zunächst logisch-sachliche und zeitliche Zuordnungsbeziehungen[11] oder „inaktive Beziehungen“ zwischen diesen Funktionsbereichen zu unterscheiden. *Logisch-sachliche Zuordnungsbeziehungen* ergeben sich aus der Ziel- und Inhaltsbeschreibung dieser Funktionsbereiche, die deutlich machen, auf welche Weise die aus den Zielsetzungen des Systems Personalwesen abgeleiteten Aktivitäten auf die einzelnen Elemente verteilt sind, während die *zeitlichen Zuordnungsbeziehungen* aus der in Abb. 29 beispielhaft angeführten Reihenfolge der personalbezogenen Funktionsbereiche abzuleiten sind, die unter dem Aspekt des zeitlichen Eingliederungsprozesses eines Mitarbeiters vorgenommen wurde.

„Aktiviert“ werden müssen diese Zuordnungsbeziehungen durch die sog. *„aktiven Beziehungen“*, die sich durch den Austausch z.B. von Informationen und Personal zwischen den Funktionsbereichen konkretisieren. Diese Größen können als „Strömungsgrößen“ [55, Sp. 1621] bezeichnet werden. So gibt beispielsweise der Funktionsbereich Personalbedarfsermittlung als Output eine in quantitativer, qualitativer, örtlicher und zeitlicher Hinsicht spezifizierte Information über eine personelle Unterdeckung an den Funktionsbereich Personalbeschaffung oder im Falle einer festgestellten personellen Überdeckung eine entsprechende Information an den Funktionsbereich Personalfreistellung. Charakteristisch für dieses System sind jedoch die komplizierter gelagerten Beziehungen, die sowohl einseitig als auch wechselseitig wirken können. So bestehen bei der Frage, *wie* eine personelle Unterdeckung beseitigt werden soll, wechselseitige Beziehungen zwischen den Funktionsbereichen Personalbeschaffung, Personalentwicklung, Personaleinsatz und Personalfreistellung. Aus diesen Beispielen wird deutlich, daß die einzelnen personalbezogenen Funktionsbereiche als Elemente des Systems Personalwesen nicht isoliert voneinander gesehen und ausgeübt werden können. Nur durch die Existenz solcher aktiven Beziehungen kann ein enger, auf die Gesamtheit des Systems ausgerichteter Grad der Elementverknüpfungen erreicht werden, der die Integration kennzeichnet [113, Sp. 772], d.h. den wechselseitigen Zusammenhang und die gegenseitige Beeinflussung von Elementen in einer Ganzheit [63, S. 32]. Die Durchleuchtung und Erforschung der integrativen Verflechtungsmöglichkeiten ist somit Grundlage für das Herstellen von aktiven Beziehungen zwischen den einzelnen personalbezogenen Funktionsbereichen.

Beziehungen zwischen den personalbezogenen Funktionsbereichen und den Eigenschaften der materiellen, sozialen, informationellen und wertmäßigen Dimensionen charakterisieren – wie die dabei anstehende Fragestellung in Abb. 30 (untereHälfte) zeigt – welchen möglichen Aspekten die Funktionen im einzelnen genügen müssen. Als Beispiel soll der Funktionsbereich *Personaleinsatz* angeführt werden. Die Einordnung dieses Funktionsbereichs in die *materielle Dimension* findet ihren Niederschlag z.B. durch eine solche Zuweisung verfügbarer personeller Kapazität zu entsprechenden Arbeitsplätzen, damit

[11] Vgl. Seite 60f.

die sich im Unternehmen abspielenden Leistungsprozesse „bestmöglich" abgewickelt werden können. Den Erfordernissen der *sozialen Dimension* sollte der Personaleinsatzbereich z.B. dadurch Rechnung tragen, indem er im Rahmen der Zuordnung von Personal und Arbeitsplätzen den individuellen Wünschen und Fähigkeiten der Mitarbeiter so weit wie möglich entspricht, um deren berufliche Entfaltung durch einen gezielten Einsatz möglichst sinnvoll zu steuern. Ferner ist zu berücksichtigen, daß die Leistung eines Mitarbeiters nicht allein von dem erworbenen Wissen und Können abhängt, sondern auch von den Arbeitsbedingungen beeinflußt wird, unter denen er tätig ist. Damit kommt der menschengerechten Gestaltung von Arbeitsplätzen, Arbeitsmitteln und Arbeitsumgebung eine entscheidende Bedeutung zu. Im Rahmen der *informationellen Dimension* wird der Personaleinsatzbereich in seiner Gesamtheit als Informationsprozeß betrachtet, durch den Informationen gewonnen, bearbeitet, gespeichert, verwertet und abgegeben werden. So müssen beispielsweise Informationen gewonnen werden, die Aufschluß geben über erfolgte oder geplante Beschaffungsaktivitäten, über das im Rahmen von Entwicklungsmaßnahmen dem einzelnen vermittelte konkrete Wissen, Können und Verhalten, über neu zu besetzende Arbeitsplätze, über die zukünftig verfügbare personelle Kapazität, über zu beachtende Gesetzesvorschriften, über arbeitswissenschaftliche Erkenntnisse. Bei der Informationsverwertung muß z.B. bestimmt werden, welche personelle Kapazität welchen Arbeitsplätzen zugeordnet werden kann oder soll, welche Stellvertreter bei auftretenden personellen Ausfällen bereitstehen müssen, welche personelle Kapazität aus welchen Bereichen bei auftretenden Personalengpässen verlagert werden kann. Bei der Informationsabgabe sind schließlich Informationen an solche Stellen oder Unternehmensbereiche zu liefern, die diese Informationen im Rahmen ihres eigenen Informationsprozesses benötigen. Den Erfordernissen der *wertmäßigen Dimension* schließlich sollte dadurch entsprochen werden, indem der Personaleinsatzbereich unter ökonomischem Blickwinkel gesehen wird. Dabei werden für verschiedene Einsatzalternativen Ausgaben, Aufwendungen oder Kosten einerseits und Einnahmen, Erträge und Leistungen andererseits einander gegenübergestellt. Beispielsweise sind Zusatzvergütungen für Mehrarbeitszeiten, Zulagen für Nachtarbeit, Sonntags- und Feiertagsarbeit zu berücksichtigen, Rentabilitätsgrößen zu berechnen, um knappe personelle Kapazität an solche Stellen zu lenken, wo sich der Einsatz am meisten „lohnt". Diese Beispiele verdeutlichen recht anschaulich den mehrdimensionalen Charakter des Personaleinsatzbereichs. Entsprechende Beispiele lassen sich auch für die übrigen personalbezogenen Funktionsbereiche anführen, wobei die Beziehungen zwischen den einzelnen Funktionsbereichen und den Eigenschaften der vier Dimensionen die möglichen Aspekte charakterisieren, unter denen diese Funktionsbereiche betrachtet werden können oder müssen.

Diese vier Eigenschaftsgruppen, durch die jeweils nur *ein* wesentlicher Aspekt hervorgehoben wird, stehen nun nicht isoliert nebeneinander, sondern sind selbst durch vielfältige Beziehungen miteinander verknüpft. Infolge des vielschichtigen und komplexen Charakters dieser personalbezogenen Funktionsbereiche können die anstehenden Probleme in „eindimensionaler" Betrachtung nicht gelöst werden, da sie auf diese Weise nicht genügend abgebildet werden können. Eine umfassende Berücksichtigung aller *vier* aufgezeigten Aspekte wird nur gelingen, wenn die in eindimensionaler Betrachtung gefundenen Einzelaspekte anschließend oder sukzessive aufeinander abgestimmt werden [148, S. 294]. Als Beispiel sei wiederum der Funktionsbereich Personaleinsatz angeführt. Unter dem Aspekt der *materiellen Dimension* hat dieser Funktionsbereich dafür zu sorgen, daß die sich im Unternehmen abspielenden Leistungsprozesse bestmöglich abgewickelt werden können, indem z.B. die Arbeitsplätze vorrangig besetzt werden, wo die Dringlichkeit der Arbeiten am größten ist. Unter dem Aspekt der *sozialen Dimension* hingegen hat der Funktionsbereich den individuellen Wünschen und Fähigkeiten der Mitarbeiter zu entsprechen, indem er z.B. deren berufliche Entfaltung durch einen gezielten Einsatz zu steuern versucht. Im konkreten Einzelfall ist beiden Aspekten simultan Rechnung zu tragen – eine Forderung, der nicht immer einfach zu entsprechen ist, die aber eine ganzheitliche Betrachtungsweise, d.h. eine integrierende Erfassung und abwägende Berücksichtigung der wechselseitigen Abhängigkeiten der verschiedenartigen Aspekte, nahelegt.

Damit sind die einzelnen Bestandteile des Systems Personalwesen, nämlich seine *„Elemente"*, *„Eigenschaften"* und *„Beziehungen"*, aufgezeigt und mit konkretem Inhalt versehen. Zugleich konkretisiert sich die in Abb. 26 gezeigte prinzipielle Darstellung des Systems Personalwesen in der Form, wie sie in der folgenden Abb. 31 dargestellt ist.

3.1.6 Eingangsgrößen, Umgebungsbeschränkungen und Ausgangsgrößen des Systems Personalwesen

Im *fünften Schritt* der Systemanalyse ist das System Personalwesen von seiner Umgebung abzugrenzen und seine Verbindungen zur Umgebung aufzuzeigen.

Auf die Abgrenzung des Systems Personalwesen von seiner Umgebung war schon bei der Beschreibung der Elemente hingewiesen worden: Ausgehend von dem Inhalt des Begriffs Personalwesen umfaßt dieses System sämtliche Funktionen, die auf den Menschen im Unternehmen ausgerichtet sind, d.h. sämtliche personalbezogenen Funktionen. Damit kann dieses System durch eine Hüllfläche (vgl. Abb. 31) von seiner Umgebung abgegrenzt bzw. abgegrenzt gedacht werden, wobei zugleich geklärt ist, was zum System und was zur Umgebung gehört. Anhand dieser Abgrenzung sind im folgenden die Beziehungen dieses Systems zu seiner Umgebung zu bestimmen.

Das System Personalwesen als sog. „offenes" System weist sowohl Beziehungen zum übergeordneten System Unternehmen als auch Beziehungen zur Umgebung

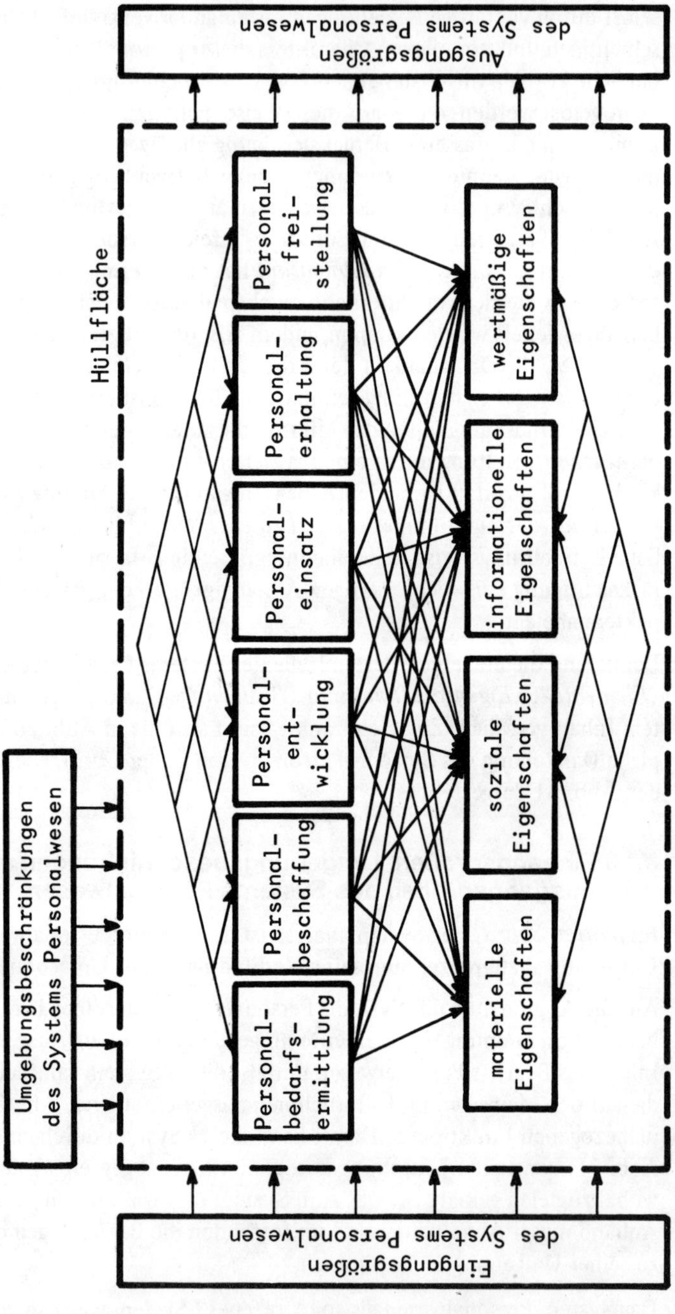

Abb. 31. Personalwesen als System (konkretisiert)

des Systems Unternehmen auf, d.h. zum übergeordneten volkswirtschaftlichen System. Von daher erscheint es sinnvoll, auf der Eingabe- und Ausgabeseite zwischen unternehmensinternen und unternehmensexternen Eingängen (Input) bzw. Ausgängen (Output) zu differenzieren.

Die *Eingänge* in das System Personalwesen umfassen die Gesamtheit der in das System eingehenden und sein Verhalten beeinflussenden Größen. Hinsichtlich der Art dieser Größen sind diese Eingänge entweder als Eingangsgrößen oder als Umgebungsbeschränkungen zu interpretieren. *Eingangsgrößen* sind einmal *Ziel-* oder *Führungsgrößen.* Sie bestimmen die systeminternen Aktivitäten und Prozesse im System Personalwesen, d.h. sie bestimmen im konkreten Einzelfall – wie Abb. 32 anhand von Beispielen verdeutlicht –, welche Ergebnisse durch das System zu erbringen sind. Dabei können solche Führungsgrößen unterschieden werden, die sich aus anderen Aktivitäten im Unternehmen her ableiten. So ist beispielsweise im Rahmen einer geplanten Produktionssteigerung von x Prozent unter anderem zu prüfen, in welcher Höhe dann die anfallenden Personalkosten anzusetzen sind (Führungsgröße für das System Personalwesen: Bestimmung der anfallenden Personalkosten bei einer geplanten Produktionssteigerung von x Prozent – vgl. Abb. 32). In diesem Fall reagiert das System Personalwesen mehr oder minder passiv auf diese Führungsgröße. Anders hingegen, wenn dem System folgende Führungsgröße vorgegeben wird: Es ist Vorsorge für das mögliche Auftreten einer personellen Unterdeckung zu treffen – vgl. Abb. 32. Diese Führungsgröße stellt sich als eine laufende Aufgabe, wobei das System selbst initiativ und aktiv wird, indem es die dafür notwendigen Aktivitäten selber auslöst.

Eingangsgrößen sind zum anderen die in das System einfließenden *Personal-* und *Informationsströme* – vgl. Abb. 32. Gegenstand der Personalströme sind potentielle Bewerber oder sogenannte „Leiharbeitnehmer", Gegenstand der Informationsströme sind alle die unternehmensinternen oder unternehmensexternen Informationen, die zur Ausübung der Aktivitäten im System Personalwesen benötigt werden.

Informationen über die *Umgebungsbeschränkungen*, als weitere Eingänge in das System Personalwesen, beschreiben alle die Randbedingungen, Beschränkungen oder Störungen, die von diesem System entsprechend zu berücksichtigen sind – vgl. Abb. 33. Unternehmensinterne Umgebungsbeschränkungen sind dabei – wie die in Abb. 33 angeführten Beispiele verdeutlichen – solche Festlegungen oder Sachverhalte, die entweder durch das Unternehmen selbst getroffen wurden oder die durch die im Unternehmen tätigen Mitarbeiter bedingt sind. Unternehmensexterne Umgebungsbeschränkungen sind Größen, auf die das Unternehmen mehr oder minder keinen Einfluß nehmen kann. Beispielsweise ist die Lage auf dem Arbeitsmarkt für das System Personalwesen ein Faktum, welches sich auch auf andere Aktivitäten im Unternehmen auswirken kann. Stellt sich nämlich im Rahmen der Personalbeschaffungsaktivitäten heraus, daß aufgrund der auf den

unternehmensinterne Eingangsgrößen	unternehmensexterne Eingangsgrößen
<u>Führungsgrößen</u>, wie z.B.: - Bestimmung der anfallenden Personalkosten bei einer Produktionssteigerung von x Prozent - Verminderung der bestehenden Fluktuationsrate - Bereitstellen personeller Kapazität für eine bestimmte Kapazitätserweiterung - Bestimmung des langfristigen Personalbedarfs unter Berücksichtigung alternativer Veränderungen des Automatisierungsgrades und der Arbeitsproduktivität - Vorsorge für das mögliche Auftreten einer personellen Unterdeckung treffen <u>Informationen</u> über z.B.: - Arbeitsanfall in quantitativer, qualitativer, örtlicher und zeitlicher Hinsicht - bedingt durch die Aufstellung von Produktions-, Absatz- und Investitionsplänen - geplante technische und/oder organisatorische Veränderungen - geplante Stillegung von Betriebsteilen - Vorschläge des Betriebsrates zur Einführung und Durchführung einer Personalplanung (BetrVG: § 92 (2))	<u>Personalströme:</u> - potentielle Bewerber - "Leiharbeitnehmer" <u>Informationen</u> über z.B.: - neu vereinbarte tarifvertragliche Regelung (hinsichtlich Arbeitszeit, Urlaub usw.) - Möglichkeiten zur Erschließung des externen Arbeitsmarktes - Absagen von Bewerbern - Bestrebungen zur Neuorientierung des gesamten Bildungswesens - neu erstellte Berufsordnungsmittel - Angebote, unternehmensexterne Entwicklungsmaßnahmen durchzuführen - neue arbeitsmedizinische und/oder psychologische Erkenntnisse - neu erlassene Gesetzesvorschriften, wie z.B. gesetzliche Einführung einer flexiblen Altersgrenze - neue gesellschafts- und bildungspolitische Forderungen

Abb. 32. Eingangsgrößen des Systems Personalwesen

unternehmensinterne Umgebungsbeschränkungen	unternehmensexterne Umgebungsbeschränkungen
<u>Informationen</u> über z.B.: - Arbeitsweise (1-, 2-, 3-schichtig, kontinuierlicher Betrieb) - Betriebsweise (Anzahl Arbeitstage pro Woche) - Betriebskalender - durchschnittliche Fehlquote (Urlaub, Krankheit, Unfall, in der Person liegende oder sonstige Fehlzeiten) - bestehende Betriebsvereinbarungen - jeweilige finanzielle Lage des Unternehmens - einzuhaltendes Lohn- und Gehaltsniveau - zukünftige Ist-Personalbestandsveränderungen (Berücksichtigung von feststehenden und voraussichtlichen Abgängen, feststehenden Zugängen) - Möglichkeiten der Personalentwicklung im eigenen Unternehmen - festgelegtes Budget für Entwicklungsmaßnahmen - Leistungspotential der im Unternehmen tätigen Mitarbeiter - einzelvertraglich festgelegte Kündigungsfristen	<u>Informationen</u> über z.B.: - arbeitsmedizinische Erkenntnisse (menschliche Tagesrhythmik, Ermüdung, Hitzebelastung usw.) - psychologische Erkenntnisse (Gruppenverhalten, Leistungsverhalten bei Teamarbeit, Bedürfnisstruktur usw.) - momentane Lage auf dem externen Arbeitsmarkt sowie voraussichtliche Entwicklung in Abhängigkeit saisonaler, konjunktureller und struktureller Einflüsse - bestehende Gesetzesvorschriften (Berufsbildungs-, Arbeitsförderungs-, Betriebsverfassungsgesetz usw.) - bestehende Arbeitsschutzgesetze (Gewerbeordnung, Arbeitszeit-, Jugendarbeitsschutz-, Mutterschutz-, Kündigungsschutzgesetz usw.) - tarifvertragliche Regelungen (Zusatzvergütung für Mehrarbeitszeiten, Zulagen für Nacht-, Sonntags- und Feiertagsarbeit, Arbeitszeit, Erholungspausen, Urlaub usw.)

Abb. 33. Umgebungsbeschränkungen des Systems Personalwesen

unternehmensinterne Ausgangsgrößen	unternehmensexterne Ausgangsgrößen
<u>Informationen</u> über z.B.: - Personalbedarf in quantitativer, qualitativer, örtlicher und zeitlicher Hinsicht - vorliegende personelle Unter- oder Überdeckung bzw. Deckung - Ergebnisse und Kosten durchgeführter Beschaffungsaktivitäten - die in einem bestimmten Zeitraum durchgeführten Entwicklungsmaßnahmen und der dabei angefallenen Kosten - notwendige Maßnahmen zur Anpassung der Arbeit und der Arbeitsbedingungen an das Personal - erstellte Laufbahn-, Stellen-, Stellenbesetzungs-, Stellvertretungs-, Schichtwechselpläne - Auslastung eingesetzter personeller Kapazität - durchgeführte Erhaltungsmaßnahmen und angefallene Kosten - durchgeführte Personalfreistellungsmaßnahmen und deren Auswirkungen wie Abfindungszahlungen bei Entlassungen oder Umschulungsbedarf bei Versetzungen	<u>Personalströme:</u> - freigestelltes Personal - Personalabgänge aufgrund von Pensionierung, Wehrdienst, Kündigung <u>Aktivitäten</u> wie z.B.: - Nachfrage und Aktivierung des personellen Angebots auf dem externen Arbeitsmarkt - Nachfrage nach unternehmensexternen Veranstaltungen - Vorschläge zur Gestaltung berufspezifischer Veranstaltungen - Vorschläge zur Gestaltung von neuen Ausbildungsordnungen, die den Veränderungen von Berufsstrukturen Rechnung tragen - Nachfrage nach Leistungen externer Versicherungs- und Versorgungsträger - Anzeige beabsichtigter Massenentlassungen beim Arbeitsamt

Abb. 34. Ausgangsgrößen des Systems Personalwesen

Arbeitsmärkten bestehenden Bedingungen und Gegebenheiten der Beseitigung einer personellen Unterdeckung Grenzen gesetzt sind, d.h. der Personalbeschaffung Engpaßcharakter beizumessen ist, so ergeben sich damit z.B. Rückwirkungen auf den Absatzbereich, wo geplante expansive Aktivitäten zurückgestellt werden müssen. Arbeitsmedizinische und psychologische Erkenntnisse, bestehende Gesetzesvorschriften, Arbeitsschutzgesetze und tarifvertragliche Regelungen sind weitere unternehmensexterne Umgebungsbeschränkungen, die im System Personalwesen ihre entsprechende Berücksichtigung finden müssen.

Ausgangsgrößen des Systems Personalwesen beinhalten die Gesamtheit der das System verlassenden und auf die Umwelt einwirkenden Größen – vgl. Abb. 34. Diese Größen sind das Ergebnis der systeminternen Aktivitäten und Prozesse, die durch die jeweiligen Führungsgrößen bestimmt wurden. Unternehmensinterne Ausgangsgrößen sind solche Größen, die entweder als Eingangsgrößen oder als Umgebungsbeschränkungen in andere Teilsysteme des Systems Unternehmen eingehen und somit deren Verhalten beeinflussen. So kann beispielsweise der für ein geplantes Investitionsvorhaben innerhalb des kommenden Jahres ermittelte Personalbedarf und eine damit verbundene personelle Unterdeckung für diese Planung eine Umgebungsbeschränkung darstellen, wenn diese personelle Unterdeckung aufgrund der externen Arbeitsmarktsituation nicht beseitigt werden kann. Unternehmensexterne Ausgangsgrößen des Systems Personalwesen sind solche Größen, die beeinflussend auf die Umwelt des Unternehmens wirken. Dazu sind einmal die unstetig erfolgenden Abgänge von Personal zu rechnen, zum anderen verschiedenartige Aktivitäten, wie die in Abb. 34 angeführten Beispiele verdeutlichen. So ist beispielsweise das System Personalwesen durch den Funktionsbereich Personalbeschaffung unmittelbar mit den externen Arbeitsmärkten verbunden, wobei dieser Funktionsbereich durch unterschiedliche Aktivitäten der Personalwerbung dieses Marktgeschehen zu beeinflussen sucht.

Mit dieser Beschreibung der Systembestandteile und der Beziehungen zur Umgebung ist der gesamte *Inhalt* des Systems und damit der gesamte Inhalt der Führungsaufgabe Personalwesen methodisch erfaßbar geworden.

3.2 Führungsprozeß im System Personalwesen

Nach dieser grundsätzlichen Ziel- und Inhaltserfassung des Systems Personalwesen geht es nun im folgenden *sechsten Schritt* der Systemanalyse – vgl. Abb. 27 – darum, den Führungsprozeß in diesem System aufzuzeigen, mit dem der definierte Inhalt dem definierten Ziel zugeführt werden kann. Anhand dieser Betrachtung wird die Führungsaufgabe Personalwesen unter *prozessualem* Aspekt gesehen, wobei die Phasen Planung, Entscheidung, Durchsetzung und Kontrolle dieses Führungsprozesses aufzuzeigen und zu interpretieren sind. Das System Personalwesen wird somit in seiner Dynamik erfaßt.

3.2.1 Phasen des Führungsprozesses im System Personalwesen

Versteht man unter dem Führungsprozeß allgemein einen Prozeß der Willensbildung und Willensverwirklichung, der bei analytischer Betrachtung in die vier Phasen Planung, Entscheidung (als Phasen der Willensbildung), Durchsetzung und Kontrolle (als Phasen der Willensverwirklichung) zerlegt werden kann, so ist der Führungsprozeß im System Personalwesen ebenfalls als ein solcher Prozeß aufzufassen. Dabei geht es bei dem Personalführungsprozeß speziell um die Willensbildung und Willensverwirklichung im gesamten Personalbereich, wobei je nach der Zielsetzung dieses Führungsprozesses *entweder* Ziele und/oder Grundsätze *oder* Maßnahmen und/oder Vorgaben zur Realisierung dieser Ziele und/oder Grundsätze für den Personalbereich festzulegen sind.

Zielt der Personalführungsprozeß darauf ab, *Ziele* und/oder *Grundsätze* für sämtliche personalbezogenen Funktionen festzulegen, so ist dieser Prozeß Bestandteil der *„strategischen" Personalführungsaufgabe*. Diese Führungsaufgabe beinhaltet einmal Festlegungen darüber, was im Personalbereich überhaupt erreicht werden soll, d.h. welche Einzelaktivitäten mit welchem Ergebnis (*Ziel*) durchzuführen sind. Zum anderen umfaßt diese Führungsaufgabe Festlegungen darüber, *auf welche Art und Weise* diese Einzelaktivitäten im Personalbereich durchzuführen sind (*Grundsätze*), wobei diese Festlegungen z.B. den einzuschlagenden Weg, die im Einzelfall einzusetzenden Methoden, Verfahren und Instrumente aufzeigen sollen, um das gewünschte Ergebnis zu erreichen. Diese strategische Führungsaufgabe – auch als „Personalpolitik" [83, S. 722; 130, Sp. 1297; 149, S. 103ff.] bezeichnet – steckt somit den Rahmen für alle Aktivitäten im Personalbereich ab.

Zielt hingegen der Personalführungsprozeß darauf ab, konkrete *Maßnahmen* und/oder *Vorgaben* für den Personalbereich festzulegen, so ist dieser Prozeß Bestandteil der *„operativen" Personalführungsaufgabe.* Diese Führungsaufgabe beinhaltet für die einzelnen personalbezogenen Funktionen die Festlegung der im Einzelfall auszuführenden Aktivitäten.

Unabhängig davon, welche Festlegungen im Einzelfall durch den Personalführungsprozeß zu treffen sind, müssen dabei die einzelnen Phasen des Führungsprozesses durchlaufen werden, deren Inhalt in Abb. 5 konkretisiert wurde. Wie Abb. 35 zeigt, sind bei dieser Übertragung der einzelnen Phasen des Führungsprozesses auf die Personalführungsaufgabe folgende Phasen zu unterscheiden:

- *Personalplanung* als Planung(en) im Personalbereich,
- *Personalentscheidung(en)* als Entscheidung(en) im Personalbereich,
- *Durchsetzung der Personalentscheidung(en)* als Durchsetzung der Entscheidung(en) im Personalbereich,
- *Kontrolle der Personalentscheidung(en)* als Kontrolle der Entscheidung(en) im Personalbereich.

		Phasen des Führungsprozesses	Planung	Entscheidung	Durchsetzung	Kontrolle
Übertragung des Führungsprozesses auf die Führungsaufgabe Personalwesen		Führungsaufgabe Personalwesen als Führungsprozeß	Personalplanung als Planung(en) im Personalbereich*	Personalentscheidung(en) als Entscheidung(en) im Personalbereich*	Durchsetzung der Personalentscheidung(en) als Durchsetzung der Entscheidung(en) im Personalbereich*	Kontrolle der Personalentscheidung(en) als Kontrolle der Entscheidung(en) im Personalbereich*
	Ziele des Führungsprozesses	Festlegung von <u>Zielen</u> und/oder <u>Grundsätzen</u> im Personalbereich*	Planung von Zielen und/oder Grundsätzen im Personalbereich*	Entscheidung über Ziele und/oder Grundsätze im Personalbereich*	Durchsetzung der Ziele und/oder Grundsätze im Personalbereich*	Kontrolle der Ziele und/oder Grundsätze im Personalbereich*
		Festlegung von <u>Maßnahmen</u> und/oder <u>Vorgaben</u> im Personalbereich*	Planung von Maßnahmen und/oder Vorgaben im Personalbereich*	Entscheidung über Maßnahmen und/oder Vorgaben im Personalbereich*	Durchsetzung der Maßnahmen und/oder Vorgaben im Personalbereich*	Kontrolle der Maßnahmen und/oder Vorgaben im Personalbereich*

* Personalbereich verstanden als die Gesamtheit aller personalbezogenen Funktionen

Abb. 35. Übertragung des Führungsprozesses auf die Führungsaufgabe Personalwesen

Anhand dieser Betrachtung ergeben sich zwei wichtige Schlußfolgerungen:

1. Der Personalführungsprozeß ist auf *sämtliche* personalbezogenen Funktionsbereiche anzuwenden, d.h. sowohl auf den Funktionsbereich Personalbedarfsermittlung als auch auf die Funktionsbereiche Personalbeschaffung, Personalentwicklung, Personaleinsatz, Personalerhaltung und Personalfreistellung.
2. Je nach der Zielsetzung sind durch den Personalführungsprozeß entweder *Ziele* und/oder *Grundsätze* oder *Maßnahmen* und/oder *Vorgaben* für den Personalbereich festzulegen.

Sieht man den Personalführungsprozeß in dieser umfassenden Weise, so bedeutet *Personalplanung*:

> Methodische Vorbereitung der Zukunftsgestaltung im Personalbereich, indem entweder alternative Ziele und/oder Grundsätze oder alternative Maßnahmen und/oder Vorgaben zur Realisierung dieser Ziele und/oder Grundsätze aufgezeigt werden.

Personalplanung hat demnach nicht nur die Planung des quantitativen, qualitativen, örtlichen und zeitlichen Personalbedarfs zum Gegenstand, sondern sie erstreckt sich auf *alle* personalbezogenen Funktionsbereiche, indem sie sowohl die Personalbedarfs- als auch die Personalbeschaffungs-, Personalentwicklungs-, Personaleinsatz-, Personalerhaltungs- und Personalfreistellungsplanung umfaßt – vgl. Abb. 36.

Nur wenn die Personalplanung in diesem *umfassenden* Sinne gesehen wird, erscheint es möglich, die vielfältigen interdependenten Beziehungen zwischen den einzelnen personalbezogenen Funktionen bei den Planungsüberlegungen entsprechend zu berücksichtigen.

Im Hinblick auf eine *eindeutige* Begriffsbestimmung der Personalplanung soll nochmals auf die Abgrenzung der Planungsphase von der Entscheidungsphase hingewiesen werden. Bei der Beschreibung der einzelnen Phasen des allgemeinen Führungsprozesses[12] wurde deutlich, daß Planungs- und Entscheidungsphase eng miteinander verbunden sind. So finden Planungsprozesse einmal ihren Abschluß in der Entscheidungsphase, d.h. in der Entscheidung als Entschlußfassung über eine verbindliche Planvorgabe. Zum anderen sind die einzelnen Schritte des Planungsprozesses selbst von Willensakten begleitet, die als Entscheidungen („Vorentscheidungen“) gedeutet werden können. Aufgrund dieses engen Zusammenhanges zwischen der Planungs- und Entscheidungsphase spricht man auch von einem Planungsbegriff i.e.S. und von einem Planungsbegriff i.w.S., der auch die Entscheidungsphase im Sinne einer Planverabschiedung einschließt [80, S. 163]. Überträgt man diese unterschiedlich weit gefaßten Planungsbegriffe auf den Inhalt der Personalplanung, so kann auch hierbei zwischen einem

[12] Vgl. Seite 18ff.

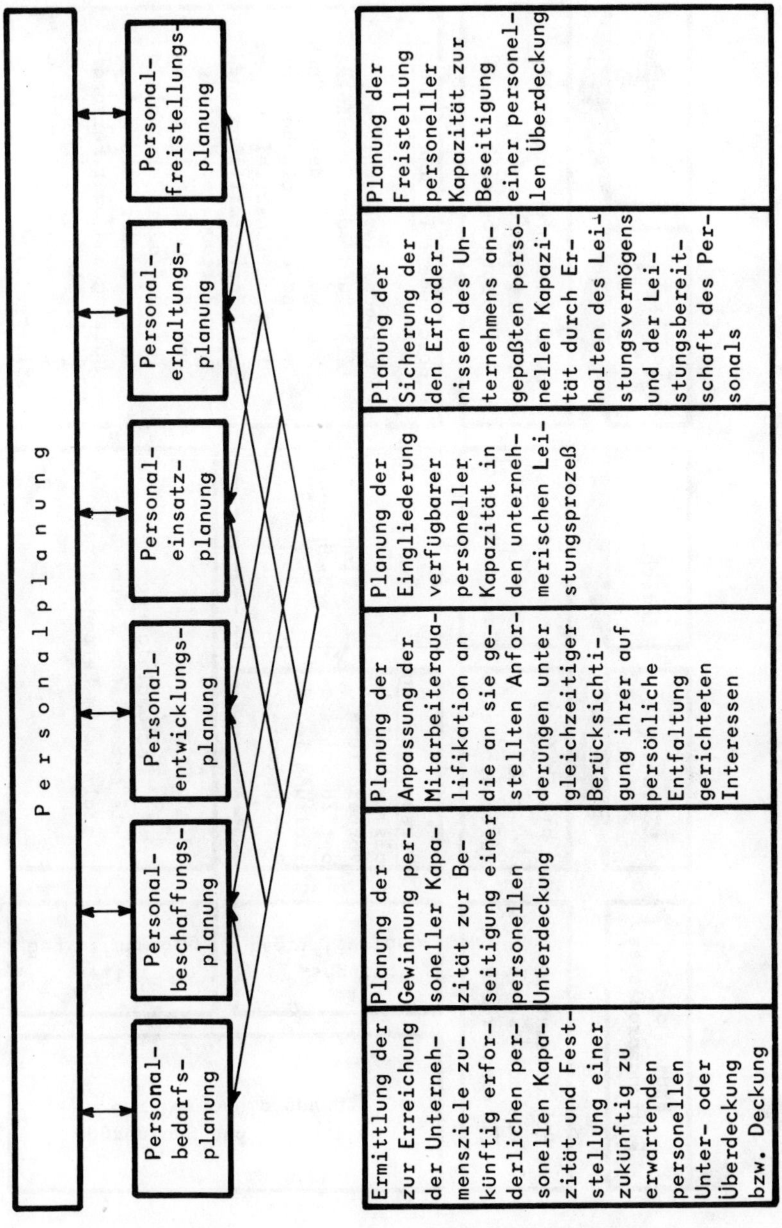

Abb. 36. Teilplanungen der Personalplanung

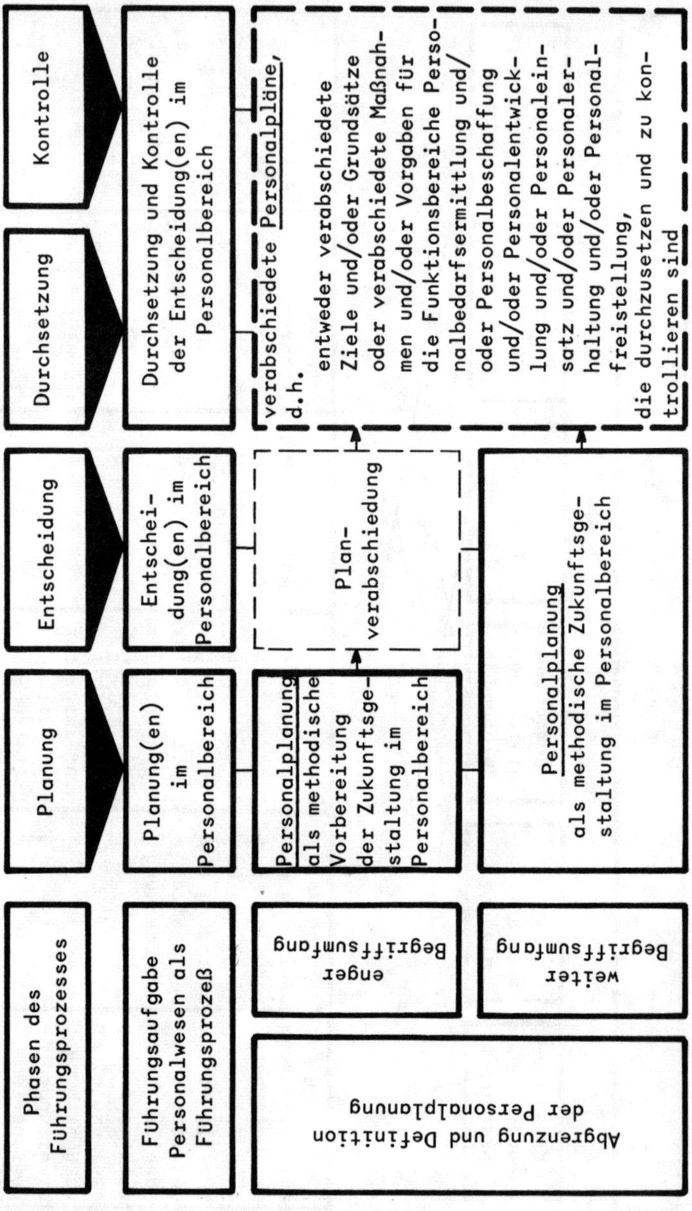

Abb. 37. Zur Abgrenzung und Definition der Personalplanung

Personalplanungsbegriff i.e.S. – so wie er hier verwendet wurde – und einem Personalplanungsbegriff i.w.S. unterschieden werden – vgl. Abb. 37.

3.2.2 Wirkungszeiträume des Führungsprozesses im System Personalwesen

Es ist weiter notwendig, den Personalführungsprozeß nach Wirkungszeiträumen zu gliedern, da Führungsprozesse, deren Auswirkungen weit in die Zukunft reichen, anders zu gestalten sind – z. B. hinsichtlich der anzuwendenden Planungs- und Entscheidungsmethoden – als solche, die kurzfristigen Charakter haben.

Geht man davon aus, daß sich ein Führungsprozeß auf den gleichen Zeitraum erstrecken soll, auf den sich die im Rahmen der Planung und Entscheidung festzulegenden Ziele und/oder Grundsätze oder Maßnahmen und/oder Vorgaben erstrecken, so ist es sinnvoll, den Wirkungszeitraum eines Führungsprozesses in verschieden lange Zeitintervalle zu gliedern. Diese Zeitintervalle sind – wie Abb. 38 verdeutlicht – durch einen Anfangstermin und durch einen Endtermin auf der Zeitachse von der Gegenwart in die Zukunft festgelegt, wobei eine Unterscheidung in *kurz-*, *mittel-* und *langfristige Wirkungszeiträume*[13] gebräuchlich ist. Dabei ist von diesen Zeiträumen jener Zeitraum zu unterscheiden, der zur Planaufstellung benötigt wird (Planungs- und Entscheidungszeit). Was im Einzelfall als kurz-, mittel- und langfristig anzusehen ist, wird in der Praxis unterschiedlich festgelegt. Eine solche Unterteilung kann z.B. von der konkreten Problemstellung, der allgemeinen Wirtschaftslage, der Stabilität der wirtschaftlichen Entwicklung, der Art und den speziellen Eigenheiten des Unternehmens oder von seiner Zugehörigkeit zu einem bestimmten Wirtschaftszweig abhängen. Unabhängig von der jeweiligen konkreten Abgrenzung der Wirkungszeiträume bleibt aber festzuhalten, daß der Führungsprozeß nicht mit den in der Planungs- und Entscheidungsphase erfolgten Festlegungen endet, sondern daß Durchsetzungs- und Kontrollaktivitäten sich in dem jeweiligen Zeitraum als eine laufende Aufgabe stellen – vgl. Abb. 38. Nur auf diese Weise können z.B. Abweichungen von den geplanten Maßnahmen und/oder Vorgaben sofort entdeckt und entsprechend korrigiert werden.

Überträgt man diese Differenzierung der Wirkungszeiträume auf den Personalführungsprozeß, so ist auch hierbei zwischen einem langfristigen, mittelfristigen und kurzfristigen Wirkungszeitraum zu unterscheiden. Ein langfristiger Wirkungszeitraum ist beispielsweise dem Personalführungsprozeß dann zugrunde zu legen, wenn entweder langfristige Ziele und/oder Grundsätze festzulegen sind oder wenn Maßnahmen und/oder Vorgaben nur langfristig realisierbar sind. Entsprechendes gilt für die mittel- und kurzfristigen Wirkungszeiträume.

[13] In diesem Zusammenhang spricht man auch von „Planungszeiträumen“, „Planungsfristen“ oder „Planungszeitspannen“.

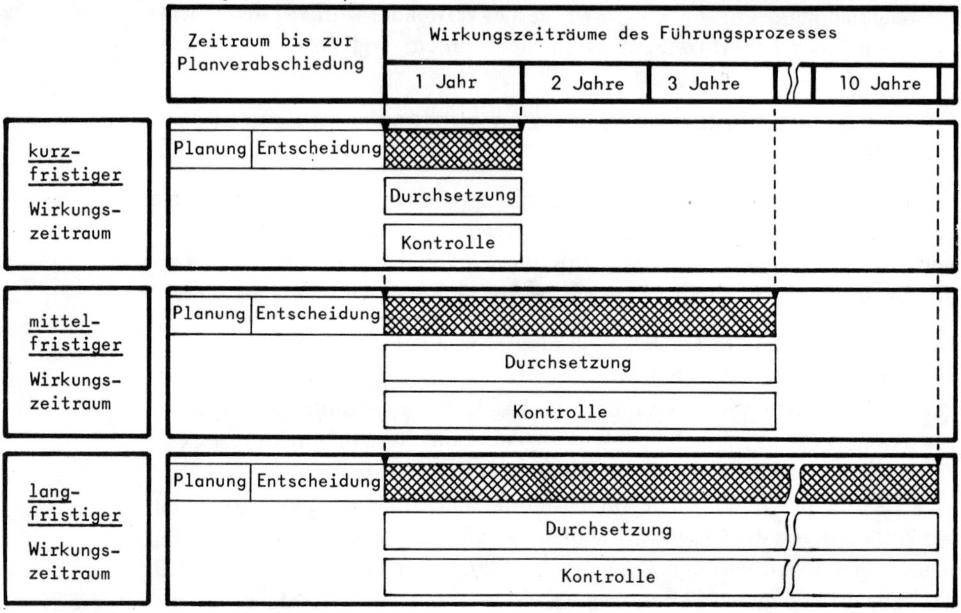

Abb. 38. Kurz-, mittel- und langfristige Wirkungszeiträume des Führungsprozesses

Grundsätzlich muß der Wirkungszeitraum des Personalführungsprozesses so bemessen sein, daß sich *einmal* „Wirkungshorizont und zeitliche Reichweite der Unternehmensplanung und der Personalplanung" [79, S. 402] entsprechen. Nur auf diese Weise können die verschiedenen Teilplanungen im Unternehmen koordiniert werden, nur so können „Engpaßbereiche" ausfindig gemacht werden, auf die sich alle anderen Teilplanungen ausrichten müssen. Ob z.B. für einen bestimmten Zeitraum der Absatzplan oder der Produktionsplan in der ursprünglich geplanten Höhe durchführbar ist, hängt auch in entscheidendem Maße davon ab, ob die sich aus diesen Plänen ergebenden Personalanforderungen erfüllen lassen. *Zum anderen* muß der Wirkungszeitraum des Personalführungsprozesses so bemessen sein, daß genügend Zeit bleibt, um den erkannten Problemen und Erfordernissen im Personalbereich wirksam begegnen zu können. Je schwieriger beispielsweise die Beschaffungsmöglichkeiten auf dem externen oder internen Arbeitsmarkt für Mitarbeiter mit bestimmten Qualifikationsstrukturen sind, desto weiter müssen die Personalbeschaffungsaktivitäten in die Zukunft reichen, d.h. um so eher muß ein zu erwartender Personalbedarf ermittelt werden. Nur auf diese Weise kann das Sachziel des Personalwesens erfüllt werden, nämlich personelle Kapazität *rechtzeitig* bereitzustellen.

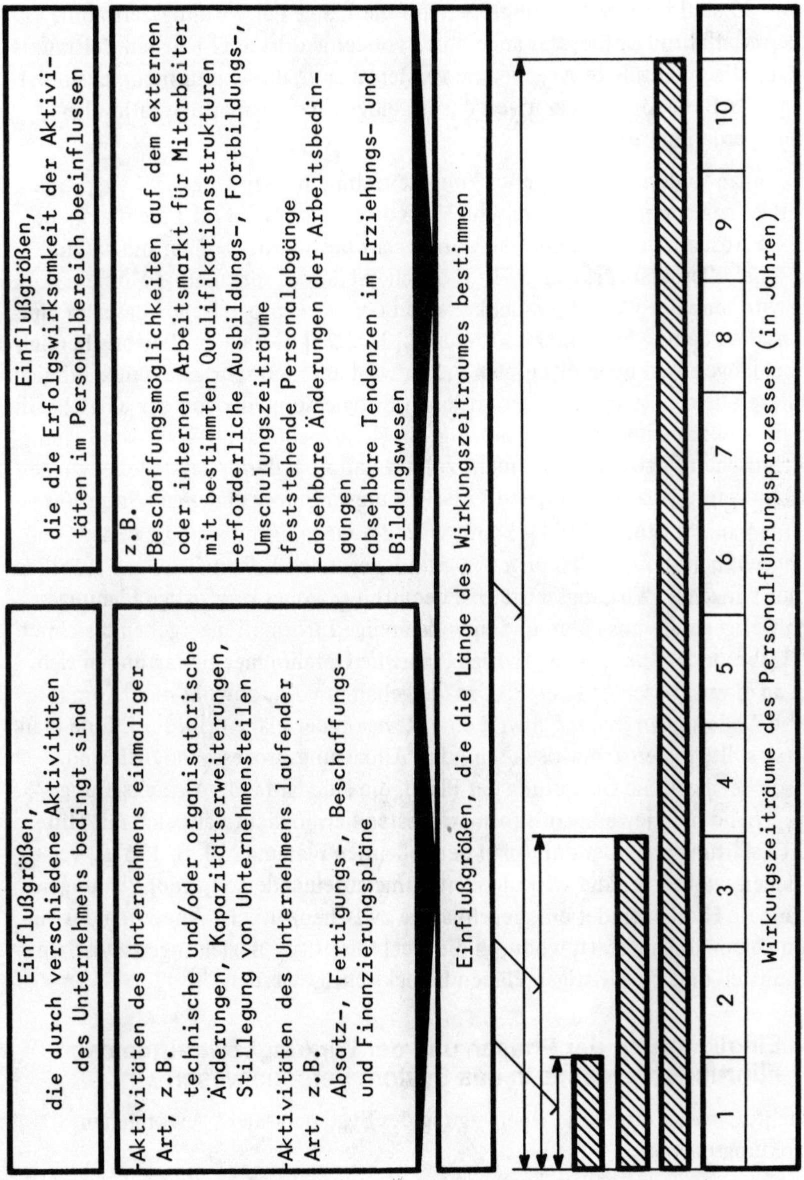

Abb. 39. Einflußgrößen auf die Länge der Wirkungszeiträume des Personalführungsprozesses

In Abb. 39 sind weitere Einflußgrößen auf die Länge der Wirkungszeiträume des Personalführungsprozesses angeführt, wobei die dort angegebenen Zeiträume nicht als allgemeingültige Angaben zu verstehen sind, da sie unternehmensindividuell und z.B. in Abhängigkeit von der jeweiligen Arbeitsmarktsituation bestimmt werden müssen.

Eine Grenze finden langfristige Wirkungszeiträume in dem Ungewißheitsproblem, wobei der sogenannte „ökonomische Horizont" [167, S. 137 ff.] die maximale zeitliche Ausdehnung planerischer Voraussicht bestimmt. Darüber hinaus sind keine sinnvollen Planaussagen mehr möglich, weil „das spekulative Moment so stark wird, daß der Wahrscheinlichkeitsgrad der Datenprognose als Basis für eine realistische Planung nicht mehr ausreicht" [3, S. 27]. Gerade im Personalbereich sind bei langen Wirkungszeiträumen die Unwägbarkeiten sehr groß und zahlreich. „Sie liegen beispielsweise in der tariflichen Entwicklung, die von der wirtschaftlichen Entwicklung nur zum Teil abhängt, in Gesetzgebung und Rechtssprechung, im technischen Fortschritt und nicht zuletzt natürlich darin, daß jeder einzelne Mitarbeiter mit ganz persönlichen Entscheidungen immer eine neue Situation schaffen kann" [136, S. 1101]. Somit wird der Genauigkeitsgrad bzw. der Grad an Ungewißheit der den Planungen zugrundeliegenden Informationen wesentlich von der Länge der Wirkungszeiträume beeinflußt, wobei langfristige Planungen durch weitgehende unsichere und unvollständige Informationen gekennzeichnet sind. Insbesondere bergen langfristige Pläne die Gefahr einer Erstarrung in sich, wenn an einmal beschlossenen Plänen festgehalten wird, obwohl nicht voraussehbare Änderungen in der Umwelt eine Revision der Pläne erfordern. Eine Planstruktur sollte daher so elastisch sein, daß Anpassungsprozesse möglich sind. Eine solche elastische Gestaltung der Pläne, die eine laufende Aktualisierung entsprechend dem jeweiligen Informationsstand ermöglicht, läßt sich mit Hilfe einer Gestaltung nach dem „Prinzip der rollenden Planung" [4, S. 116 ff.] verwirklichen, wobei sich die Wirkungszeiträume aufeinanderfolgender Planungen überlappen. Hierbei findet eine regelmäßige zwischenzeitliche Änderung der einzelnen Personalpläne statt, wodurch die wechselseitigen Beziehungen zwischen lang-, mittel- und kurzfristigen Plänen berücksichtigt werden[14].

3.2.3 Eingliederung der Phasen und der Wirkungszeiträume des Führungsprozesses in das System Personalwesen

Versucht man, die durch die Übertragung des Systemansatzes gewonnenen Betrachtungsebenen,

> nämlich die Betrachtungsebene der sechs personalbezogenen Funktionsbereiche als Elemente des Systems Personalwesen und die Betrachtungsebene der vier Eigenschaftsgruppen des Systems Personalwesen, die zusammen den Inhalt der Führungsaufgabe Personalwesen umschreiben,

[14] Beispielhaft dargestellt für den Funktionsbereich Personalbedarfsermittlung: [70, S. 114].

mit den Betrachtungsebenen des Führungsprozesses,

> nämlich mit der Betrachtungsebene der vier Phasen des Personalführungsprozesses und mit der Betrachtungsebene der drei Wirkungszeiträume des Personalführungsprozesses, die zusammen den prozessualen Aspekt der Führungsaufgabe umschreiben,

zu kombinieren, um ihre gegenseitige Durchdringung aufzuzeigen, so kann dies anhand einer „Würfeldarstellung" erfolgen. In Abb. 40 ist dieser Zusammenhang veranschaulicht, wobei die Ausführungsphase in Ergänzung zu den Phasen des Führungsprozesses mit aufgeführt ist.

Mit dieser Darstellung können sämtliche interessierenden Problemstellungen einmal „lokalisiert" werden, zum anderen ist damit die Möglichkeit geschaffen, die jeweilig interessierende Problemstellung in Zusammenhang mit „benachbarten" Problemstellungen zu sehen. So ist beispielsweise der in Abb. 40 gestrichelt

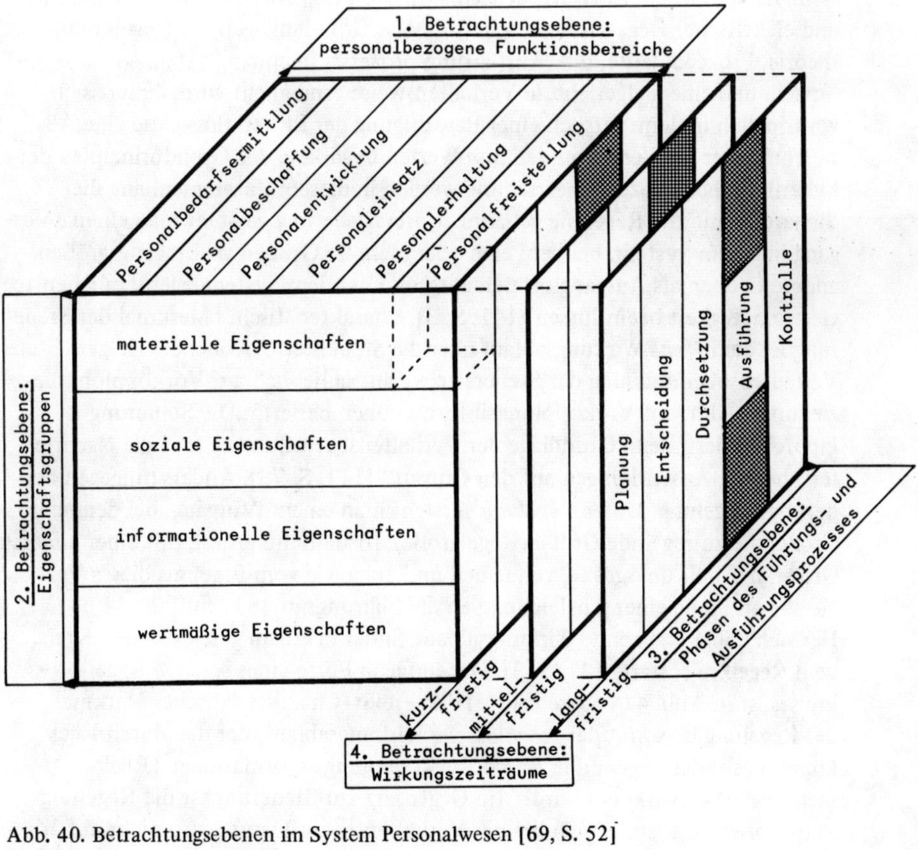

Abb. 40. Betrachtungsebenen im System Personalwesen [69, S. 52]

eingezeichnete kleinere Würfel wie folgt zu interpretieren: kurzfristige Planung der Personalfreistellung unter Berücksichtigung der materiellen Eigenschaften, d.h. unter Berücksichtigung der sich aus den materiellen Leistungsprozessen des Unternehmens ergebenden Anforderungen.

3.2.4 Kybernetische Aspekte des Führungs- und Ausführungsprozesses im System Personalwesen

Wenn man Führungs- und Ausführungsprozeß näher analysiert, so kann man feststellen, daß diese Prozesse als Bestandteile eines kybernetischen Regelungsvorganges zu interpretieren sind. Zum Verständnis werden zunächst die wichtigsten Grundlagen der Regelkreistheorie dargestellt.

Die Regelkreistheorie – als ein Teilgebiet der Kybernetik – befaßt sich insbesondere mit der Anpassungsfähigkeit und Stabilität dynamischer Systeme, wobei diese Theorie aus der Regelungstechnik entwickelt wurde, die sich schon lange erfolgreich mit dem Entwurf, der Konstruktion und Anwendung mechanischer und elektrischer Regelkreise beschäftigt. Das Grundanliegen der Regelkreistheorie, Prozeßabläufe, d.h. Ausführungsprozesse, in einem System so zu beeinflussen, daß eine zielgerichtete Verhaltensweise ermöglicht wird, äußert sich vordringlich in dem Versuch einer Bewältigung der Störeinflüsse, die eine Abweichung der Ist-Werte von den Soll-Werten bewirken. Als Grundprinzipien der kybernetischen Prozeßbeherrschung werden in diesem Zusammenhang die Steuerung und die Regelung genannt. Unter *Steuerung* versteht man einen „Vorgang in einem System, bei dem eine oder mehrere Größen als Eingangsgrößen, andere Größen als Ausgangsgrößen aufgrund der dem System eigentümlichen Gesetzmäßigkeit beeinflussen“ [41, S. 3]. Charakteristisches Merkmal der Steuerung ist der *offene* Wirkungsablauf über die Steuerkette, wobei die zielgerichtete Verhaltensbeeinflussung der Steuerstrecke ausschließlich auf Vorkopplungsbeziehungen, d.h. auf Vorkopplungsinformationen basiert. „Die Steuerung ist inputorientiert, denn Grundlage der Verhaltensbeeinflussung sind die Nachrichten über die Auswirkungen auf den Output“ [111, S. 73]. Anders hingegen bei der sog. Regelung. Unter *Regelung* versteht man einen „Vorgang, bei dem eine Größe, die zu regelnde Größe (Regelgröße), fortlaufend erfaßt, mit einer anderen Größe, der Führungsgröße, verglichen und abhängig vom Ergebnis dieses Vergleichs im Sinne einer Angleichung an die Führungsgröße beeinflußt wird. Der sich dabei ergebende Wirkungsablauf findet in einem geschlossenen Kreis, dem Regelkreis, statt“ [41, S. 3]. Die einfache Form eines solchen Regelkreises ist in Abb. 41 (obere Hälfte) dargestellt. Charakteristisches Merkmal der Regelung ist somit der *geschlossene* Wirkungsablauf, der u.a. durch Rückkopplungsbeziehungen, d.h. durch Rückkopplungsinformationen (Rückmeldungen) verwirklicht wird. „Im Gegensatz zur Steuerung ist die Regelung outputorientiert, stützt sich bei der Verhaltensbeeinflussung also nicht auf er-

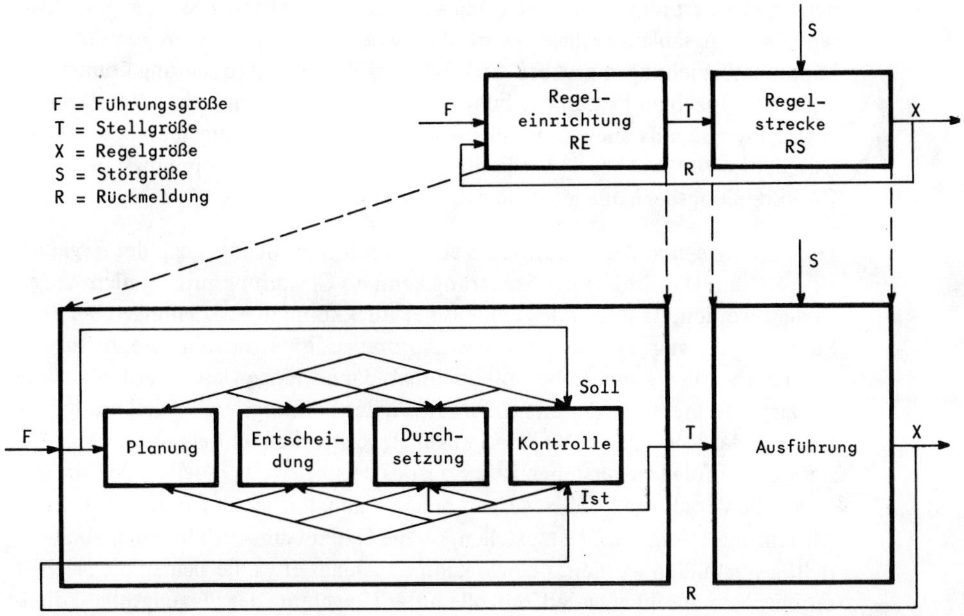

Abb. 41. Übertragung des technischen Prinzips der Regelung auf den Führungs- und Ausführungsprozeß [69, S. 53]

wartete, sondern auf tatsächlich eingetretene Störungswirkungen, die ihr in Form von Nachrichten über Zielabweichungen zugehen" [111, S. 75].

Überträgt man dieses technische Prinzip des Regelkreises analog auf den Führungs- und Ausführungsprozeß, so ergeben sich – wie Abb. 41 (untere Hälfte) verdeutlicht – folgende Zusammenhänge: Ausgehend von vorgegebenen Zielen (= Führungsgröße F) werden in der Planungsphase mehrere Problemlösungsalternativen ausgearbeitet, bewertet, und es wird eine hiervon in der Entscheidungsphase ausgewählt. Daran schließt sich die Durchsetzungsphase an, in der im einzelnen festgelegt wird, wer, was, wie, womit, wann und wo auszuführen hat.

Diese Festlegungen und die Veranlassung zur Ausführung erfolgen über die Stellgröße T auf den Ausführungsprozeß, d.h. auf die Regelstrecke RS. Durch die Rückmeldung R wird schließlich das Ergebnis des Ausführungsprozesses, die Regelgröße X, mit der Führungsgröße F in der Kontrollphase verglichen, um aufgetretenen Störgrößen S, die eine Abweichung der Regelgröße X von der Führungsgröße F bewirkten, wirksam begegnen zu können. Die Phasen des Führungsprozesses (Planungs-, Entscheidungs-, Durchsetzungs- und Kontrollphase) vollziehen sich somit in der Regeleinrichtung RE. Zugleich wird deutlich, daß bei dieser Interpretation des Führungs- und Ausführungsprozesses ein geschlossener Wirkungsablauf realisiert wird, da sowohl Vorkopplungs- als auch Rückkopplungsbeziehungen gegeben sind. Bei detaillierterer Betrachtung können selbst die einzelnen Phasen des Führungsprozesses als geschlossene Regelkreise gesehen werden, da auch sie jeweils – wie das Beziehungsnetz über- bzw. unterhalb der Phasen in Abb. 41 verdeutlicht – anhand von Vorkopplungs- und Rückkopplungsbeziehungen miteinander verbunden sind.

Der Führungs- und Ausführungsprozeß ist somit nach dem Prinzip der *Regelung* zu gestalten. Das Prinzip der Steuerung kann als Gestaltungsprinzip nicht angewendet werden, da wegen des Fehlens der Rückkopplungsbeziehungen bei der Steuerung die vierte Phase des Führungsprozesses, die Kontrollphase, nicht verwirklicht werden kann. Dabei soll nochmals darauf hingewiesen werden, daß die skizzierte Reihenfolge der einzelnen Phasen des Führungs- und Ausführungsprozesses in der Regeleinrichtung und in der Regelstrecke nicht als eine strenge *zeitliche* Abfolge zu verstehen ist. „So ist es beispielsweise möglich, daß die Kontrolle der als Stellgrößen vorgegebenen Plandaten schon vor der eigentlichen Ausführung erfolgt, um festzustellen, ob die Daten vom Ausführenden auch richtig verstanden wurden. Ebenso kann im Ablauf etwa die sich an die Realisationsphase anschließende Kontrolle unter Umgehung der Planungsphase direkt mit der Entscheidungsphase kurzgeschlossen werden. Dies ist z.B. dann der Fall, wenn der Prozeß unter Zeitdruck abläuft und kurzfristig aufgrund einer unerwarteten Konstellation der Realisationsphase eine ad-hoc Entscheidung nötig wird" [49, S. 82].

Da das Prinzip der Regelung über Rückkopplungsbeziehungen eine Outputstabilisierung auch bei Störeinflüssen ermöglicht, deren Ursache unbekannt sind, ermöglicht die Regelung auch „die Beherrschung von Situationen bei unvollkommener Information; sie ist also ein hervorragendes Mittel der Ungewißheitsbewältigung" [111, S. 76]. Dennoch ist diese Aussage nicht absolut zu interpretieren, da eine Outputstabilisierung nur innerhalb bestimmter Toleranzgrenzen möglich ist und an bestimmte Anforderungen gebunden ist, die sich primär auf die Art der Führungsgröße und auf die „Gegebenheiten"[15] der Regeleinrichtung beziehen. Soll trotzdem die Gefahr einer Instabilität vermieden werden, so muß auf erweiterte Formen des „einfachen" Regelkreises zurückgegriffen werden [69, S. 53, 54]. Diese Weiterentwicklungen des einfachen Regelkreises unterscheiden sich dabei durch die Anzahl der Wirkungsschleifen. So enthält ein *„adaptiver" Regelkreis* zwei Wirkungsschleifen. Die erste Wirkungsschleife ist identisch mit der des einfachen Regelkreises und dient dazu, Soll-Ist-

[15] „Gegebenheiten" dienen hier als Sammelbegriff für Sachverhalte wie Zeitverhalten, Kapazität der Regeleinrichtung; vorgebene Grundsätze, Verhaltensregeln, Methoden und Verfahren für den Planungs-, Entscheidungs-, Durchsetzungs- und Kontrollprozeß, usw.

Abweichungen zu kompensieren. Die zweite Wirkungsschleife hat die Aufgabe, bei Störgrößeneinwirkungen, die mit der ersten Wirkungsschleife nicht mehr aufgefangen werden können, verhaltensändernd in die Regeleinrichtung einzugreifen. Diese Verhaltensänderung kann in einer Führungsgrößenänderung zum Ausdruck kommen und/oder darin, daß das innerhalb der Regeleinrichtung gegebene Instrumentarium erweitert und/oder verbessert wird. Besitzt schließlich der adaptive Regelkreis noch eine weitere dritte Wirkungsschleife, die sogenannte „Lernschleife" [2, S. 140], so handelt es sich um einen *„lernenden" Regelkreis.* Der lernende Regelkreis ist damit in der Lage, Erfahrungen (vergangenheitsbezogenes Wissen) zu speichern und – indem Ähnlichkeiten einer Situation mit einer bekannten Situation festgestellt werden – diese systematisch für notwendige Anpassungsmaßnahmen auszuwerten.

Anhand dieser beschriebenen Modelltypen der Regelung können wichtige Schlußfolgerungen für die Gestaltung des Führungs- und Ausführungsprozesses gewonnen werden. Sieht man nämlich den Führungs- und Ausführungsprozeß unter kybernetischem Aspekt, so zeigt sich, daß diese Prozesse in einer Regelkreiseinheit zu einem geschlossenen Wirkungsablauf zu verbinden sind. Führungs- und Ausführungsprozeß sind somit als ein Ganzes, als eine Einheit zu sehen, die als *Führungseinheit* [85, S. 60] bezeichnet werden soll. Dabei kann einerseits zwischen einem *Führungssubjekt* – als Träger des Führungsprozesses – und andererseits zwischen einem *Ausführungssubjekt* – als Träger des Ausführungsprozesses – unterschieden werden. In Abb. 42 ist diese Vorstellung am Beispiel des „einfachen"Regel-

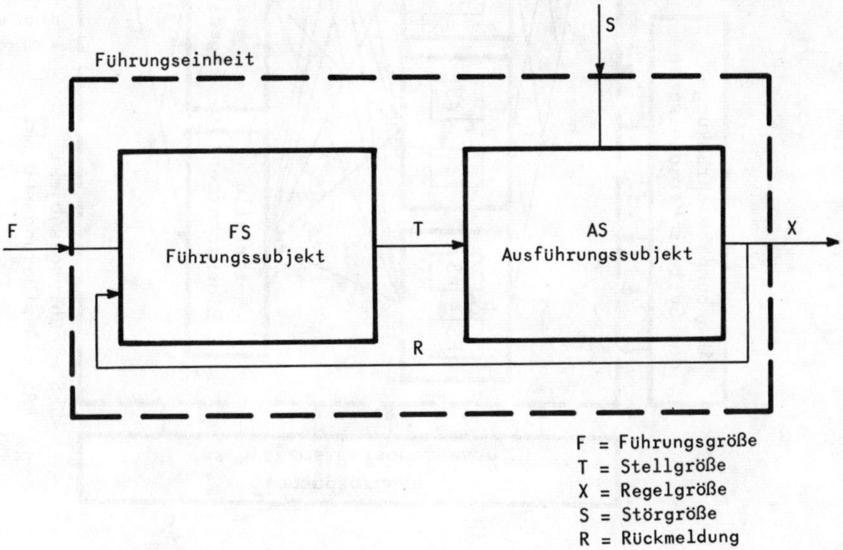

Abb. 42. Vereinfachte Darstellung einer Führungseinheit

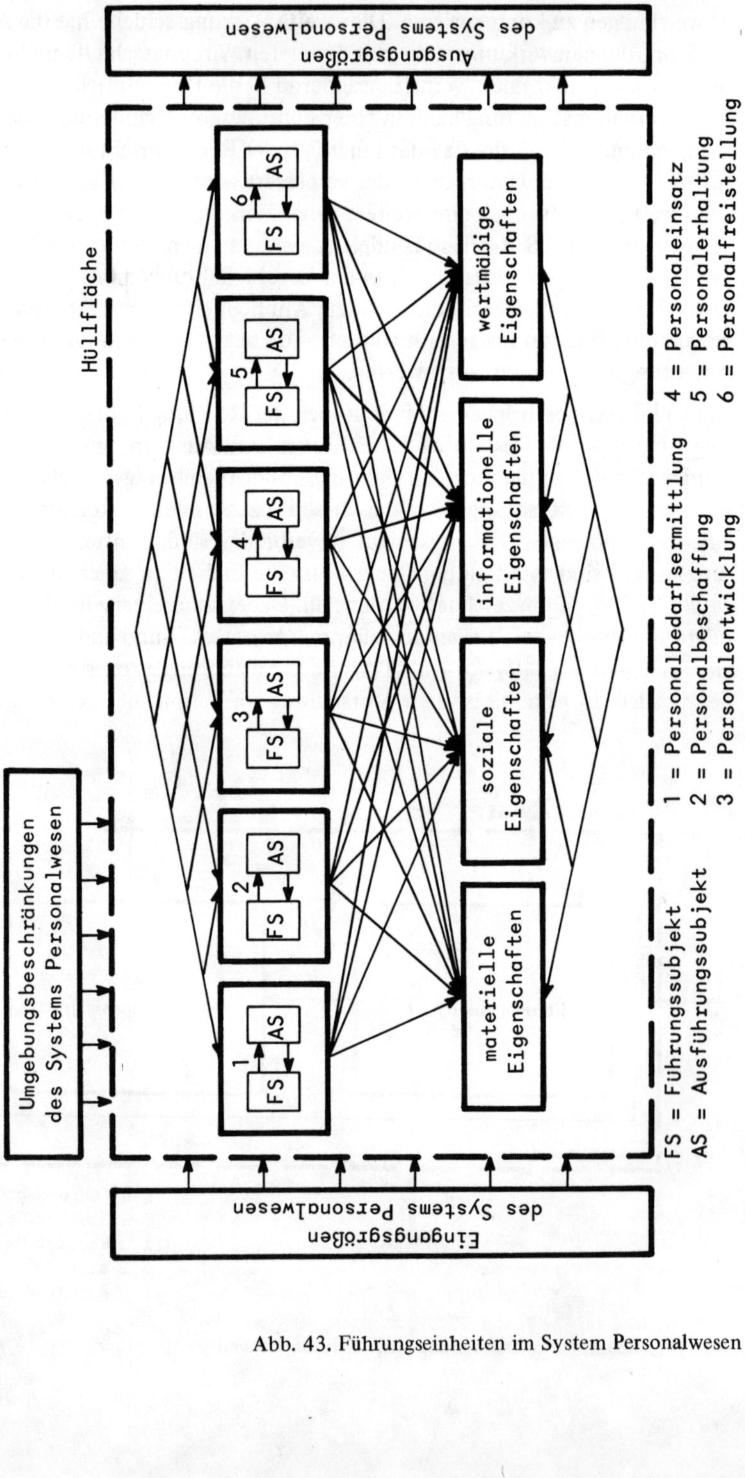

Abb. 43. Führungseinheiten im System Personalwesen

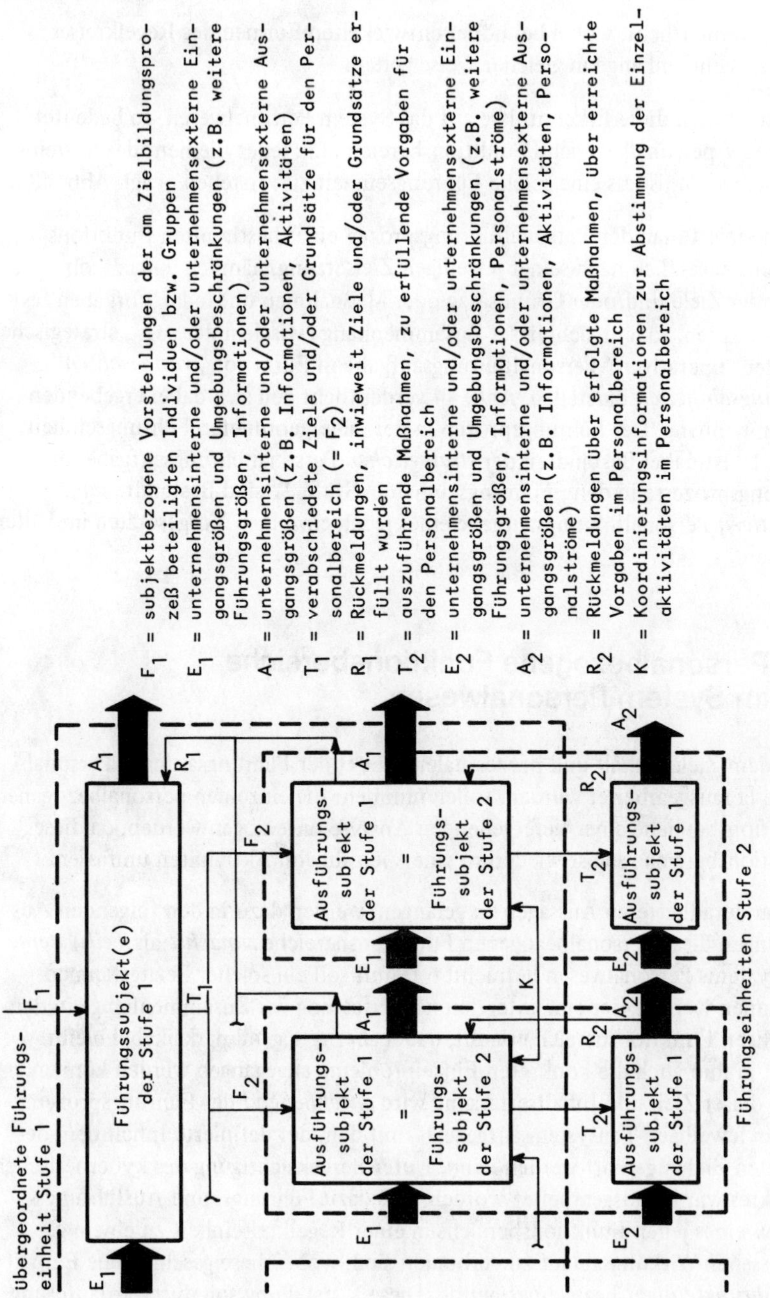

Abb. 44. Zusammenhang zwischen der „strategischen" und der „operativen" Personalführungsaufgabe – dargestellt als „vermaschte" Führungseinheiten

kreises verdeutlicht, wobei bei höher entwickelten Formen des Regelkreises diese Zusammenhänge in gleicher Weise gelten.

Überträgt man diese Erkenntnisse auf das System Personalwesen, so bedeutet das: Jeder personalbezogene Funktionsbereich, d.h. jedes Element des Systems Personalwesen, ist als eine solche Führungseinheit zu verstehen – vgl. Abb. 43.

Differenziert man den Personalführungsprozeß eines bestimmten Funktionsbereichs zusätzlich nach seiner jeweiligen Zielsetzung, nämlich danach, ob entweder Ziele und/oder Grundsätze oder Maßnahmen und/oder Vorgaben festgelegt werden, so läßt sich dieser Zusammenhang zwischen der sog. „strategischen" und der „operativen" Personalführungsaufgabe in Form von *„vermaschten" Führungseinheiten* darstellen. Abb. 44 verdeutlicht den sich dabei ergebenden Zusammenhang. Der Führungsprozeß in der „übergeordneten Führungseinheit Stufe 1" ist dabei Bestandteil der *strategischen* Personalführungsaufgabe, die Führungsprozesse in den „Führungseinheiten Stufe 2" sind Bestandteil der *operativen* Personalführungsaufgabe eines jeden einzelnen Vorgesetzten im Unternehmen.

3.3 Personalbezogene Funktionsbereiche im System Personalwesen

Nachdem Ziele, Inhalt und prozessualer Aspekt der Führungsaufgabe Personalwesen herausgearbeitet wurden, sollen nunmehr die einzelnen personalbezogenen Funktionsbereiche einer tiefergehenden Analyse unterzogen werden, da diese Funktionsbereiche selbst wiederum eine Vielzahl von Aktivitäten umfassen.

Um zu detaillierteren Aussagen zu gelangen, werden dazu in den folgenden Ausführungen diese personalbezogenen Funktionsbereiche *zunächst* als *Teilsysteme* des Systems Personalwesen betrachtet. Damit soll ein solcher Bezugsrahmen gewonnen werden, der eine integrierende Erfassung der Zusammenhänge in dem jeweiligen Funktionsbereich erlaubt, dabei aber genügend parktikabel bleibt, damit in ihm auch die konkreten Einzelprobleme angegangen werden können. Nach dieser Ziel- und Inhaltserfassung wird *anschließend* der Führungsprozeß in dem jeweiligen Teilsystem aufgezeigt, mit dem der definierte Inhalt dem definierten Ziel zugeführt werden kann. Unter Berücksichtigung des kybernetischen Aspektes war herausgearbeitet worden, daß dazu Führungs- und Ausführungsprozeß eines jeden Funktionsbereichs in einer Regelkreiseinheit zu einem geschlossenen Wirkungsablauf zu verbinden sind, wobei diese geschlossene Einheit als *Führungseinheit* bezeichnet wurde. Diese Vorstellung soll durch Erläuterung und Interpretation der einzelnen Phasen des Führungs- und Ausführungsprozesses in dem jeweiligen Teilsystem verdeutlicht werden.

3.3.1 Funktionsbereich Personalbedarfsermittlung

Um das *Sachziel* des Personalwesens, nämlich „Bereitstellen personeller Kapazität zur Erreichung der Unternehmensziele", erfüllen zu können, muß zunächst der Funktionsbereich Personalbedarfsermittlung darauf abzielen,

einmal den Bedarf an personeller Kapazität entsprechend den Erfordernissen des Unternehmens zu bestimmen, wobei dieser Bedarf als „Soll-Personalbestand" bezeichnet werden soll,

zum anderen durch Vergleich dieses „Soll-Personalbestandes" mit dem entsprechenden „Ist-Personalbestand" eine personelle Unter- oder Überdeckung bzw. Deckung auszuweisen,

und zwar jeweils in quantitativer, qualitativer, örtlicher und zeitlicher Hinsicht. Diese beiden Zielsetzungen charakterisieren den Kern dieses Funktionsbereichs, der im folgenden als ein Teilsystem des Systems Personalwesen betrachtet werden soll.

3.3.1.1 Personalbedarfsermittlung als Teilsystem

Elemente des Teilsystems Personalbedarfsermittlung sind einzelne Handlungen oder Teilfunktionen der Personalbedarfsermittlung, die als „kleinste Einheiten" zur Erfassung spezifischer Problemstellungen angesehen werden können oder sollen. Im Hinblick auf die in der Praxis relevanten Problemstellungen lassen sich aus dieser Sicht folgende vier Kriterien zur Elementabgrenzung heranziehen [70, S. 105]:

(1) *Arten* des Personalbedarfs,
(2) *Tätigkeitskategorien*, für die der Personalbedarf ermittelt werden soll,
(3) *Tätigkeitsbereiche*, für die der Personalbedarf ermittelt werden soll,
(4) *Zeitpunkte oder Wirkungszeiträume*, für die der Personalbedarf ermittelt werden soll.

zu (1): Arten des Personalbedarfs

Wie aus Abb. 45 hervorgeht, wird der Personalbedarf zunächst *ohne* und dann *mit* Berücksichtigung einer Deckung durch den Ist-Personalbestand ermittelt. Dabei lassen sich folgende Personalbedarfsarten unterscheiden:

- Einsatz- und Reservebedarf, die zusammen den *Soll-Personalbestand* bestimmen,
- Ersatz- und Neubedarf, die eine *personelle Unterdeckung* ausweisen,
- Freistellungsbedarf, der eine *personelle Überdeckung* ausweist.

Der *Einsatzbedarf* leitet sich ab aus dem Bedarf an menschlicher Arbeitsleistung, die zum Erreichen der Unternehmensziele oder zur Erfüllung der Unternehmensprozesse erforderlich ist. Im *Reservebedarf* werden die zu erwartenden Ausfälle des Personals aufgrund von Urlaub, Krankheit, Unfall und sonstigen in der

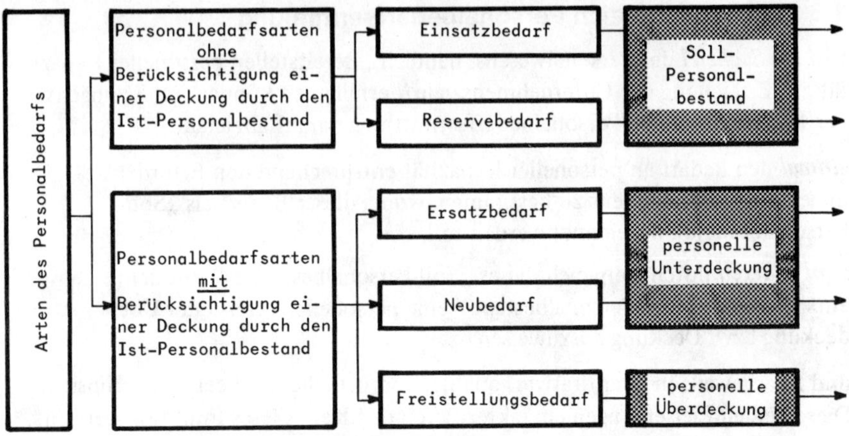

Abb. 45. Arten des Personalbedarfs als ein Kriterium zur Elementabgrenzung

Person liegenden Fehlzeiten berücksichtigt. Einsatz- und Reservebedarf bilden zusammen den Soll-Personalbestand zu einem bestimmten Zeitpunkt oder für einen bestimmten Zeitraum.

Der Vergleich des gegenwärtigen Soll-Personalbestandes mit dem gegenwärtigen Ist-Personalbestand führt zum Ausweis einer *vorliegenden* personellen Unter- oder Überdeckung bzw. Deckung – vgl. Abb. 46 (linke Hälfte). Eine personelle Unterdeckung zum gegenwärtigen Zeitpunkt kann beispielsweise dann auftreten, wenn einmal die Beschaffungsaktivitäten im vergangenen Zeitraum nicht zum gewünschten Erfolg führten oder wenn zum anderen die geschätzten Ist-Personalbestandsveränderungen nicht den tatsächlichen Ist-Personalbestandsveränderungen entsprachen.

Der Vergleich des für einen bestimmten Zeitpunkt in der Zukunft fixierten Soll-Personalbestandes mit dem zukünftig zu erwartenden Ist-Personalbestand, d.h. unter Berücksichtigung zu erwartender Ist-Personalbestandsveränderungen, führt zum Ausweis einer *zukünftig zu erwartenden* personellen Unter- oder Überdeckung – vgl. Abb. 46 (rechte Hälfte) – bzw. Deckung. Neubedarf bzw. Freistellungsbedarf beruhen dabei auf Änderungen der Bedarfsbedingungen. Wie aus Abb. 46 ersichtlich, tritt ein *Neubedarf* nur bei einer Vergrößerung des zukünftigen Soll-Personalbestandes auf. Die Gründe für einen Neubedarf können verschiedener Natur sein, z.B.: Erweiterungsinvestitionen, Änderung der Betriebsweise, Änderungen der Organisationsform oder sonstige organisatorische Veränderungen. Ein *Freistellungsbedarf* (bzw. eine personelle Überdeckung) tritt immer dann auf, wenn der Ist-Personalbestand größer ist als der entsprechende Soll-Personalbestand. Dieser Fall kann zu einem gegenwärtigen Zeitpunkt gegeben sein, oder er kann – wie in Abb. 46 (ganz rechts) skizziert – zu einem

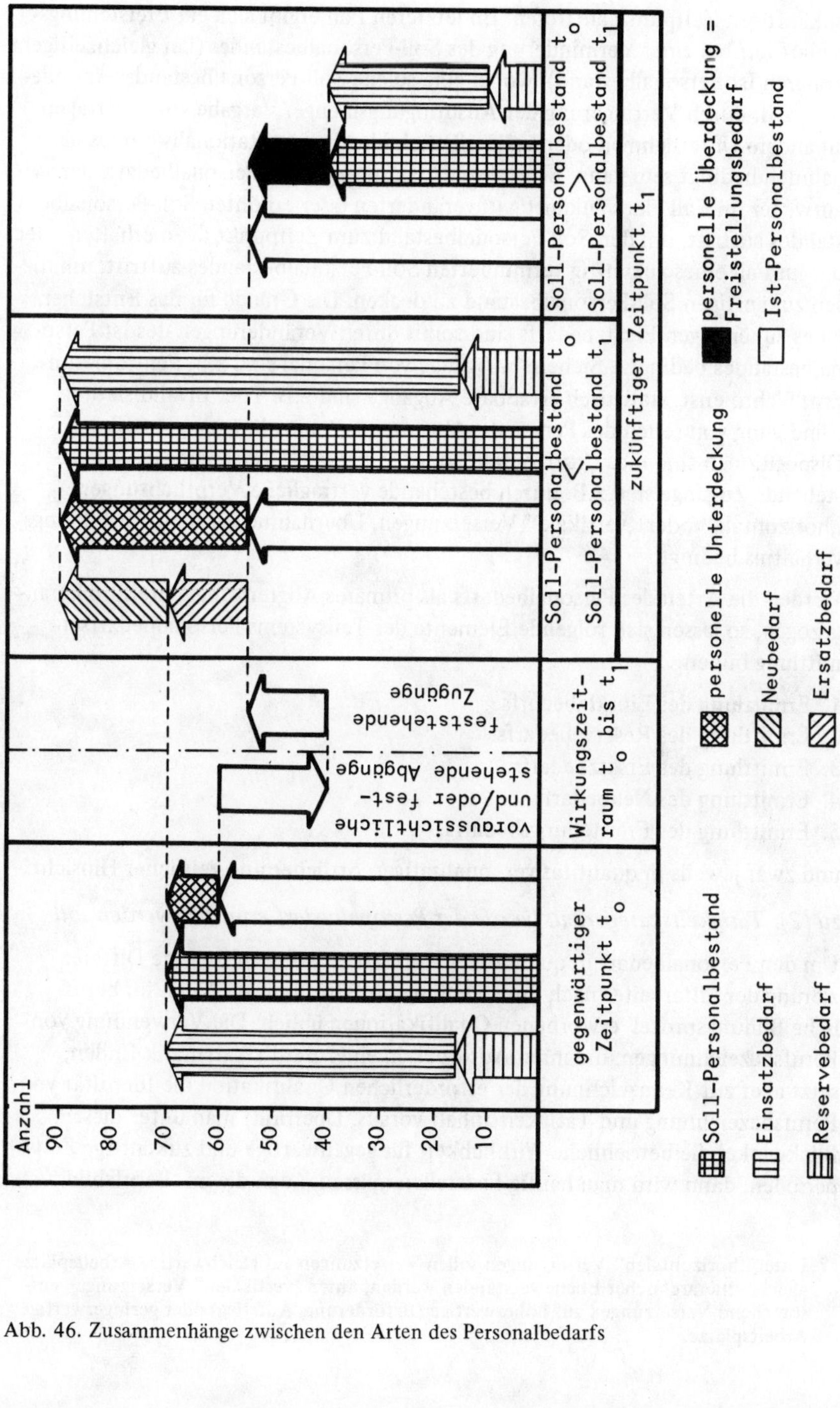

Abb. 46. Zusammenhänge zwischen den Arten des Personalbedarfs

zukünftigen Zeitpunkt auftreten. Im letzteren Fall ergibt sich ein Freistellungsbedarf nur bei einer Verminderung des Soll-Personalbestandes (bei gleichzeitigem höheren Ist-Personalbestand), wobei eine solche Soll-Personalbestandsverminderung z.B. durch Verringerung der Ausbringungsmenge, Vergabe von Aufträgen an andere Unternehmen oder bei der Durchführung von Rationalisierungsmaßnahmen bedingt sein kann. *Ersatzbedarf* ist hingegen ein Personalbedarf, der entweder im Fall eines zukünftig unveränderten oder erhöhten Soll-Personalbestandes auftritt, um den Soll-Personalbestand zum Zeitpunkt t_0 zu erhalten oder der im Fall eines zukünftig verminderten Soll-Personalbestandes auftritt, um diesen zukünftigen Soll-Personalbestand zu decken. Die Gründe für das Entstehen eines zukünftigen Ersatzbedarfs sind somit durch Veränderungen des Ist-Personalbestandes bedingt. „Sichere" Abgänge von Personal sind z.B. Pensionierungen, Wehrdienst; statistisch erfaßbare Abgänge sind z.B. Tod, Invalidisierung, Kündigung von seiten des Personals; Abgänge als Auswirkungen getroffener Dispositionen sind u.a. „horizontale" oder „vertikale" Versetzungen[16]. Feststehende Zugänge sind z.B. durch bestehende vertragliche Verpflichtungen, „horizontale" oder „vertikale" Versetzungen, Übernahme aus dem Ausbildungsverhältnis bedingt.

Werden die Arten des Personalbedarfs als primäres Abgrenzungskriterium herangezogen, so lassen sich folgende Elemente des Teilsystems Personalbedarfsermittlung bilden:

1. Ermittlung des Einsatzbedarfs,
2. Ermittlung des Reservebedarfs,
3. Ermittlung des Ersatzbedarfs,
4. Ermittlung des Neubedarfs,
5. Ermittlung des Freistellungsbedarfs,

und zwar jeweils in quantitativer, qualitativer, örtlicher und zeitlicher Hinsicht.

zu (2): Tätigkeitskategorien, für die der Personalbedarf ermittelt werden soll

Um den Personalbedarf in qualitativer Hinsicht zu erfassen, ist eine Differenzierung der Mitarbeiter nach ihrer Stellung im Beruf und nach den im berufliche Bildungsprozeß erworbenen Qualifikationen üblich. Die Verwendung von Berufsbezeichnungen, die ihren Ausdruck in einer Berufssystematik finden, setzt aber zur Kennzeichnung der erforderlichen Qualifikation die Identität von Berufsbezeichnung und Tätigkeitsinhalt voraus. Überprüft man unter diesem Blickwinkel die betriebliche Wirklichkeit für gegenwärtige und zukünftige Zeitperioden, dann wird man häufig feststellen müssen, „daß die im ‚Berufsbild'

[16] Unter „horizontalen" Versetzungen sollen Versetzungen auf gleichwertige Arbeitsplätze gleicher hierarchischer Ebene verstanden werden, unter „vertikalen" Versetzungen entsprechend Versetzungen auf höherwertige (Beförderung, Aufstieg) oder geringerwertige Arbeitsplätze.

gekennzeichnete Tätigkeit durch Funktionsverlagerungen auf andere Personen oder auf maschinelle Einrichtungen so stark verändert worden ist, daß von einer Identität von Berufsbezeichnung, dem jeweiligen Berufsbild und dem tatsächlichen Tätigkeitsinhalt nicht mehr gesprochen werden kann" [116, S. 227]. Da also vielfach die Begriffsinhalte heutiger Berufsbezeichnungen als Ausdruck von „Qualifikationen", die durch Ausbildung und praktische Erfahrung erworben sind, und von „Tätigkeiten" oder Funktionen, die im betrieblichen Leistungsprozeß auszuführen sind, nicht mehr als gleich oder entsprechend anzusehen sind, erscheint es unter anderem auch für die Personalbedarfsermittlung zweckmäßig, von *Tätigkeiten* und/oder *Tätigkeitskategorien* auszugehen. Der Bildung von Tätigkeitskategorien sind dabei Merkmale zugrunde zu legen, die dem *tatsächlichen* Inhalt einer Tätigkeit entsprechen. Insbesondere sollte eine solche Systematik von Tätigkeiten die Möglichkeit bieten, die Konsequenzen z.B. der technisch-organisatorischen Entwicklung auf Arbeitsplatzstrukturen nicht nur für die Vergangenheit und Gegenwart, sondern auch für die Zukunft abzubilden. Ein mehr prinzipielles Beispiel für Tätigkeitsveränderungen durch Funktionsverlagerungen zeigt Abb. 47. Im oberen Teil der Abbildung sind beispielhaft komplexe Produktionstätigkeiten mit ihren einzelnen Funktionen dargestellt, die den Zustand in der Gegenwart charakterisieren sollen. Aufgrund von technisch-organisatorischen Umstellungen in der Zukunft können sich nun folgende Veränderungen ergeben – wie sie in der unteren Hälfte der Abbildung skizziert sind [9, S. 212]:

a) Einige, bisher dem Personal im „direkten" Produktionsbereich zugeordnete Funktionen werden maschinellen Anlagen übertragen – in der Abbildung nicht eingezeichnet.
b) Andere bisher dem Personal im „direkten" Produktionsbereich zugeordnete Funktionen werden auf das Personal im „indirekten" Produktionsbereich (z.B. Arbeitsvorbereitung, Instandhaltung) verlagert.
c) Die verbleibenden Funktionen werden zu neuen Tätigkeiten im „direkten" Produktionsbereich zusammengefaßt, die dabei z.T. einfacher, d.h. weniger heterogen, werden.

Durch eine solche Artteilung der ursprünglich komplexeren Tätigkeiten in Zusammenhang z.B. mit einer Vermehrung und/oder Komplizierung der technischen Einrichtungen ergeben sich neue unterschiedliche Anforderungen an die Qualifikation des Personals. Damit wird u.a. deutlich, daß Rationalisierungseffekte erst dann voll zum Tragen kommen, wenn neben den anlagenspezifischen Auswirkungen auch die personenspezifischen Auswirkungen erkannt und entsprechend berücksichtigt werden.

Tätigkeitskategorien bilden somit einen Ansatzpunkt, um die qualitativen Anforderungen an das Personal anhand von relevanteren Informationen zu bestimmen, als dies durch die Angabe herkömmlicher Berufsbezeichnungen möglich

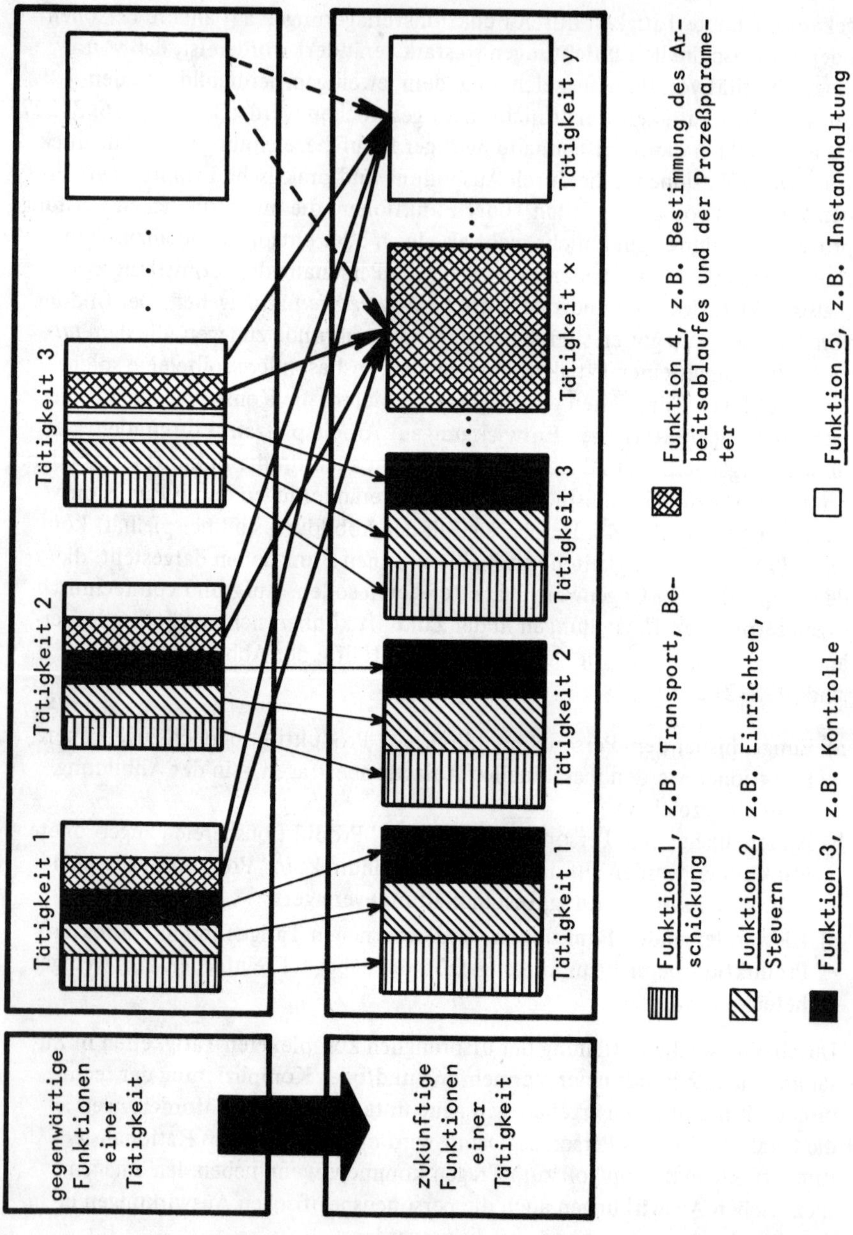

Abb. 47. Prinzipielle Tätigkeitsveränderungen durch Funktionsverlagerung infolge technisch-organisatorischer Umstellungen

ist. Sie sollten die jeweils auszuübenden Funktionen beinhalten und damit den Inhalt der Tätigkeit hinsichtlich der qualitativen Anforderungen an das Personal fixieren. Beispielsweise könnten für ein Unternehmen in zunächst grober Klassifizierung folgende Tätigkeitskategorien gebildet werden – vgl. Abb. 48:

– Führungstätigkeiten der obersten und oberen Führungsebene,
– Führungstätigkeiten der mittleren Führungsebene,
– Führungstätigkeiten der unteren Führungsebene,
– Tätigkeiten der operativen Ebene.

In feinerer Differenzierung können z.B. die Tätigkeiten der operativen Ebene in produktionsvorbereitende Tätigkeiten, in indirekte und in direkte Produktionstätigkeiten untergliedert werden, wobei zur Veranschaulichung in Abb. 48 weiterhin für die direkten Produktionstätigkeiten ein Tätigkeitskategorien-Schema wiedergegeben wird, welches am Forschungsinstitut für Rationalisierung aufgestellt wurde [9, S. 209]. Mit Hilfe eines solchen Tätigkeitskategorien-Schemas[17] lassen sich entsprechende Elemente des Teilsystems Personalbedarfsermittlung voneinander abgrenzen.

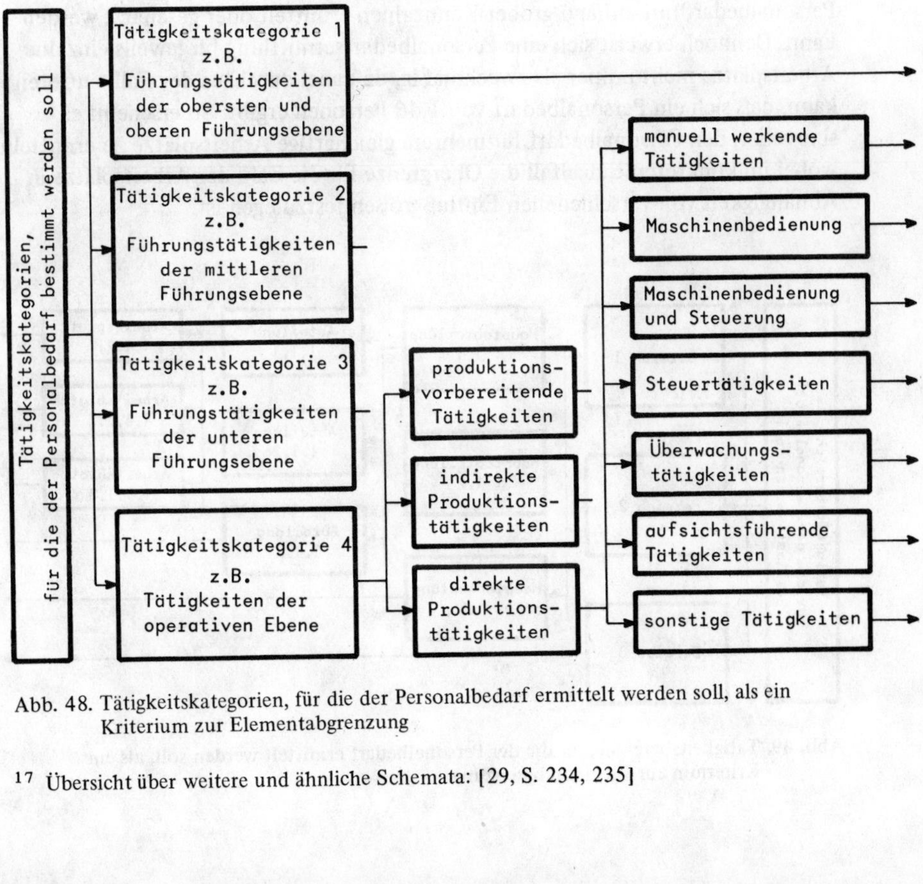

Abb. 48. Tätigkeitskategorien, für die der Personalbedarf ermittelt werden soll, als ein Kriterium zur Elementabgrenzung

17 Übersicht über weitere und ähnliche Schemata: [29, S. 234, 235]

zu (3): Tätigkeitsbereiche, für die der Personalbedarf ermittelt werden soll

Wird der Personalbedarf für einzelne Tätigkeitsbereiche ermittelt, so geht man primär vom *Ort des Arbeitsanfalls* aus und beschreibt damit den Personalbedarf in örtlicher Hinsicht. In Abb. 49 ist beispielhaft eine hierarchische Gliederung der Tätigkeitsbereiche wiedergegeben, wobei zwischen Bereichen, Hauptabteilungen, Abteilungen und Arbeitsplätzen – als den kleinsten Organisationseinheiten – unterschieden wird. Aus dieser Sicht kann die Personalbedarfsermittlung für einen einzelnen Arbeitsplatz, für eine Abteilung oder z.B. für eine Hauptabteilung in quantitativer, qualitativer und zeitlicher Hinsicht durchgeführt werden.

Welcher Detaillierungsgrad im Einzelfall heranzuziehen ist, hängt jeweils von der speziellen Problemstellung und von dem geforderten Detaillierungsgrad der Bedarfszahlen ab. So wird beispielsweise die Ermittlung des zukünftigen Soll-Personalbestandes für den Bereich 3 (vgl. Abb. 49) naturgemäß globaler sein, als wenn beispielsweise der Soll-Personalbestand jeweils einzeln für die kleinsten Organisationseinheiten (Arbeitsplätze) in diesem Bereich ermittelt wird, da anhand einer bestimmten Aufgabenplanung für einen solchen Bereich der Personalbedarf nur anhand grober Kennzahlen ermittelt oder geschätzt werden kann. Dennoch erweist sich eine Personalbedarfsermittlung für jeweils einzelne Arbeitsplätze nicht immer als zweckmäßig, da dabei durchaus der Fall eintreten kann, daß sich ein Personalbedarf von 1,46 Personen ergibt. So erscheint es sinnvoller, den Personalbedarf für mehrere gleichartige Arbeitsplätze zu ermitteln, wobei im konkreten Einzelfall die Obergrenze für die Zahl der Arbeitsplätze in Abhängigkeit von verschiedenen Einflußgrößen festzulegen ist.

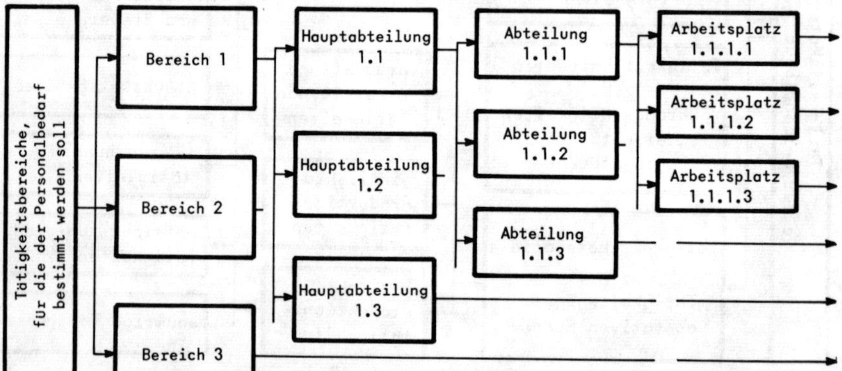

Abb. 49. Tätigkeitsbereiche, für die der Personalbedarf ermittelt werden soll, als ein Kriterium zur Elementabgrenzung

Weiterhin ist zu berücksichtigen, daß die Tätigkeitsbereiche im Regelfall nicht isoliert gesehen werden können, da sie durch eine Leistungsverflechtung miteinander verbunden sind. Ein Beispiel liefert die Mechanisierung und Automatisierung der Arbeitsplätze im Produktionsbereich. Hierbei bleiben Vergleiche zwischen „alten" und „neuen" Arbeitsplätzen zur Erfassung des veränderten Personalbedarfs in ihrer Aussage begrenzt, soweit sie sich auf einen einzelnen Arbeitsplatz beschränken, d.h. Auswirkungen auf andere Arbeitsplätze vernachlässigen. Der technische Fortschritt im „unmittelbaren" Produktionsbereich (direkte Produktionstätigkeiten) führt nämlich nicht nur zu neuen Personalstrukturen an den direkt betroffenen Arbeitsplätzen, sondern strahlt über auf den sog. „mittelbaren" Produktionsbereich (indirekte Produktionstätigkeiten), wie z.B. Arbeitsvorbereitung und Instandhaltung.

zu (4): Zeitpunkte oder Wirkungszeiträume, für die der Personalbedarf bestimmt werden soll

Die Personalbedarfsermittlung kann sich weiterhin sowohl auf den gegenwärtigen Zeitpunkt (Zeitpunkt t_0) beziehen, indem der gegenwärtige Soll-Personalbestand und eine eventuell vorhandene Unter- oder Überdeckung bzw. Deckung aufgezeigt wird, als auch auf zukünftige Zeitpunkte oder Zeiträume, wobei sich nach der Länge der Planungszeiträume kurzfristige, mittelfristige und langfristige Planungsrechnungen unterscheiden lassen – vgl. Abb. 50.

Auch eine solche Abgrenzung impliziert jeweils spezifische Problemstellungen. So können einerseits die so abgegrenzten Personalbedarfsermittlungen andere oder modifizierte Methoden und Verfahren erfordern, andererseits unterscheiden sie sich durch die Zuverlässigkeit und Genauigkeit der der Berechnung zugrundegelegten Informationen und der dadurch bedingten Genauigkeit der ermittelten Bedarfszahlen. So stützt sich die Personalbedarfsermittlung zum gegenwärtigen Zeitpunkt auf *gegebene* Verhältnisse. Die Personalbedarfsermittlung als Planungsrechnung erfolgt hingegen auf der Grundlage *prognostizierter* Verhältnisse. Ihre Genauigkeit hängt nicht nur u.a. von der Genauigkeit und dem Detaillierungsgrad der ihr vorangegangenen Teilplanungen wie z.B. Absatz-, Produktions-, und Investitionsplanungen sowie dem daraus abgeleiteten Bedarf an menschlicher Arbeitsleistung ab, sondern auch von der Genauigkeit der prognostizierten Ist-Personalbestandsveränderungen.

Unterschiede zwischen den verschieden langen Planungszeiträumen, für die der Personalbedarf ermittelt werden soll, ergeben sich, wenn man sich die jeweiligen Besonderheiten klar macht. Bei einer *kurzfristigen* Betrachtung wird nämlich ein Teil der Eingänge in das Teilsystem als „gegeben" und nicht beeinflußbar unterstellt. Solche Randbedingungen oder Umgebungsbeschränkungen sind z.B. Arbeitsproduktivität in einem Tätigkeitsbereich, Arbeitsablauf, tariflich vereinbarte Arbeitszeit, der zu erwartende Ist-Personalbestand. Das Ergebnis einer solchen Personalbedarfsplanung wird hauptsächlich nur von dem geplanten

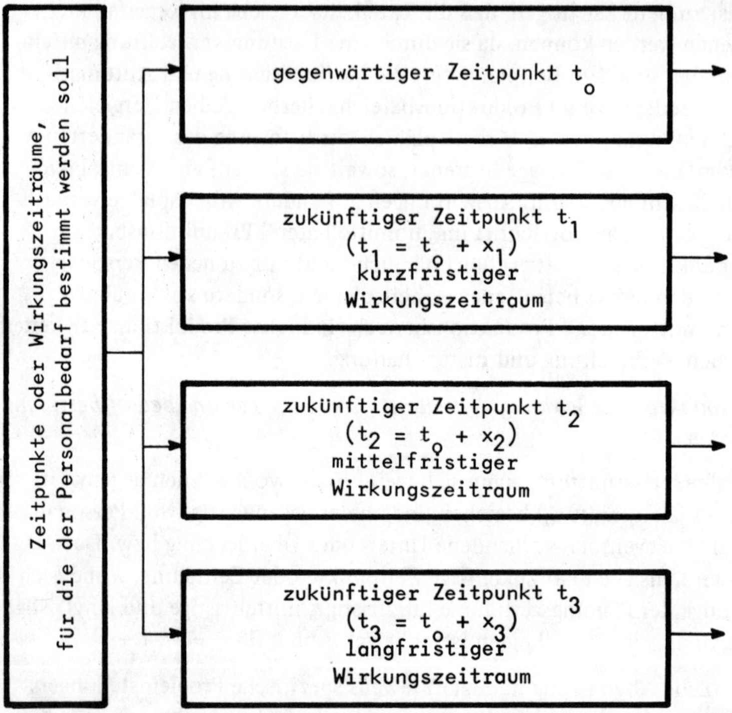

Abb. 50. Zeitpunkte oder Wirkungszeiträume, für die der Personalbedarf ermittelt werden soll, als ein Kriterium zur Elementabgrenzung

Arbeitsanfall abhängen, d.h. nur von wenigen variierenden Eingangsgrößen. Bei einer *mittel-* oder *langfristigen* Betrachtung hingegen wird die Mehrzahl der Eingänge in das Teilsystem als beeinflußbar oder als sich verändernd unterstellt. Langfristig betrachtet sind z.B. Arbeitsproduktivität, Arbeitsablauf und Leistungsgrad als beeinflußbare Größen, sind tarifliche Arbeitszeit und Urlaub als sich verändernde Größen anzusehen. Damit kommt zum Ausdruck, daß eine langfristige Personalbedarfsplanung nicht als eine bloße „Verlängerung" einer kurzfristigen Personalbedarfsplanung zu interpretieren ist, sondern daß sie sowohl als ein wichtiger integrierter Bestandteil der gesamten langfristigen Unternehmensplanung zu sehen ist als auch eine wertvolle Orientierungshilfe für die kurzfristige Personalbedarfsplanung darstellt.

Diese Beschreibung der *vier Kriterien*, die einzeln zur Elementabgrenzung im Teilsystem Personalbedarfsermittlung herangezogen werden können, verdeutlicht, daß damit jeweils ein spezieller Gesichtspunkt im Rahmen der Personalbedarfsermittlung besonders hervorgehoben wird. Zur umfassenden Ermittlung des Personalbedarfs in quantitativer, qualitativer, örtlicher und zeitlicher Hinsicht erscheint es jedoch notwendig, diese vier Abgrenzungskriterien *kombiniert* anzuwenden, um sämtliche aufgezeigten Problemstellungen erfassen zu können. Die so gebildeten Elemente beziehen sich dann auf

- eine bestimmte Personalbedarfsart,
- eine bestimmte Tätigkeitskategorie,
- einen bestimmten Tätigkeitsbereich,
- einen bestimmten Zeitpunkt oder Wirkungszeitraum,

wie dies die in Abb. 51 gestrichelten Linien verdeutlichen.

Unter Berücksichtigung obiger Kriterien können beispielsweise folgende *Elemente* gebildet werden:

Element 1: Ermittlung des Einsatzbedarfs für Einleger am Montageband (manuell werkende Tätigkeiten) in der Montageabteilung X für das kommende Jahr (kurzfristiger Wirkungszeitraum),

Element 2: Ermittlung des Neubedarfs für Programmierer in der EDV-Abteilung für die kommenden 5 Jahre (langfristiger Wirkungszeitraum),

Element 3: Ermittlung des Soll-Personalbestandes für Wartungstätigkeiten im Instandhaltungsbereich für die kommenden 3 Jahre (mittelfristiger Wirkungszeitraum) usw.

Damit ist es möglich, im Rahmen der Personalbedarfsermittlung jede interessierende Problemstellung unterschiedlichen Detaillierungsgrades zu erfassen und einer Lösung zuzuführen.

Die *Eigenschaften* der Elemente dieses Teilsystems Personalbedarfsermittlung – vgl. Abb. 51 – finden eine Konkretisierung in der Art und Weise, *wie* die Personalbedarfsermittlung den für die Ermittlung relevanten Erfordernissen der materiellen, sozialen, informationellen und wertmäßigen Dimensionen[18] des Unternehmensgeschehens Rechnung trägt.

Aus dieser Sicht berücksichtigen die *materiellen Eigenschaften* des Funktionsbereichs Personalbedarfsermittlung solche Eigenschaften oder Eigenschaftsgruppen, die sich primär aus den im Unternehmen sich abspielenden Leistungsprozessen ergeben. Unter diesem Aspekt werden durch die Personalbedarfsermittlung primär die Leistungsprozesse in quantitativer, qualitativer und zeitlicher Hinsicht im Gesamtunternehmen und/oder in seinen Teilbereichen berücksichtigt, für die die Personalbedarfsermittlung den erforderlichen Personalbedarf mit seinen spezifischen Ausprägungen ermittelt. Im einzelnen sind z.B. folgende Größen zu erfassen und zu berücksichtigen: zeitlicher Aufgabenanfall (wann fällt der Arbeitsanfall an, wann muß er erledigt werden?), örtlicher Aufgabenanfall

[18] Vgl. Seite 72ff.

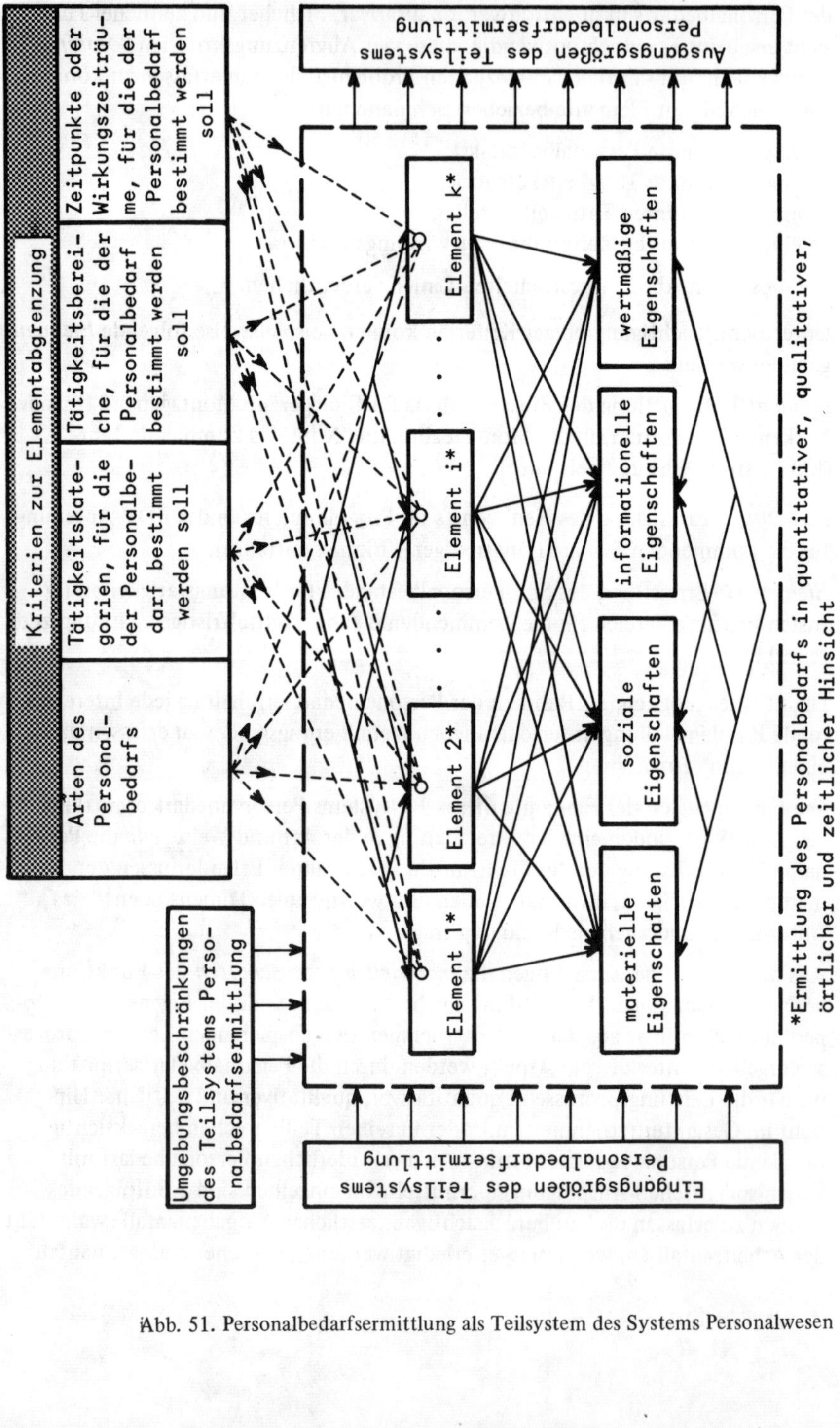

Abb. 51. Personalbedarfsermittlung als Teilsystem des Systems Personalwesen

(wo fällt der Arbeitsanfall an?), qualitativer Arbeitsanfall (von welcher Art ist der Arbeitsanfall?), quantitativer Arbeitsanfall (in welcher Menge fällt der Arbeitsanfall an?). Die *sozialen Eigenschaften* des Funktionsbereichs Personalbedarfsermittlung berücksichtigen die Belange und die Besonderheiten des Menschen als Träger menschlicher Arbeitsleistung. Hierbei sind alle Größen und Restriktionen zu erfassen und zu berücksichtigen, die in der Natur des Menschen liegen und einen Einfluß auf den Personalbedarf ausüben. Solche Größen sind beispielsweise: Kündigung, Krankheit, Unfall, Pensionierung, tariflich festgesetzter Urlaub, kalendermäßige Urlaubsinanspruchnahme, Einberufung zum Wehrdienst, tariflich festgesetzte Arbeitszeit, Motivationsstruktur des Menschen, menschliche Tagesrhythmik und Ermüdung, physische und psychische Leistungsfähigkeit des Menschen, Probleme besonderer Personengruppen (Personengruppen der jugendlichen, älteren, weiblichen, ausländischen und leistungsgeminderten Mitarbeiter). Die *informationellen Eigenschaften* des Funktionsbereichs Personalbedarfsermittlung berücksichtigen solche Eigenschaften, die sich aus dem Prozeß der Informationsgewinnung, -bearbeitung, -speicherung, -verwertung und -abgabe bei der Ermittlung des Personalbedarfs ergeben. So müssen beispielsweise bei der Informationsgewinnung sämtliche für den Personalbedarf relevanten Informationen rechtzeitig beschafft werden, wobei die Genauigkeit der Informationen von dem geforderten Genauigkeitsgrad der Personalbedarfsangaben abhängt. Die Gestaltung der Informationsabgabe, d.h. unter anderem die Darstellung, der Detaillierungsgrad, der Genauigkeitsgrad der Personalbedarfszahlen, ist von den Stellen im Unternehmen abhängig, die diese Informationen zur Ausübung ihrer eigenen Tätigkeiten benötigen. Hinzuweisen ist in diesem Zusammenhang auch auf die Informationspflicht gegenüber dem Betriebsrat, da dieser rechtzeitig und umfassend über den gegenwärtigen und künftigen Personalbedarf zu unterrichten ist[19]. Die *wertmäßigen Eigenschaften* des Funktionsbereichs Personalbedarfsermittlung berücksichtigen schließlich die ökonomischen Aspekte. Unter diesen Aspekten sind nicht nur die verschiedenen Methoden und Verfahren zur Personalbedarfsermittlung und die dabei erzielten Ergebnisse (z.B. hinsichtlich Detailliertheit und Genauigkeitsgrad der Personalbedarfszahlen) einander gegenüber zu stellen und kritisch zu überprüfen, sondern auch z.B. alle Möglichkeiten zu einer Verminderung der Personalstärke zu erkennen und zu nutzen. Dies kann einerseits durch die Beseitigung von Personalreserven, die über den echten Bedarf hinausgehen (Verminderung des Reservebedarfs), andererseits durch die Verminderung des Einsatzbedarfs selbst erfolgen, um dadurch den Personalaufwand zu senken. Allerdings ist bei derartigen Maßnahmen zur Personalkostensenkung stets die Entwicklung der Gesamtkosten sorg-

[19] [15, § 92 Personalplanung, Absatz (1)]:
Der Arbeitgeber hat den Betriebsrat über die Personalplanung, insbesondere über den gegenwärtigen und künftigen Personalbedarf . . . anhand von Unterlagen rechtzeitig und umfassend zu unterrichten.

fältig zu berücksichtigen, damit den verminderten Personalkosten nicht eine Erhöhung der übrigen Kosten gegenübersteht, die nicht mehr vertretbar ist.

Mit dieser Darstellung der Personalbedarfsermittlung als Teilsystem sind *Ziele* und *Inhalt* dieses Funktionsbereichs umschrieben.

3.3.1.2 Personalbedarfsermittlung als Führungseinheit

Unter *prozessualem Aspekt* soll der Funktionsbereich Personalbedarfsermittlung als Führungseinheit betrachtet werden, wobei der jeweilige Inhalt der einzelnen Phasen des Führungs- und Ausführungsprozesses dieses Funktionsbereichs kurz erläutert und interpretiert werden soll.

Zielt der Führungsprozeß der Personalbedarfsermittlung darauf ab, Ziele und/oder Grundsätze für diesen Funktionsbereich festzulegen, so ist dieser Prozeß Bestandteil der *„strategischen"* Führungsaufgabe Personalbedarfsermittlung. Hierbei sind zunächst Festlegungen darüber zu treffen, *was* im einzelnen durch die Personalbedarfsermittlung konkret erreicht werden soll – vgl. Abb. 52. Ein solches Ziel könnte beispielsweise wie folgt umschrieben werden: Der Personalbedarf ist auf der Grundlage einer Aufgabenplanung für die jeweiligen Unternehmensbereiche so zu ermitteln, daß weder eine Störung des Arbeitsablaufes durch eine personelle Unterbesetzung noch vermeidbare Personalkosten durch

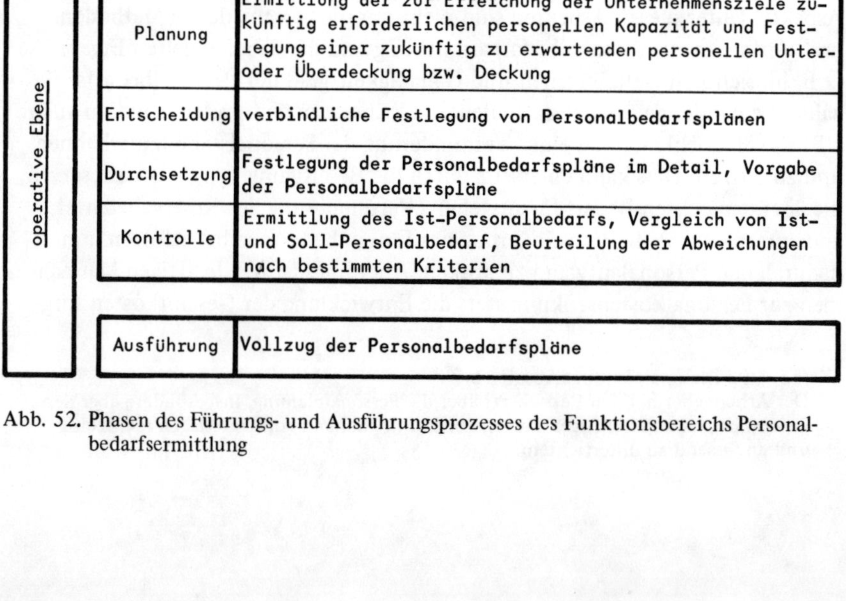

Abb. 52. Phasen des Führungs- und Ausführungsprozesses des Funktionsbereichs Personalbedarfsermittlung

eine über dieses Ziel hinausgehende höhere personelle Besetzung der Arbeitsplätze eintreten. Weiterhin sind Festlegungen darüber zu treffen, *wie*, d.h. auf welche Art und Weise, die Personalbedarfsermittlung auszuüben ist. Folgender Grundsatz könnte beispielsweise für die Personalbedarfsermittlung gelten: Die Personalbedarfsermittlung hat den Personalbedarf in möglichst strenger Abhängigkeit von den jeweiligen Bedarfsbedingungen zu ermitteln, wobei diese Ermittlung immer dann neu durchzuführen ist, wenn sich die Bedarfsbedingungen in irgendeiner Form verändern. Anhand dieses Grundsatzes ist damit u.a. die Forderung aufgestellt, daß die Abhängigkeit des Personalbedarfs von irgendeiner Bedarfsgrundlage deutlich werden muß; die Angabe einer einzigen oder nur einiger umfassender Personalbedarfszahlen genügt diesen Anforderungen nicht. Angaben über die dabei anzuwendenden Methoden, Verfahren und Instrumente können zusätzlich vorgegeben werden.

Mit solchen Zielen und/oder Grundsätzen wird somit der Rahmen für die eigentliche Personalbedarfsermittlung – „*operative*" Ebene (vgl. Abb. 51) – abgesteckt.

Inhalt der *Planungsphase* ist die Ermittlung der zur Erreichung der Unternehmensziele zukünftig erforderlichen personellen Kapazität (Soll-Personalbestand) und die Feststellung einer zukünftig zu erwartenden personellen Unter- oder Überdeckung bzw. Deckung. Da Planung mehr bedeutet als bloße passive Anpassung an zukünftige Gegebenheiten, kommt es wesentlich darauf an, die Ermittlung des zukünftigen Personalbedarfs nicht isoliert und passiv registrierend vorzunehmen, sondern sie im Zusammenhang mit anderen Planungsaktivitäten zu sehen. So ist die Personalbedarfsplanung als Bestandteil der Personalplanung eng mit der Personalbeschaffungs-, Personalentwicklungs-, Personaleinsatz-, Personalerhaltungs- und Personalfreistellungsplanung und als Bestandteil der Unternehmensplanung eng mit anderen Planungsbereichen im Unternehmen, wie z.B. mit der Absatz-, Fertigungs-, Investitions- und Finanzplanung, verbunden. Unter Beachtung dieser systembedingten Beziehungen ist eine enge Zusammenarbeit der Personalbedarfsplanung mit den vor- und nachgelagerten Planungsbereichen im Unternehmen unumgänglich.

Die besondere Problematik der *Entscheidungsphase* besteht darin, die bei der Personalbedarfsplanung noch verbleibenden rational nicht auflösbaren Unsicherheitsfaktoren abzuwägen und eventuell bisher nicht berücksichtigte oder nicht quantifizierbare Einflußgrößen heranzuziehen. Analog zur Personalbedarfsplanung steht auch die Personalbedarfsentscheidung in einem interdependenten Zusammenhang mit anderen unternehmerischen Entscheidungen. Unterliegt beispielsweise der Absatz eines Unternehmens starken Schwankungen aufgrund saisonaler Einflüsse, so ist die Frage zu entscheiden, ob sich das Unternehmen dem schwankenden Absatz durch eine variable Fertigung mit entsprechenden Konsequenzen für den Personalbereich (z.B. Einstellungen, Entlassungen, Überstunden, Kurzarbeit) oder durch variable Lagerbestände anpassen soll. Wesentlich für die Entscheidungsgüte ist somit die Fähigkeit, den Personalbedarf aus der Gesamtsituation des Unternehmens heraus zu beurteilen und festzulegen. Die Personalbedarfsentscheidung als verbindliche Festlegung von Personalbedarfsplänen kann in diesem Sinne nicht unabhängig von der Verabschiedung anderer zur Realisierung vorgesehener Teilpläne erfolgen.

In der *Durchsetzungsphase* müssen die ermittelten Personalbedarfszahlen einmal in eine realisierbare, vorgabereife Form gebracht werden, zum anderen sind diese Angaben den entsprechenden Stellen als Richtgrößen vorzugeben, anhand derer das geplante Arbeitsergebnis bei normalem Betriebsablauf erreicht werden soll. Die Durchsetzung von Personalbedarfsentscheidungen wird dabei wesentlich erleichtert, wenn die betroffenen Stellen und Personen bereits mit in die Planungs- und Entscheidungsphase einbezogen werden, indem man ein Mitwirkungs- oder ein Mitentscheidungsrecht vorsieht[20].

In der *Ausführungsphase* wird durch das Unternehmensgeschehen, soweit Personal an diesem Geschehen beteiligt ist, ein *effektiver* Personalbedarf verursacht, d.h. die Personalbedarfspläne werden realisiert. Dieser effektive Personalbedarf, d.h. sowohl der gegenwärtige Soll-Personalbestand als auch eine gegenwärtige Unter- oder Überdeckung bzw. Deckung (vgl. Abb. 46), stimmt nun nicht zwangsläufig mit den für diesen gegenwärtigen Zeitpunkt prognostizierten „Soll-Werten" überein. So können beispielsweise die Bedarfsbedingungen langfristig und in wesentlichem Umfang von den ursprünglichen Planerwartungen abweichen (z.B. bedingt durch unvorhergesehene Unternehmensaktivitäten, durch unerwartete Personalbestandsveränderungen) oder es können kurzfristig und in begrenztem Umfang auftretende Änderungen der Bedarfsbedingungen solche Abweichungen hervorrufen (wie z.B. unvermeidbare Terminverschiebungen in der Produktion, unerwartet hohe Personalausfälle).

Aus diesen Gründen ergibt sich die Notwendigkeit einer *Kontrollphase*, die, wie Abb. 52 zeigt, folgende Schritte umfaßt:

1. Ermittlung des Ist-Personalbedarfs[21],
2. Vergleich von Ist- und Soll-Personalbedarf[21],
3. Beurteilung der Abweichungen nach bestimmten Kriterien.

Je nachdem, ob aufgetretene Abweichungen tolerierbar sind oder nicht, ergibt sich im Einzelfall die Notwendigkeit, einen weiteren Zyklus des Führungsprozesses zu durchlaufen, um beispielsweise offensichtlich überhöht ermittelte Personal-Planzahlen entsprechend zu reduzieren.

20 Vgl. auch: [15, § 92 Personalplanung, Absatz (1)]

21 Jeweils differenziert nach Personalbedarfsarten, Tätigkeitskategorien, Tätigkeitsbereichen sowie Zeitpunkten oder Wirkungszeiträumen.

3.3.2 Funktionsbereich Personalbeschaffung

Der Funktionsbereich Personalbeschaffung zielt darauf ab, personelle Kapazität zu gewinnen. Er dient damit der Beseitigung einer durch die Personalbedarfsermittlung aufgezeigten personellen Unterdeckung in quantitativer, qualitativer, örtlicher und zeitlicher Hinsicht. Um den Inhalt dieses Funktionsbereichs einer detaillierten Analyse zugänglich zu machen, soll er im folgenden als ein Teilsystem des Systems Personalwesen betrachtet werden.

3.3.2.1 Personalbeschaffung als Teilsystem

Die Personalbeschaffung umfaßt eine Vielzahl von Teilproblemen, deren systematische integrierte Behandlung noch weitgehend offen ist. Zur Auffächerung in einzelne Aufgabenstellungen, die als Elemente des Teilsystems Personalbeschaffung aufgefaßt werden können, lassen sich folgende vier Kriterien heranziehen [72, S. 23]:

(1) *Arten* der Personalbeschaffung,
(2) *Aktivitäten* der Personalbeschaffung,
(3) *Märkte* der Personalbeschaffung,
(4) *Zeitpunkte oder Wirkungszeiträume* für die Personalbeschaffung.

zu (1): Arten der Personalbeschaffung

Prinzipiell kann personelle Kapazität auf dreierlei Art gewonnen werden, nämlich einmal durch Abschluß neuer Arbeitsverhältnisse, zum anderen durch Abschluß von Arbeitnehmerüberlassungsverträgen oder durch Änderung bereits bestehender Arbeitsverhältnisse – vgl. Abb. 53.

Richtet sich die Personalbeschaffung auf bisher noch nicht in dem Unternehmen tätige Personen, so ist als eine Beschaffungsart die Beschaffung personeller Kapazität durch *Abschluß neuer Arbeitsverhältnisse* zu nennen. Hierbei ist zwischen der Einstellung *mit* tariflicher Arbeitszeitregelung und zwischen der Einstellung *mit nicht* tariflicher Arbeitszeitregelung zu unterscheiden.
Da eine Entspannung der Arbeitsmarktsituation – von temporären Gegenerscheinungen abgesehen – in der nahen Zukunft nicht zu erwarten ist, weil auf mittlere Sicht die Zahl der einheimischen Erwerbspersonen abnehmen wird (bedingt durch den nur mäßigen Anstieg der Bevölkerung im erwerbsfähigen Alter bei spürbar geringer werdender Erwerbsbeteiligung dieser Bevölkerungsgruppe), wird die Möglichkeit, sogenanntes Teilzeit-Personal [137, S. 26ff.] einzustellen, zunehmend an Bedeutung gewinnen. Insbesondere ist dabei an jene Personen zu denken, „welche nicht bereit oder in der Lage sind, einen Vollzeitarbeitsplatz anzunehmen, jedoch eine regelmäßige Arbeit mit einer kürzeren als der betriebsüblichen Arbeitszeit (Teilarbeitszeit) akzeptieren würden, wenn ein hinreichendes Angebot an geeigneten Arbeitsstellen dieser Art zur Verfügung stünde“ [110, S. 669].

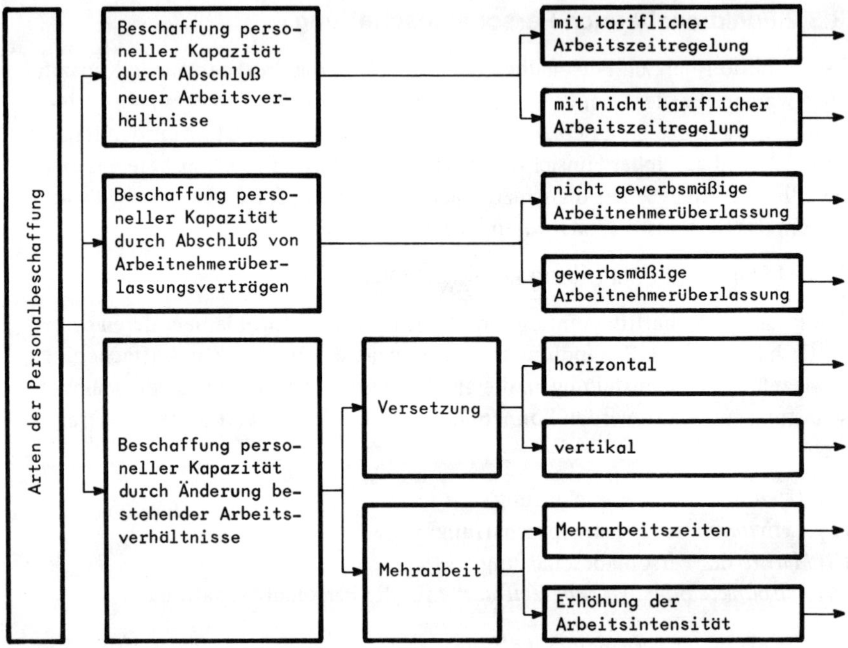

Abb. 53. Arten der Personalbeschaffung als ein Kriterium zur Elementabgrenzung

Daneben besteht die Möglichkeit, Personal im Wege des „Personalleasing" zu gewinnen. Bei dieser Beschaffungsart – vgl. Abb. 53 – wird personelle Kapazität durch Abschluß von *Arbeitnehmerüberlassungsverträgen* gewonnen, wobei ein sog. Leiharbeitsverhältnis diesem Rechtsverhältnis zugrunde liegt. Hierbei „leiht" ein selbständiger Unternehmer einen Arbeitnehmer, mit dem er einen Arbeitsvertrag geschlossen hat, vorübergehend an einen anderen Unternehmer aus, wobei der Arbeitnehmer unter Fortbestand des Rechtsverhältnisses zum Verleiher verpflichtet ist, für das Unternehmen des Entleihers nach dessen Weisungen zu arbeiten. Dabei ist zwischen der nichtgewerbsmäßigen und zwischen der gewerbsmäßigen Arbeitnehmerüberlassung zu unterscheiden [81, S. 1].
Unter *nichtgewerbsmäßiger Arbeitnehmerüberlassung* wird das gelegentliche „Ausleihen" von Arbeitnehmern zwischen Unternehmen zur Deckung eines kurzfristigen Personalbedarfs oder das Überlassen von Arbeitnehmern zwischen Unternehmen, die wirtschaftlich unter einer Leitung stehen, verstanden. Da diese Art der Arbeitnehmerüberlassung gesetzlich nicht geregelt ist, können die Rechtsbeziehungen zwischen den drei Beteiligten (Verleiher, Entleiher und Leiharbeitnehmer) im Rahmen des zwingenden Rechts sehr unterschiedlich sein, weil sie frei gestaltet werden können. Anders hingegen bei der *gewerbsmäßigen Arbeitnehmerüberlassung*, da diese Art der Arbeitnehmerüberlassung durch das

Arbeitnehmerüberlassungsgesetz [59, S. 1393 ff.] geregelt ist. Wichtiger Bestandteil dieses Gesetzes ist die Erlaubnispflicht der Verleiher[22]. Anhand dieses Gesetzes wird die Arbeitnehmerüberlassung begrifflich von der unerlaubten Arbeitsvermittlung unterschieden, da der Arbeitnehmer in arbeitsrechtlichen Beziehungen zur Verleih- bzw. Leasing-Firma verbleibt, während die Arbeitsvermittlung auf die Begründung eines Arbeitsverhältnisses gerichtet ist. Diese Art der Personalbeschaffung wird heute und in Zukunft in verstärktem Maße Anwendung finden, „wenn man sich zunächst von der traditionellen Vorstellung trennt, daß die Einsatzreserven zur Lösung von Personalproblemen bei Arbeitsspitzen und Personalengpässen im eigenen Haus gehalten werden müssen" [157, S. 35]. Dennoch muß folgendes festgehalten werden: Für die Erfüllung vorübergehender sehr spezieller Aufgabenstellungen im Unternehmen ist eine solche zeitweise Einstellung „geliehener" Arbeitnehmer vertretbar, nicht hingegen, wenn es darum geht, „Dauerarbeitsplätze" personell zu besetzen.

Weiterhin läßt sich personelle Kapazität im Rahmen *bereits bestehender Arbeitsverhältnisse* durch Versetzung oder Mehrarbeit gewinnen. Die Beseitigung einer personellen Unterdeckung durch Versetzung oder Mehrarbeit stellt sich nämlich nicht nur als Einsatzproblem, sondern auch als ein Beschaffungsproblem, da die Zustimmung der Mitarbeiter zur Versetzung bzw. die Zustimmung der Mitarbeiter zur Abgabe zusätzlicher Arbeitsleistung gewonnen werden muß. Die Beschaffung personeller Kapazität im Wege der *Versetzung* ist im Regelfall mit Entwicklungsmaßnahmen gekoppelt, die darauf gerichtet sind, Mitarbeiter für andere gleichwertige oder höherwertige Tätigkeiten zu befähigen. Die Erhöhung der Qualifikation der Mitarbeiter im Wege der Personalentwicklung bedeutet aber noch nicht ohne weiteres, daß diese erhöhte Qualifikation dem Unternehmen verfügbar ist, wenn nicht durch entsprechende Maßnahmen der Verbleib des einzelnen Mitarbeiters und damit die Nutzung seiner entwickelten Fähigkeiten gewährleistet wird. Die Beschaffung personeller Kapazität durch *Mehrarbeit* zielt darauf ab, vorhandenes Personal entweder für eine Verlängerung der Arbeitszeit (z.B. durch Überstunden oder – bei Teilzeitbeschäftigung – durch Erhöhung der vereinbarten Stundenzahl) oder für eine Erhöhung der Arbeitsintensität (z.B. durch Übergang zu bestimmten Leistungsanreizsystemen) zu gewinnen [45, S. 19 ff.]. In vielen Fällen wird jedoch die Zustimmung der Arbeitskräfte zur Leistung von Mehrarbeit bereits bei ihrer Einstellung eingeholt, sei es durch schriftliche, mündliche oder stillschweigende Vereinbarung, wobei die einschlägigen Bestimmungen der Arbeitszeitordnung, der Gewerbeordnung sowie der Tarifverträge und der Betriebsvereinbarungen den möglichen Rahmen abstecken.

[22] [59, § 1 Erlaubnispflicht, Absatz (1)]: Arbeitgeber, die Dritten (Entleihern) Arbeitnehmer (Leiharbeitnehmer) gewerbsmäßig zur Arbeitsleistung überlassen wollen, ohne damit Arbeitsvermittlung nach § 13 des Arbeitsförderungsgesetzes zu betreiben (Verleiher), bedürfen der Erlaubnis.

zu (2): Aktivitäten der Personalbeschaffung

Um eine personelle Unterdeckung zu beseitigen, tritt das Unternehmen in Höhe dieser Unterdeckung als Nachfrager auf den internen und externen Arbeitsmärkten auf. Der *Arbeitsmarktanalyse und -beobachtung* – vgl. Abb. 54 – ist dabei die Aufgabe gestellt, das potentielle Angebot an personeller Kapazität sowie die Angebotsbedingungen transparent zu machen. Sie stellt den systematischen Versuch dar, potentielle Reserven aufzudecken, die gegebenenfalls in Verbin-

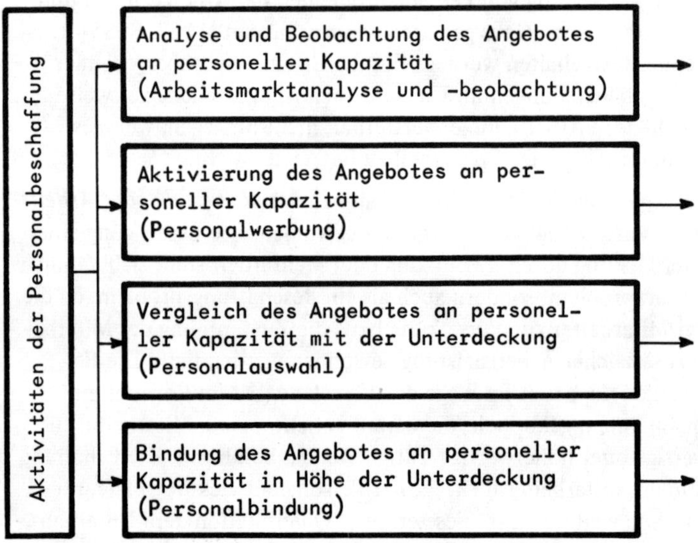

Abb. 54. Aktivitäten der Personalbeschaffung als ein Kriterium zur Elementabgrenzung

dung mit geeigneten Entwicklungsmaßnahmen aktiviert und für das Unternehmen nutzbar gemacht werden können. In Unternehmen mit einer „gut entwickelten" Personalplanung lassen sich Informationen über das *interne* Arbeitskräftepotential mit relativ geringem Aufwand an Zeit und Kosten gewinnen. Sofern nämlich regelmäßige Mitarbeiterbeurteilungen durchgeführt werden, kann in Bedarfsfällen relativ schnell und sicher gehandelt werden. Voraussetzung für die Funktionsfähigkeit des internen Arbeitsmarktes ist allerdings die Einsicht, daß ressortegoistische Überlegungen der Freigabe geeigneter Mitarbeiter für neue und größere Aufgaben nicht entgegenstehen dürfen, ebenso wie dem anderen Extrem des „Weglobens" ungeeigneter Mitarbeiter entgegenzutreten ist. Der Nutzung des internen Arbeitsmarktes, insbesondere für die Besetzung freiwerdender Führungspositionen aus den eigenen Reihen, steht eine ergänzende Inanspruchnahme des *externen* Arbeitsmarktes nicht entgegen. Die Frage nach interner oder externer Personalbeschaffung ist nicht auf einander ausschließende

Möglichkeiten gerichtet, sondern vielmehr nach dem Verhältnis, in dem diese beiden Möglichkeiten genutzt werden können. Bei der Analyse und Beobachtung des externen Arbeitsmarktes kann hinsichtlich der Erfassung und Prognose der allgemeinen Entwicklungstendenzen weitgehend auf die Berichterstattung spezialisierter staatlicher, kommunaler und privater Institutionen zurückgegriffen werden [5, S. 13ff.; 96, S. 787ff.; 97, S. 10ff.]. Ergänzend sind detaillierte selektive Arbeitsmarktuntersuchungen vorzunehmen, die den individuellen Belangen des Unternehmens Rechnung tragen und weitgehend an dem konkreten kurz-, mittel- und langfristigen Personalbedarf des Unternehmens ausgerichtet sind.

Die *Personalwerbung* als weitere Aktivität der Personalbeschaffung übt eine Informations- und eine Aktivierungsfunktion aus, wobei an die Ausübung dieser Funktionen zahlreiche Anforderungen gestellt sind, deren Erfüllung erst eine erfolgreiche Personalwerbung erwarten läßt. Diese Anforderungen leiten sich teils von den Bedingungen der Nachfrageseite ab (z.B. welche Voraussetzungen muß das gesuchte Personal erfüllen, damit die gewünschte Arbeitsleistung auch erbracht wird?), teils von denen der Angebotsseite (z.B. welchen Erwartungen der Bewerber ist Rechnung zu tragen?). Unter der Informationsfunktion ist die Information des Marktes zu verstehen, daß das Unternehmen personelle Kapazität nachfragt, während sich die Aktivierungsfunktion in dem Versuch äußert, Personen oder Personengruppen dahingehend zu beeinflussen, daß dem Unternehmen personelle Kapazität angeboten wird. Diese Kontaktaufnahme zu potentiellen Bewerbern kann entweder über die staatliche Arbeitsvermittlung oder über Empfehlungen sogenannter „stiller Vermittler" oder aber über öffentliche Bekanntmachungen, z.B. im Wege der externen oder internen Stellenausschreibung erfolgen.

Die *Personalauswahl* ist ihrer Zielsetzung nach dazu bestimmt, in der Form einer Vorhersage festzustellen, welche Bewerber für die Übernahme einer bestimmten Stelle geeignet sind und mit welchen Einschränkungen das gegebenenfalls zutrifft. In ihrer methodischen Konzeption beinhaltet sie einen Vergleich von angebotener und nachgefragter personeller Kapazität und zwar in quantitativer, qualitativer, örtlicher und zeitlicher Hinsicht. Während bei der Personalauswahl auf dem internen Arbeitsmarkt die im einzelnen erforderlichen Vergleichsdaten im Idealfall kontinuierlich auf den neuesten Stand gebracht sind und gewissermaßen auf „Abruf" bereitgehalten werden, ist dies auf dem externen Arbeitsmarkt nicht oder nur sehr begrenzt möglich. Es können zwar „Bewerbungsunterlagen" angefordert werden, eine Beurteilung der Bewerber ist damit aber noch nicht vollzogen. Insbesondere kommt in Zeiten eines ausgeprägten Nachfrageüberhanges auf den Arbeitsmärkten der Beurteilung des latenten Leistungspotentials der Bewerber, das erst durch geeignete Entwicklungsmaßnahmen realisierbar ist, große Bedeutung zu. Bei den Arbeitskräften auf dem internen Arbeitsmarkt sind jedoch in der Regel nur solche Eignungen erfaßt, die sich auf die von ihnen im Unternehmen durchgeführten Tätigkeiten und die entsprechenden Anforderungen beziehen. Generell wäre somit zu wünschen, bei diesen Arbeitskräften auch die Eignungen für andere zukünftig in Erwägung zu ziehende Arbeitsplätze zu ermitteln, weil damit ein Überblick über die Eignungspotentiale bereits vorhandener Mitarbeiter gewonnen würde. Auf dem externen Arbeitsmarkt läßt sich diese Vorgehensweise nicht anwenden, da detaillierte Eignungsuntersuchungen erst dann vorgenommen werden können, wenn sich konkrete Bewerber für einen Arbeitsplatz in dem personalsuchenden Unternehmen ernsthaft interessieren.

Schließlich ist das Personal an das Unternehmen oder an eine bestimmte Verpflichtung in dem Unternehmen zu binden (*Personalbindung*), sei es durch Abschluß eines Einstellungsvertrages, sei es durch Abschluß eines Arbeitnehmerüberlassungsvertrages oder durch Vereinbarung einer Versetzung bzw. von Mehrarbeit. Unabhängig von den im Einzelfall bedeutsamen juristischen Kautelen ist jedoch für die Personalbindung entscheidend, daß Klarheit und Einverständnis über die gegenseitigen Erwartungen hinsichtlich Leistung und Gegenleistung besteht. Auch ein perfektionierter Vertrag kann mangelnde Eignung und das Fehlen eines Vertrauensverhältnisses nicht ausgleichen.

zu (3): Märkte der Personalbeschaffung

Wie schon angedeutet, ist als weiteres wesentliches Merkmal der Personalbeschaffung ihre unmittelbare Ausrichtung auf die Arbeitsmärkte zu nennen. Abb. 55 zeigt beispielsweise eine *räumliche* Aufgliederung des gesamten Arbeitsmarktes in Teilmärkte, die jeweils mit spezifischen Problemen der Personalbeschaffung verbunden sind. Die Abgrenzung von Teilmärkten ist freilich nicht nur nach räumlichen, sondern auch nach anderen Merkmalen möglich – z.B. nach Berufsgruppen, Geschlecht, Alter. Wichtig erscheint die Wiederholung der Feststellung, daß sich die Personalbeschaffung nicht nur auf den externen Arbeitsmarkt richten sollte[23]. Gerade im Zusammenhang mit einer systematisch betriebenen Nachwuchs- und Nachfolgeplanung im Unternehmen läßt sich das Risiko von Fehlbesetzungen vergleichsweise gering halten. „Die potentiellen Anwärter für die zu besetzenden Positionen sind in ihrer fachlichen und persönlichen Eignung bekannt, sie haben ihre Leistungsfähigkeit schon im Hause unter Beweis gestellt, man kennt ihre Stärken und auch Schwächen . . . Sie sind mit dem ‚Stil' des Hauses vertraut, haben einen gewissen Ruf und benötigen nur eine recht kurze Anlaufzeit, bis sie in der neuen Position ihre volle Wirkung erreichen" [117, S. 291]. Sicherlich ergibt sich aus der begrenzten Leistungsfähigkeit des internen Arbeitsmarktes ein Zwang zur Inanspruchnahme des externen Arbeitsmarktes, wobei im Einzelfall darauf abzu-

[23] Vgl. auch: [15, § 93 Ausschreibungen von Arbeitsplätzen]: Der Betriebsrat kann verlangen, daß Arbeitsplätze, die besetzt werden sollen, allgemein oder für bestimmte Arten von Tätigkeiten vor ihrer Besetzung innerhalb des Betriebes ausgeschrieben werden.

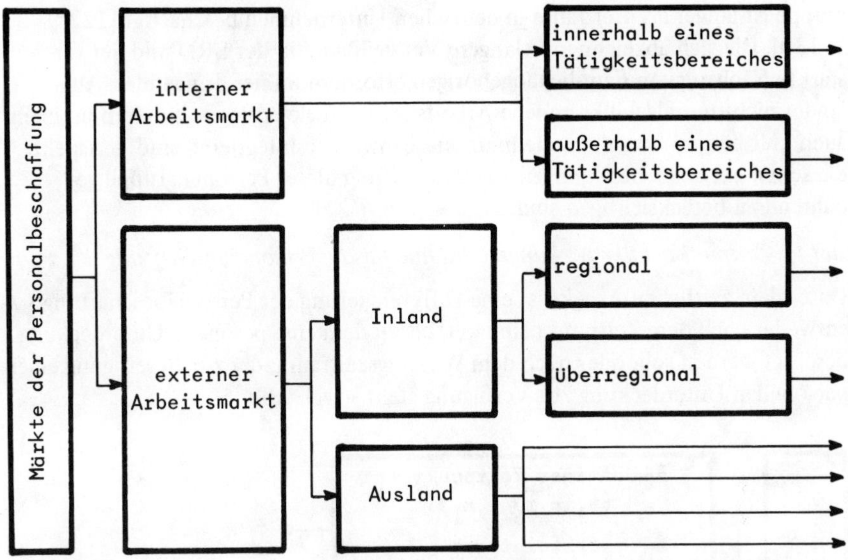

Abb. 55. Märkte der Personalbeschaffung als ein Kriterium zur Elementabgrenzung

stellen ist, daß einerseits die eigenen Nachwuchskräfte ihre Aufstiegschancen nicht grundsätzlich durch Externe blockiert sehen, und daß andererseits wünschenswerte „Blutauffrischungen" möglich sein müssen.

Wenn auch Absatzmarkt und externer Arbeitsmarkt nicht unmittelbar vergleichbar sind, so zeigen sich doch zahlreiche Parallelen. So wie das „Image" eines Unternehmens oder seiner Produkte den Absatzerfolg beeinflussen, so ist ähnlich das „Image" des personalsuchenden Unternehmens als Arbeitgeber eine entscheidende Einflußgröße für den Beschaffungserfolg auf den verschiedenen Teilmärkten [12, S. 26ff.; 27, S. 32ff.; 92, S. 101ff.]. So können beispielsweise Branche (hinsichtlich Konjunkturabhängigkeit und Strukturkrisenanfälligkeit), Unternehmensgröße, Standort (hinsichtlich Wohn- und Freizeitwert), Attraktivität der Arbeitsplätze, Erwartungen hinsichtlich Gehalt, Aufstiegschancen, Entwicklungsmöglichkeiten, Wohnraumbeschaffung, Sozialleistungen das auf den verschiedenen Teilmärkten zugängliche Angebot an personeller Kapazität entscheidend beeinflussen.

Hinsichtlich der Beschaffung ausländischer Mitarbeiter ist speziellen Problemen – insbesondere beim Personaleinsatz und bei der Personalerhaltung – Rechnung zu tragen. Sie ergeben sich zum großen Teil daraus, daß die ausländischen Mitarbeiter eine Umwelt verließen, „die den Gegebenheiten hier weder in klimatischer, wirtschaftlicher noch in sozialer Hinsicht entspricht" [108, S. 492]. Ihr Anteil beträgt in manchen Unternehmen über 30 %, und ein Drittel dieser Personengruppe ist länger als drei Jahre in deutschen Unternehmen beschäftigt [122, S. 130]. Die sich abzeichnende längere Verweildauer in der BRD und der verstärkte Nachzug von Familienangehörigen erfordern immer dringender, Ausländer nicht nur als willkommene Arbeitskräfte zu akzeptieren, sondern in ihnen auch „Mitbürger" zu sehen, die in unsere Umwelt zu integrieren sind – Aspekte, die schon bei den Überlegungen zur Beschaffung dieser Personengruppe gebührend zu berücksichtigen sind.

zu (4): Zeitpunkte oder Wirkungszeiträume für die Personalbeschaffung

Unter dem zeitlichen Aspekt ist eine Differenzierung der Personalbeschaffung entweder nach dem Zeitpunkt sinnvoll, bis zu dem eine pesonelle Unterdeckung beseitigt werden soll, oder nach dem Wirkungszeitraum, der zur Beseitigung einer personellen Unterdeckung zur Verfügung steht – vgl. Abb. 56.

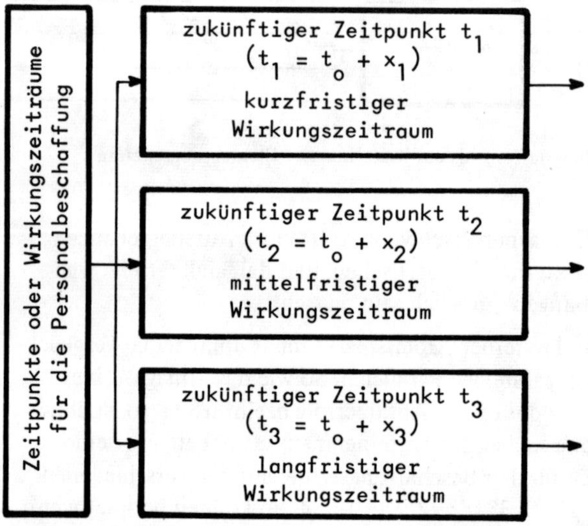

Abb. 56. Zeitpunkte oder Wirkungszeiträume für die Personalbeschaffung als ein Kriterium zur Elementabgrenzung

Grundsätzlich ist die Forderung aufzustellen, daß die Personalbeschaffung mindestens auf denjenigen Zeitraum auszurichten ist, der benötigt wird, um eine auftretende personelle Unterdeckung zu beseitigen. Dabei ist die Länge dieses Zeitraumes nicht nur abhängig von dem Zeitraum, der für die eigentliche Beschaffung erforderlich ist, sondern bei bestimmten Problemstellungen auch von den Zeiträumen, die beispielsweise für notwendige Ausbildungs-, Fortbildungs- oder Umschulungsmaßnahmen benötigt werden.

Inwieweit die Personalbeschaffung ein ihr vorgegebenes Beschaffungsziel erreichen kann, hängt einmal von der *Nachfrage* nach zusätzlicher personeller Kapazität ab. Einflußgrößen, die eine solche Nachfrage hervorrufen können, sind entweder externe Einflußgrößen, wie z.B. Änderung der Arbeitsbedingungen, und/oder interne Einflußgrößen, wie z.B. Aktivitäten des Unternehmens einmaliger Art, Aktivitäten des Unternehmens laufender Art, Änderung der Personalstruktur im Unternehmen. Zum anderen hängt die Erfolgswirksamkeit der Personalbeschaffung von den Gegebenheiten auf der *Angebotsseite* ab, d.h. von der Lage auf den jeweiligen Arbeitsmärkten. Auf dem externen Arbeitsmarkt wird langfristig gesehen dieses Angebot durch folgende Einflußgrößen beeinflußt [53, S. 141 ff.]

- Entwicklung der Bevölkerungsstruktur (Bevölkerungswachstum, wachsender Anteil älterer Personen, längerfristige Stagnation der Erwerbsbevölkerung),
- Tendenzen im Erziehungs- und Bildungswesen (Verlängerung der Schulzeit, Erhöhung des Anteils der Besucher weiterführender Schulen),
- wachsendes sozio-kulturelles Anspruchsniveau (komplexer werdende Arbeitsmotivation bedingt durch wachsendes Bedürfnis nach Wertschätzung, Persönlichkeitsentwicklung),
- Änderung der Arbeitsbedingungen (Verkürzung der Arbeitszeit, Herabsetzung des Pensionsalters).

Diese und andere Einflußgrößen bewirken eine quantitative Verminderung und eine qualitative Veränderung des personellen Angebots auf dem externen Arbeitsmarkt.

Der Personalbeschaffung fällt damit die Aufgabe zu, durch langfristige und gezielte Personalmarketingmaßnahmen sich dieses „knapp“ gewordene Potential zugänglich zu machen. Inwieweit bei einer bestehenden Nachfrage auf den internen Arbeitsmarkt zurückgegriffen werden kann, hängt ebenfalls von einer Vielzahl von Einflußgrößen ab. Beispielsweise spielen einmal die persönlichen und fachlichen Zielvorstellungen der im Unternehmen tätigen Mitarbeiter eine bedeutende Rolle, die ihren Ausdruck z.B. in einer Mobilitätsbereitschaft, in einer Neigung zur Höherqualifikation finden können. Zum anderen sind die Aktivitäten des Unternehmens zur Steigerung des personellen Angebots in qualitativer Hinsicht zu nennen, die darauf abzielen, genügend Nachwuchskräfte heranzubilden, und damit sicherstellen sollen, daß bei einer auftretenden Unterdeckung die Nachwuchskräfte auf die Übernahme neuer Aufgaben vorbereitet sind. Damit wird deutlich, daß eine längerfristig erkennbare oder eine kurzfristig und unerwartet auftretende personelle Unterdeckung nur dann beseitigt werden kann, wenn langfristige Personalbeschaffungsdispositionen getroffen wurden. Dies gilt sowohl hinsichtlich der Beschaffungsaktivitäten für Führungskräfte der verschiedenen Ebenen im Unternehmen, da diese Zielgruppe langfristige Dispositionen für die Auswahl und gezielte Vorbereitung eines Nachfolgers erfordern, als auch für die Beschaffung personeller Kapazität zur Beseitigung einer nur kurzfristig bestehenden Unterdeckung, die durch Einstellung von Aushilfskräften, durch Abschluß von Arbeitnehmerüberlassungsverträgen, durch Vereinbarung zeitweiliger Überstunden oder einmaliger Sonderschichten, durch Vereinbarung vorübergehender Versetzung zur Aushilfe usw. beseitigt werden kann.

Werden die *vier Kriterien* zur Elementabgrenzung *kombiniert* angewendet, so erstrecken sich die einzelnen Elemente dieses Teilsystems auf

- eine bestimmte Art der Personalbeschaffung,
- eine bestimmte Aktivität der Personalbeschaffung,
- einen bestimmten Markt der Personalbeschaffung,
- einen bestimmten Zeitpunkt oder Wirkungszeitraum für die Personalbeschaffung.

Diese mehrdimensionale analytische Bestimmung der Elemente ist in Abb. 57 veranschaulicht.

Unter Berücksichtigung obiger Kriterien können beispielsweise folgende *Elemente* gebildet werden:

Element 1: langfristige Personalwerbung auf dem türkischen Arbeitsmarkt, um Facharbeiter für Neueinstellungen zu gewinnen,

Element 2: Analyse und Beobachtung des Angebots von Teilzeit-Personal auf dem regionalen Arbeitsmarkt für die kommenden drei Jahre,

Element 3: kurzfristige Personalbindung durch Abschluß eines Arbeitnehmerüberlassungsvertrages für Schreibkräfte mit einer Personalleasing-Firma usw.

Die *Eigenschaften* der Elemente dieses Teilsystems finden eine Konkretisierung in der Art und Weise, *wie* die Personalbeschaffung den Erfordernissen der materiellen, sozialen, informationellen und wertmäßigen Dimensionen des Unternehmensgeschehens Rechnung trägt.

Die *materiellen Eigenschaften* der Personalbeschaffung berücksichtigen Eigenschaften oder Eigenschaftsgruppen, die sich primär aus den im Unternehmen sich abspielenden Leistungsprozessen ergeben. Unter diesem Aspekt hat die Personalbeschaffung diejenige personelle Kapazität zu gewinnen, die zur Beseitigung einer aufgezeigten Unterdeckung erforderlich ist, um die Leistungsprozesse mit ihren spezifischen Ausprägungen und Anforderungen im Gesamtunternehmen und/oder in seinen Teilbereichen bestmöglich abwickeln zu können. Hierzu sollte die Funktion langfristige Dispositionen treffen, um für das mögliche Auftreten einer Unterdeckung vorbereitet zu sein. Dies kann beispielsweise durch das laufende Erfassen der Eignungsreserven der Mitarbeiter geschehen, um dieses entwicklungsfähige Mitarbeiterpotential des internen Arbeitsmarktes nach entsprechenden Entwicklungsmaßnahmen der Personalbeschaffung zugänglich zu machen, oder dies kann durch den gezielten Einsatz des arbeitsmarkt-

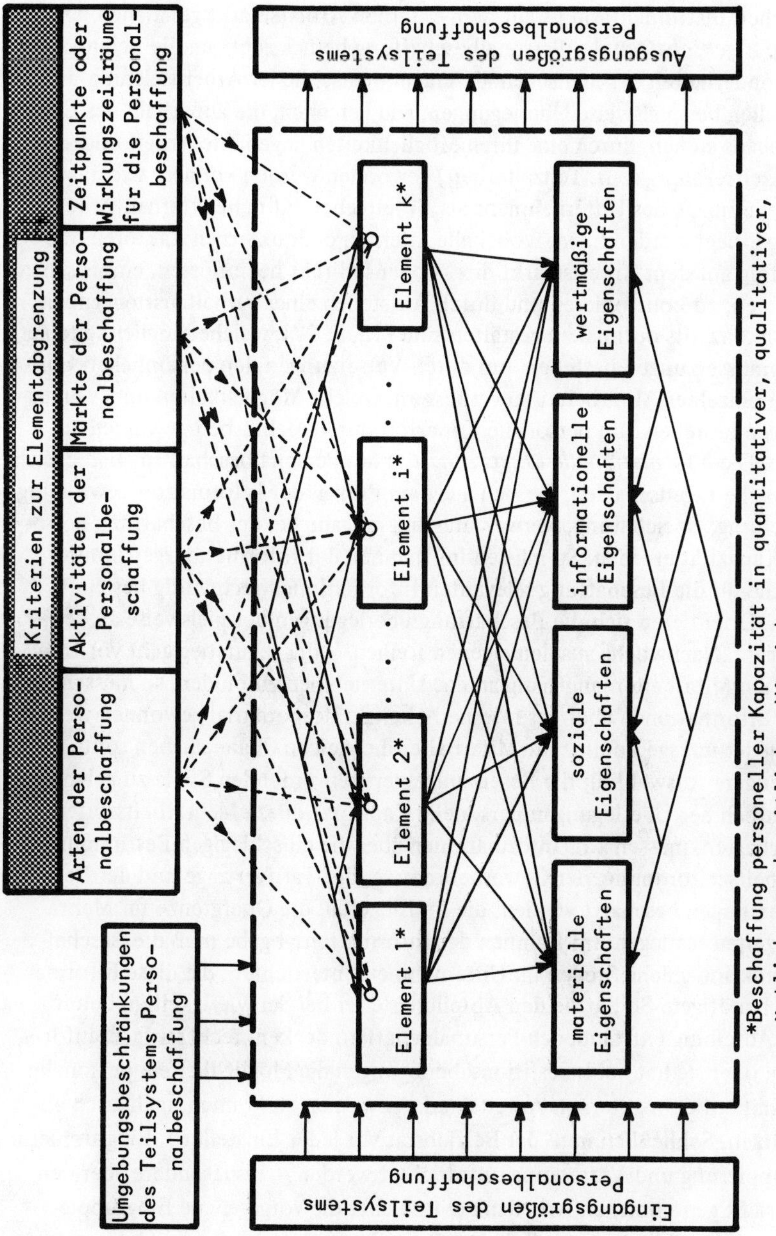

Abb. 57. Personalbeschaffung als Teilsystem des Systems Personalwesen

politischen Instrumentariums auf dem externen Arbeitsmarkt geschehen. Die *sozialen Eigenschaften* der Personalbeschaffung berücksichtigen die Belange und die Besonderheiten des Menschen als Träger menschlicher Arbeitsleistung. Hierunter fallen beispielsweise Überlegungen, wie Personen, die außerhalb des Erwerbslebens stehen, durch eine ihren Möglichkeiten angepaßte Arbeit und Arbeitszeitregelung (z.B. Teilzeitarbeit) gewonnen werden können; wie das personelle Image des Unternehmens als Arbeitgeber auf dem externen Arbeitsmarkt gepflegt werden kann, wobei alle internen oder externen Faktoren, die den Erfolg auf dem Arbeitsmarkt direkt oder indirekt beeinflussen, empirisch zu analysieren, zu kontrollieren und durch Aufstellen eines verhaltenssteuernden Personalkonzepts optimal zu gestalten sind [12, S. 27]; welche Möglichkeiten und Voraussetzungen bestehen, um durch Versetzungen den persönlichen Einsatz der einzelnen Mitarbeiter zu verbessern; welche Möglichkeiten und Voraussetzungen bestehen, um personelle Kapazität durch Mehrarbeit gewinnen zu können. Die *informationellen Eigenschaften* der Personalbeschaffung berücksichtigen solche Eigenschaften, die sich aus dem Prozeß der Informationsgewinnung, -bearbeitung, -speicherung, -verwertung und -abgabe bei der Beschaffung personeller Kapazität ergeben. So müssen im Rahmen der Informationsgewinnung sämtliche für die Beschaffung relevanten Informationen rechtzeitig beschafft werden. Orientieren sich die Beschaffungsüberlegungen beispielsweise an den Prinzipien „Nachwuchs aus den eigenen Reihen" oder „Aufstieg geht vor Einstieg", um Mitarbeiter langfristig an das Unternehmen zu binden, so müssen zunächst Informationen über das interne Arbeitskräftepotential gewonnen werden, wobei jeder infrage kommende Mitarbeiter die gleiche Chance haben sollte, in die engere Auswahl für die Besetzung einer freiwerdenden Stelle zu gelangen. Hinsichtlich der Überlegungen personelle Kapazität durch Mehrarbeitszeiten zu beschaffen, müssen z.B. Informationen über die einschlägigen Bestimmungen der Arbeitszeitordnung, der Gewerbeordnung, der Tarifverträge und der Betriebsvereinbarungen beschafft werden, die im Einzelfall die Obergrenze für Mehrarbeitszeiten festlegen. Im Rahmen der Informationsabgabe muß die Beschaffungsfunktion solche Stellen im Unternehmen unterrichten, die diese Informationen benötigen. So hat sie den Abteilungsleiter bei Schwierigkeiten, den in seiner Abteilung entstandenen Personalbedarf zu decken, rechtzeitig zu informieren, oder sie hat bei Investitionsüberlegungen die Möglichkeiten, personelle Kapazität auf dem externen Arbeitsmarkt gewinnen zu können, realistisch abzuschätzen. Schließlich muß der Betriebsrat vor jeder Einstellung, Eingruppierung, Umgruppierung und Versetzung unterrichtet werden – insbesondere über den in Aussicht genommenen Arbeitsplatz und über die vorgesehene Eingruppierung –, es sind ihm die erforderlichen Bewerbungsunterlagen vorzulegen, es ist ihm Auskunft über die Person der Beteiligten zu geben, es ist ihm unter Vorlage der erforderlichen Unterlagen Auskunft über die Auswirkungen der geplanten Maßnahmen zu geben und seine Zustimmung zu der geplanten Maßnahme einzuholen[24]. Die *wertmäßigen Eigenschaften* der Personalbeschaffung berücksichtigen schließlich die ökonomischen Aspekte. Unter diesen Aspekten sind beispielsweise die alternativen Beschaffungsmöglichkeiten auf dem internen und externen Arbeitsmarkt einander gegenüberzustellen und kritisch zu überprüfen. So hängt z.B. die Beantwortung der Fragestellung, ob eine Verminderung der Personalreserven durch eine langfristige Disposition von Zeitpersonal für vorhersehbare Arbeitsspitzen und die Urlaubszeit ausgeglichen werden kann, u.a. auch von solchen Wirtschaftlichkeitsüberlegungen ab. „Nur derjenige kann mit Zeitpersonal beträchtliche Erfolge erzielen, der es systematisch einsetzt und nicht als Lückenbüßer oder Feuerwehr“ [157, S. 35]. Ferner kann auch die Rückgewinnung von bewährten Fachkräften, die ihre berufliche Laufbahn infolge von Heirat, Mutterschaft, größer gewordenen familiären Belastungen oder aus gesundheitlichen Gründen aufgegeben haben, beträchtliche Kosten für die Anwerbung und für das Anlernen neuer Mitarbeiter einsparen, wenn man diesen Mitarbeitern z.B. geeignete Teilzeitbeschäftigungen anbietet [137, S. 26, 27]. Weiterhin sind auch die einzelnen Beschaffungsaktivitäten auf den Arbeitsmärkten unter diesem ökonomischen Blickwinkel zu sehen. So kann beispielsweise die Auswertung von aufgegebenen Stellenanzeigen nach zwei Gesichtspunkten erfolgen [51, S. 203ff.]: Einmal wird die Stellenanzeige als solche, zum anderen die eingegangenen Bewerbungen analysiert, um so Hinweise auf den Erfolg dieses Werbemittels zu erhalten.

Mit dieser Darstellung der Personalbeschaffung als Teilsystem sind *Ziele* und *Inhalt* dieses Funktionsbereichs umschrieben.

3.3.2.2 Personalbeschaffung als Führungseinheit

Unter *prozessualem Aspekt* soll die Personalbeschaffung als Führungseinheit betrachtet werden, wobei der jeweilige Inhalt der einzelnen Phasen des Führungs- und Ausführungsprozesses kurz erläutert und interpretiert werden soll.

Bestandteil der *„strategischen“* Führungsaufgabe Personalbeschaffung sind Festlegungen über Ziele und/oder Grundsätze für diesen Funktionsbereich. *Ziele* bestimmen, *was* im einzelnen konkret erreicht werden soll – vgl. Abb. 58. Solche Beschaffungsziele sind z.B.: Wegen erhöhtem Arbeitsanfall in den Monaten Oktober, November und Dezember des laufenden Jahres ist für die Buchhaltung zusätzliche personelle Kapazität zu beschaffen; zu einem bestimmten Termin des kommenden Jahres ist ein Nachfolger für den Leiter der Arbeitsvorbereitung zu gewinnen, da dieser gekündigt hat; wegen Pensionierung in vier Jahren ist für den kaufmännischen Direktor ein Nachfolger zu suchen. Bei der Festlegung solcher Beschaffungsziele reagiert die Personalbeschaffung auf eine zukünftige Unterdeckung, d.h. bei den dafür erforderlichen Maßnahmen überwiegt ein mehr oder weniger passiver Charakter. Anders hingegen, wenn folgendes Be-

24 [15, § 99 Mitbestimmung bei personellen Einzelmaßnahmen, Absatz (1)]

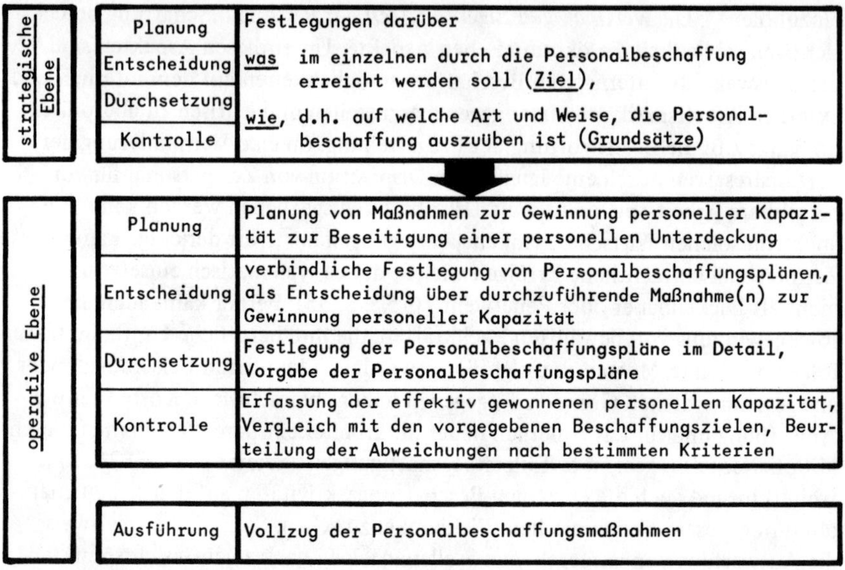

Abb. 58. Phasen des Führungs- und Ausführungsprozesses des Funktionsbereichs Personalbeschaffung

schaffungsziel vorgegeben wird: Es ist Vorsorge für das mögliche Auftreten einer personellen Unterdeckung zu treffen. Hierbei ist den dafür erforderlichen Maßnahmen ein aktiver Charakter zuzusprechen, und diese Aufgabe stellt sich als eine laufende Aufgabe. *Grundsätze* bestimmen, *wie* d.h. auf welche Art und Weise, die Personalbeschaffung auszuüben ist. Ein solcher Grundsatz könnte beispielsweise lauten: „Nachwuchs aus den eigenen Reihen" oder „Aufstieg geht vor Einstieg". Weitere Angaben, z.B. über die Nationalität der zu beschaffenden ausländischen Arbeitnehmer, über den Umfang der zu betreibenden Arbeitsmarktanalyse und -beobachtung, über das Ausmaß der Personalwerbung, über anzuwendende Methoden und Verfahren bei der Personalauswahl, können zusätzlich vorgegeben werden.

Mit solchen Zielen und/oder Grundsätzen wird somit der Rahmen für die einzelnen Maßnahmen der Personalbeschaffung – *„operative"* Ebene (vgl. Abb. 58) – abgesteckt.
Ausgehend von dem Inhalt der Planungsphase im Führungsprozeß bedeutet in diesem Zusammenhang *Personalbeschaffungsplanung*: Planung von Maßnahmen zur Gewinnung personeller Kapazität zur Beseitigung einer personellen Unterdeckung. Gemäß den vorgegebenen Zielsetzungen sind dabei entweder Maßnahmen zur Beseitigung einer zukünftig bestehenden personellen Unterdeckung zu planen oder Maßnahmen, um für das mögliche Auftreten einer personellen

Unterdeckung vorbereitet zu sein. Gerade die strukturelle Knappheit des Angebots an Personal auf dem externen Arbeitsmarkt sowie die z.B. bei Führungskräften erforderlichen längeren Einarbeitungszeiten machen es für eine wirkungsvolle Personalbeschaffungsplanung dringend erforderlich, möglichst viele Beschaffungsmöglichkeiten auf dem internen und externen Arbeitsmarkt in die Planungsüberlegungen einzubeziehen und die einzelnen Beschaffungsaktivitäten kritisch, z.B. hinsichtlich ihrer Realisierungsmöglichkeiten, der dabei anfallenden Kosten, der Motivierung der im Unternehmen tätigen Mitarbeiter, zu analysieren. Dabei ist die Personalbeschaffungsplanung durch wechselseitige Beziehungen eng mit anderen Planungsbereichen im Personalbereich und/oder im Unternehmen verbunden.

In der *Entscheidungsphase* der Personalbeschaffung werden Beschaffungspläne als verbindlich vorgegeben, d.h. hier wird eine Entscheidung über die durchzuführende(n) Maßnahme(n) zur Gewinnung personeller Kapazität getroffen. Hierbei sind die verschiedenen Konsequenzen hinsichtlich ihrer Auswirkungen und die Realisierungsmöglichkeiten einander gegenüberzustellen und abzuwägen, wobei insbesondere zusätzliche, zumeist nicht quantifizierbare Unsicherheitsfaktoren zu berücksichtigen sind, die die Beschaffungspläne infrage stellen können. Bei der Entscheidung, Personal auf dem externen Arbeitsmarkt zu beschaffen, sind beispielsweise folgende Unsicherheitsfaktoren zu berücksichtigen: die jeweilige Situation auf dem Arbeitsmarkt, die u.a. durch gleichzeitige Beschaffungsaktivitäten anderer Unternehmen beeinflußt wird, das allgemeine „Image" des Unternehmens, das Betriebsklima, die gebotenen Aufstiegschancen, das angebotene Entgelt, gewährte Sozialleistungen. Bei der Entscheidung, Personal auf dem internen Arbeitsmarkt zu beschaffen, sind beispielsweise folgende Unsicherheitsfaktoren zu berücksichtigen: Eignung eines Nachfolgers für eine bestimmte Führungsposition, individuelle Vorstellungen und Erwartungen eines Mitarbeiters von seinem neuen Arbeitsplatz, zukünftiges Verhalten in der neuen Arbeitsgruppe, ressortegoistische Überlegungen bei der Freigabe geeigneter Mitarbeiter für neue Aufgaben, Entwicklungsfähigkeit (latentes Potential) eines Mitarbeiters. So gesehen hat die Personalbeschaffungsentscheidung zentrale Bedeutung.

In der *Durchsetzungsphase* sind die verabschiedeten Beschaffungspläne im Detail festzulegen und den mit der eigentlichen Beschaffung betrauten Personen vorzugeben. Da der Betriebsrat ohnehin u.a. ein Mitbestimmungsrecht bei personellen Einzelmaßnahmen hat [15, S. 99], empfiehlt es sich, ihn von Anfang an in die Planung der Beschaffungsmaßnahmen einzubeziehen, um deren Durchsetzbarkeit nicht von vorneherein zu gefährden.

In der *Ausführungsphase* vollzieht sich die eigentliche Beschaffung. In dieser Phase werden vorgegebene Personalbeschaffungspläne realisiert, d.h. es wird personelle Kapazität gewonnen. Inwieweit diese Beschaffungsbemühungen erfolgreich sind, hängt davon ab, ob die tatsächlich bei der Beschaffung auftretenden Einflußgrößen bei den Planungs- und Entscheidungsüberlegungen entsprechend berücksichtigt wurden.

Damit fällt der *Kontrollphase* die Aufgabe zu, zunächst die effektiv gewonnene personelle Kapazität zu erfassen, um dann anhand eines Vergleichs mit den vorgegebenen Beschaffungszielen den Erfolg der Beschaffungsbemühungen feststellen zu können („Soll-Ist-Vergleich"). Ergeben sich Abweichungen, so muß eine Abweichungsanalyse klären, warum die Soll-Ergebnisse nicht erreicht wurden. Dies könnte dann zu der Erkenntnis führen, daß die vorgegebenen Beschaffungsziele unter den gegebenen Umständen und in der zur Verfügung stehenden Zeit gar nicht erreicht werden konnten, oder daß die gewählten Maßnahmen oder die eingesetzten Werbemittel unzweckmäßig waren. Solche Überlegungen können nicht nur Anlaß für Korrekturmaßnahmen sein, sondern darüber hinaus eine wertvolle Informationsquelle für zukünftige Planungsüberlegungen. Werden beispielsweise solche Erfahrungen, als vergangenheitsorientiertes Wissen, für zukünftig zu ergreifende Personalbeschaffungsmaßnahmen systematisch ausgewertet, so ist damit angedeutet, wie die Personalbeschaffung als „einfacher" Regelkreis zu einem „adaptiven" oder einem „lernenden" Regelkreis[25] erweitert werden kann.

3.3.3 Funktionsbereich Personalentwicklung

Angesichts der strukturellen Entwicklung des Angebots an Personal auf dem externen Arbeitsmarkt gewinnt die Personalentwicklung zunehmend an Bedeutung. Da sich die Anforderungen an die meisten Berufstätigen laufend verändern, muß die Personalentwicklung im Unternehmen von der *unternehmerischen Seite* her darauf abzielen, die Qualifikation seiner Mitarbeiter an die an sie jetzt oder zukünftig gestellten Anforderungen anzupassen. Unternehmen sind aber nicht nur Stätten der Produktion oder der Schaffung von Dienstleistungen, sondern sie stellen einen „Bildungsraum" für die Mitarbeiter dar, deren individuelle Ziele und Vorstellungen bezüglich der eigenen Entwicklung sich von denen des Unternehmens unterscheiden können. Somit muß die Personalentwicklung im Unternehmen von der *personellen Seite* her darauf abzielen, die auf persönliche Entfaltung gerichteten Interessen und Erwartungen der Mitarbeiter zu berücksichtigen. Beide Zielsetzungen sind miteinander in Einklang zu bringen – eine Forderung, der im konkreten Einzelfall nicht immer einfach zu entsprechen ist.

Damit der Inhalt dieses Funktionsbereichs – nämlich zielgerichtete Berufsbildung oder zielgerichtete Bildungsarbeit im Unternehmen – einer detaillierten Analyse zugänglich gemacht werden kann, wird dieser Bereich als ein Teilsystem

25 Vgl. Seite 96 f.

des Systems Personalwesen betrachtet. Zugleich soll damit aufgezeigt werden, welchen Beitrag die im Unternehmen betriebene Bildungsarbeit im gesamten Jugendlichen- und Erwachsenenbildungsprozeß einzunehmen hat. Nur so können die vielfältigen Aufgaben moderner Bildungsarbeit im Bildungswesen – verstanden als Aufgabe der Gesellschaft in ihrer Gesamtheit – aufeinander abgestimmt und koordiniert werden.

3.3.3.1 Personalentwicklung als Teilsystem

Betrachtet man den Funktionsbereich Personalentwicklung, so lassen sich einzelne Aufgabenstellungen als Elemente dieses Teilsystems abgrenzen, wobei folgende vier Kriterien zur Elementabgrenzung herangezogen werden können [73, S. 86]:

(1) *Komponenten* der Personalentwicklung,
(2) *Arten* der Personalentwicklung,
(3) *Bereiche* der Personalentwicklung,
(4) *Wirkungszeiträume* für die Personalentwicklung.

zu (1): Komponenten der Personalentwicklung

Die Personalentwicklung kann bei differenzierter Betrachtung als Entwicklung des Wissens, als Entwicklung des Könnens und schließlich als Entwicklung des Verhaltens verstanden werden – vgl. Abb. 59.

Personalentwicklung als *Wissensvermittlung* bedeutet, daß sowohl theoretische als auch praktische Kenntnisse, Erkenntnisse und Erfahrungen vermittelt wer-

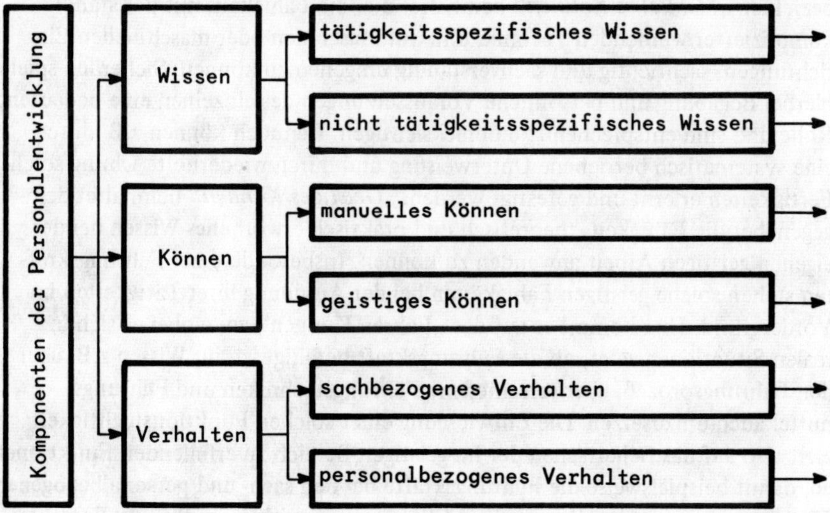

Abb. 59. Komponenten der Personalentwicklung als ein Kriterium zur Elementabgrenzung

den, die zum Ausüben einer Tätigkeit erforderlich sind, wobei sich der Inhalt einer jeden Tätigkeit und damit die Anforderungen an das Wissen von den Funktionen ableiten, die die Tätigkeiten umspannen. Welcher Wissenskomplex daher im Einzelfall zu vermitteln ist, kann nicht allgemeingültig beantwortet werden. Jedoch erscheint es für die Maßnahmen der Personalentwicklung sinnvoll, von folgender Abgrenzung auszugehen:

- Vermittlung von tätigkeitsspezifischem Wissen,
- Vermittlung von nicht tätigkeitsspezifischem Wissen.

Unter *tätigkeitsspezifischem Wissen* soll ein solches Wissen verstanden werden, welches als Anforderungsart jeweils nur bei ganz bestimmten Funktionen und/ oder innerhalb ganz bestimmter Tätigkeitsbereiche auftritt. Nur diejenigen Mitarbeiter, die diese Funktionen ausüben, müssen über ein solches „spezialisiertes Fachwissen" verfügen. *Nicht tätigkeitsspezifisches Wissen* wird demgegenüber nicht nur speziell bei einer ganz bestimmten Tätigkeit und/oder innerhalb eines bestimmten Tätigkeitsbereiches verlangt, sondern ein solches Wissen tritt als Anforderungsart bei verschiedenen Tätigkeiten und/oder innerhalb verschiedener Tätigkeitsbereiche auf.

Zur erfolgreichen Ausübung von Tätigkeiten reicht jedoch theoretisch und praktisch erworbenes Wissen allein nicht aus, es muß „in die Tat", d.h. in „Können" umgesetzt werden. Personalentwicklung, verstanden als *Entwicklung des Könnens*, bedeutet somit, daß eine Funktionstüchtigkeit angestrebt und erreicht werden soll. Eine solche Funktionstüchtigkeit kann sich einmal mehr auf den „manuellen" Bereich, zum anderen mehr auf den „geistigen" Bereich beziehen. *„Manuelles Können"* beinhaltet u.a. die Fähigkeit, mit der ständig komplizierter werdenden Technik, d.h. mit Maschinen oder maschinellen Einrichtungen, sachrichtig und sachverständig umgehen zu können. Sicherlich spielen hierbei Begabung und persönliche Voraussetzungen des einzelnen eine bedeutende Rolle und sind entsprechend zu berücksichtigen. Dennoch können z.B. durch eine systematisch betriebene Unterweisung und durch wiederholte Übung solche Fertigkeiten erlernt und gefestigt werden. *„Geistiges Können"* beinhaltet demgegenüber die Fähigkeit, theoretisch und praktisch erworbenes Wissen bei der eigenen geistigen Arbeit anwenden zu können. Insbesondere bei Führungskräften stehen solche geistigen Fähigkeiten bei der Ausübung ihrer Tätigkeiten im Vordergrund. Hier kommt es auf das „Führen-Können" an, wobei es sich in realen Situationen zeigt, ob die Führungskraft befähigt ist, ihr Wissen z.B. über den Führungsprozeß, über verschiedene Führungstechniken und Führungsmittel auch umzusetzen. Die Entwicklung einer solchen Funktionstüchtigkeit zielt also auf das Beherrschen der im geistigen Bereich zu erfüllenden Funktionen ab, damit beispielsweise die Führungskräfte bei den sach- und personalbezogenen Führungsprozessen das dazu notwendige Wissen in wirksames Planen, Entscheiden, Durchsetzen und Kontrollieren umsetzen können.

Die erfolgreiche Bewältigung einer Tätigkeit hängt aber nicht nur vom Wissen und Können der am Führungs- und Ausführungsprozeß Beteiligten ab, sondern wird ganz entscheidend von deren *Verhalten* geprägt. Grundsätzlich wird das Verhalten einer Person in bestimmten Situationen *einmal* von Einflußgrößen bestimmt, die in der für diese Person relevanten Umwelt begründet sind [114, S. 271 ff.]. Solche Einflußgrößen sind z.B. die organisatorische Umwelt (verstanden als Gesamtheit aller Regelungen, die der einzelne zu beachten hat), die soziale Umwelt (verstanden als zwischenmenschliche Beziehungen formeller und informeller Art), die sachliche Umwelt (verstanden als „dingliche", „physikalische" Umwelt) [124, S. 40 ff.]. *Zum anderen* wird das Verhalten einer Person von Einflußgrößen bestimmt, die in der Person selber liegen. Solche Einflußgrößen sind sowohl das verfügbare Wissen und Können, als auch die Motivationsstruktur, d.h. die Gesamtheit der individuellen Bedürfnisse (z.B. Bedürfnisse nach Sicherung, nach Kontakt, nach Wertschätzung, nach Persönlichkeitsentwicklung). Sieht man die Personalentwicklung unter dem zuletzt angedeuteten Aspekt, nämlich als Gewinnung oder Änderung bestimmter Motivationsstrukturen, so wird deutlich, daß damit gewisse Eigenschaften (Persönlichkeitswerte) entwickelt werden sollen, die u.a. beispielsweise das Führungsverhalten bestimmen. Ein solches Führungsverhalten äußert sich z.B. in der Art und Weise wie, mit welcher Bereitschaft, unter Berücksichtigung welcher Aspekte, kurz: mit welcher Motivation die Führungskräfte ihr Handeln ausüben. Ihr konkretes Verhalten zeigt, welchen Standpunkt, welche Haltung, welche Einstellung sie gegenüber sach- und personalbezogenen Aspekten des Führungsprozesses einnehmen. Als höchster Gütegrad des Führungsverhaltens sollte jener angestrebt werden, der sich durch einen möglichst hohen Einsatz für die sachbezogenen *und* einen möglichst hohen Einsatz für die personalbezogenen Aspekte auszeichnet[26].

Diese aufgezeigten Komponenten sind aber nicht etwa isoliert voneinander zu sehen, sondern jede Entwicklungsmaßnahme sollte möglichst sämtliche Komponenten der Personalentwicklung umspannen, indem die bestehenden Zusammenhänge zwischen ihnen volle Berücksichtigung finden.

zu (2): Arten der Personalentwicklung

Als weiteres Kriterium zur Abgrenzung der Personalentwicklung lassen sich folgende Arten der Personalentwicklung unterscheiden – vgl. Abb. 60:

- Entwicklungsarten, die auf *berufsvorbereitende* Bildung gerichtet sind,
- Entwicklungsarten, die auf *berufsbegleitende* Bildung gerichtet sind,
- Entwicklungsarten, die auf *berufsverändernde* Bildung gerichtet sind (berufliche „Neuorientierung").

26 Die Kombinationsmöglichkeiten hinsichtlich der unterschiedlichen Grade der Betonung sach- und personalbezogener Aspekte wurden von Blake und Mouton im sogenannten Verhaltensgitter (Managerial Grid) systematisch aufgezeigt [17; 38, S. 4 ff.].

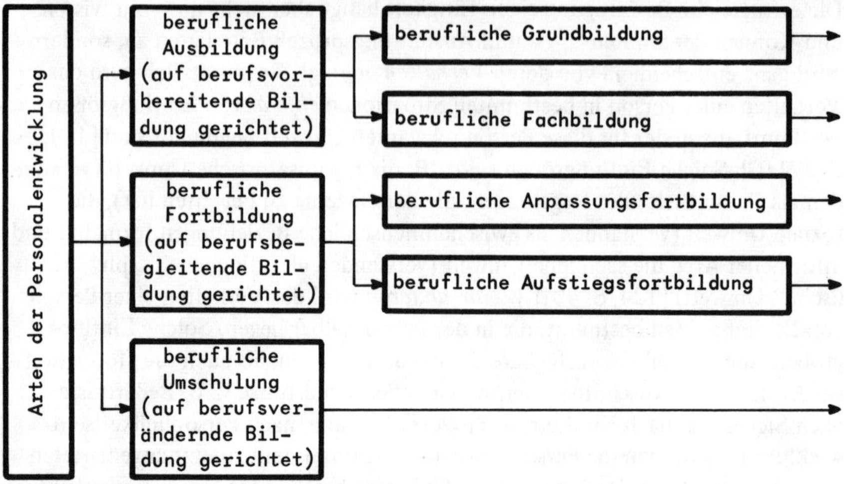

Abb. 60. Arten der Personalentwicklung als ein Kriterium zur Elementabgrenzung

Es handelt sich dabei um Bildungsmaßnahmen, die das Unternehmen zielgerichtet, bewußt und planmäßig seinen Mitarbeitern zukommen läßt.

Als Entwicklungsarten, die auf eine *berufsvorbereitende* Bildung gerichtet sind, lassen sich einmal die berufliche Grundbildung, zum anderen die berufliche Fachbildung unterscheiden, die beide unter dem Oberbegriff berufliche Ausbildung oder *Berufsausbildung* zusammenzufassen sind. „Die Berufsausbildung hat eine breit angelegte berufliche Grundbildung und die für die Ausübung einer qualifizierten beruflichen Tätigkeit notwendigen fachlichen Fertigkeiten und Kenntnisse in einem geordneten Ausbildungsgang zu vermitteln. Sie hat ferner den Erwerb der erforderlichen Berufserfahrungen zu ermöglichen" [14, § 1 Berufsbildung, Abs. (2)]. Berufsausbildung umfaßt somit alle Maßnahmen, die auf das Erlernen eines bestimmten Berufes (Lern- oder Anlernberufes) oder – in weiter Auslegung – auf das Erlernen einer bestimmten Tätigkeit gerichtet sind. Sie ist abgeschlossen, wenn die zur Ausübung eines bestimmten Berufes oder einer bestimmten Tätigkeit notwendige Qualifikation erreicht ist, und zwar nicht nur bei Jugendlichen, d.h. bei Auszubildenden, deren Ausbildung mit dem Abschluß und dem Eintritt in die eigentliche Beurfsarbeit endet, sondern auch bei Erwachsenen, z.B. bei Abgängern aus Hochschulen. Die *berufliche Grundbildung* ist die erste Stufe der beruflichen Ausbildung, die die Basis für die berufliche Fachbildung schaffen soll. In dieser Stufe „sollen als breite Grundlage für die weiterführende berufliche Fachbildung und als Vorbereitung auf eine vielseitige berufliche Tätigkeit Grundfertigkeiten und Grundkenntnisse vermittelt sowie Verhaltensweisen geweckt werden, die einem möglichst großen Bereich von Tätigkeiten gemeinsam sind" [14, § 26 Stufenausbildung, Abs. (2)]. Dabei sollte die berufliche Grundbildung zugleich so breit angelegt sein, daß sie den Zugang zu einer möglichst großen Gruppe ähnlicher Berufstätigkeiten eröffnet, um so ein hohes Maß an Mobilität zu ermöglichen. Ferner ist sie in Ergänzung zur „vorberuflichen Bildung" zu sehen, d.h. in Verbindung zu den allgemeinbildenden Schulen, denen unter anderem in verstärktem Maße die Aufgabe zufallen sollte, den einzelnen zur Wirtschafts- und Arbeitswelt heranzuführen, indem sie ihn mit wirtschaftlichen und sozialen Sachverhalten vertraut machen [35, S. 69ff.]. Die *berufliche Fachbildung* – als zweite Stufe der beruflichen Ausbildung – baut auf der beruflichen Grundbildung auf und führt zu einem Ausbildungsabschluß. Sie hat im einzelnen das Ziel, den Auszubildenden zur Ausübung eines qualifizierten Berufs zu befähigen, indem sie sowohl dasjenige Wissen (Fachwissen) und diejenigen Fertigkeiten (Fachkönnen) vermittelt, die für die Ausübung eines qualifizierten Berufes typisch sind, als auch berufsspezifische und soziale Verhaltensweisen fördert [48, S. 123]. Somit dient die berufliche Fachbildung einer fachlichen Spezialisierung, d.h. einer beruflichen Qualifikation. Im Rahmen einer differenzierten Stufenausbildung – für die verschiedene Konzeptionen erarbeitet wurden [165, S. 67ff.] – kann diese Stufe der beruflichen Fachbildung noch weiter untergliedert werden [14, § 26 Stufenausbildung, Abs. (3), (4)].

Unter beruflicher Ausbildung ist der Teil beruflicher Bildung zu verstehen, der eine berufliche Erstausbildung zum Gegenstand hat, während unter beruflicher Fortbildung und beruflicher Umschulung solche Maßnahmen zu verstehen sind, die entweder auf eine *berufsbegleitende Bildung* (im Sinne der beruflichen Fortbildung) oder auf eine *berufsverändernde Bildung* (im Sinne der beruflichen Umschulung) zielen. Sowohl bei der beruflichen Fortbildung als auch bei der beruflichen Umschulung – beide verstanden als Erwachsenenbildung – werden Personengruppen angesprochen, die bereits im Arbeitsleben stehen oder gestanden haben und über Berufserfahrung verfügen.

„Die berufliche Fortbildung soll es ermöglichen, die beruflichen Kenntnisse und Fertigkeiten zu erhalten, zu erweitern, der technischen Entwicklung anzupassen oder beruflich aufzusteigen" [14, § 1 Berufsbildung, Abs. (3)]. *Berufliche Fortbildung* kann somit einmal als *berufliche Anpassungsfortbildung* interpretiert werden, worunter solche Bildungsmaßnahmen verstanden werden sollen, die auf Aktivierung, Anpassung, Aktualisierung, Erwerb zusätzlicher Kenntnisse, Fertigkeiten und Verhaltensweisen zielen und die die für einen Beruf einmal erworbenen Kenntnisse, Fertigkeiten und Verhaltensweisen vertiefen. Damit soll eine „horizontale Mobilität" der Arbeitnehmer gewährleistet werden, d.h. sie sollen durch Entwicklung ihres Leistungspotentials befähigt werden, veränderten Anforderungen eines gleichartigen Arbeitsplatzes gewachsen zu sein. Berufliche Fortbildung kann zum anderen als *berufliche Aufstiegsfortbildung* interpretiert werden, worunter solche Bildungsmaßnahmen verstanden werden sollen, die den einzelnen zur Übernahme einer „höheren“ Berufstätigkeit, d.h. für einen beruflichen Aufstieg, vorbereiten sollen. Das Problem, das sich insbesondere bei diesen Maßnahmen stellt, läßt sich wie folgt formulieren: Inwieweit können die Mitarbeiter durch eine systematische Förderung auf die Übernahme „höherwertiger“ Positionen vorbereitet werden? Verfügen die Mitarbeiter überhaupt über ein solches „latentes“ Potential, welches von den Anlagen und Talenten her gegeben sein muß und erst durch gezielte Entwicklungsmaßnahmen bis zu einem gewissen Grad zu realisieren ist [124, S. 166]? Mit diesen Maßnahmen soll eine „vertikale Mobilität“ der Arbeitnehmer ermöglicht werden, d.h. sie sollen durch Entwicklung ihres (latenten) Leistungspotentials befähigt werden, beruflich aufzusteigen. Diese beiden als Anpassungs- und Aufstiegsfortbildung bezeichneten Arten der beruflichen Fortbildung sind jedoch nicht immer so scharf voneinander zu trennen, da im Sinne der Anpassungsfortbildung erworbene zusätzliche Kenntnisse und Fertigkeiten auch für den Aufstieg unentbehrlich sein können, oder eine Fortbildung, die auf Aufstieg gerichtet ist, kann zugleich auch die Einsatzfähigkeit „auf der alten Berufsebene“ ausweiten.

Maßnahmen der *beruflichen Umschulung* verfolgen das Ziel, dem Berufstätigen Wissen, Können und Verhaltensweisen zu vermitteln, die es ihm ermöglichen, entweder einen neuen Beruf oder eine anders qualifizierte berufliche Tätigkeit auszuüben, wobei diese Maßnahmen „nach Inhalt, Art, Ziel und Dauer den besonderen Erfordernissen der beruflichen Erwachsenenbildung“ [14, § 47 Berufliche Umschulung, Abs. (1)] entsprechen sollen. Die berufliche Umschulung kann sich sowohl „horizontal“ vollziehen (Erwachsener wird in eine andere berufliche Tätigkeit mit gleichem Niveau wie seine bisherige Tätigkeit umgeschult) als auch zu einem anderen (höheren oder auch niedrigeren) Niveau führen [170, S. 76]. Berufliche Umschulung bedeutet also, daß hierbei Personen, die – aus welchen Gründen auch immer – ihren bisherigen Beruf nicht mehr ausüben können oder ausüben wollen, für einen anderen Beruf ausgebildet werden.

Diese einzeln aufgezeigten Arten der Personalentwicklung müssen jedoch, wie Abb. 61 verdeutlicht, in ihrer gegenseitigen Abhängigkeit gesehen werden. Eine vom Unternehmen durchgeführte Personalentwicklung kann nur dann auf die Dauer gesehen zu einer Aktivierung der Mitarbeiterpotentiale führen, wenn die einzelnen Entwicklungsmaßnahmen systematisch aufeinander aufgebaut und koordiniert sind.

zu (3): Bereiche der Personalentwicklung

Als drittes Kriterium zur Elementabgrenzung können verschiedene Bereiche angeführt werden, in denen die Personalentwicklung erfolgen kann.

Wie Abb. 62 zeigt, können in grober Differenzierung zunächst unternehmensinterne und unternehmensexterne Bereiche unterschieden werden. *Unternehmensinterne* Personalentwicklung bedeutet, daß Entwicklungsmaßnahmen im

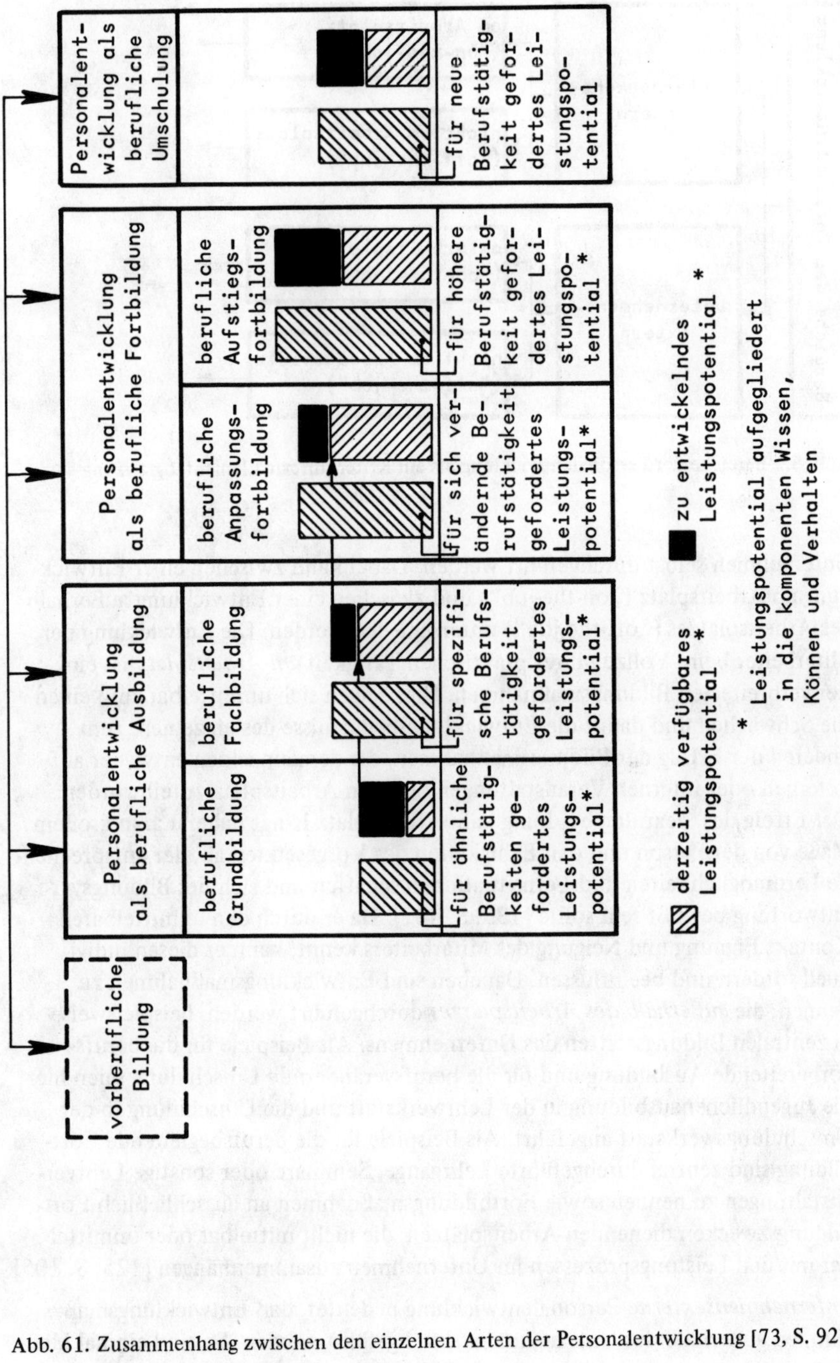

Abb. 61. Zusammenhang zwischen den einzelnen Arten der Personalentwicklung [73, S. 92]

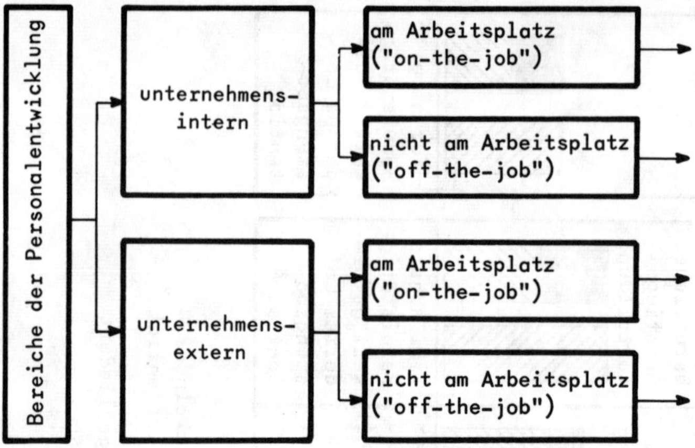

Abb. 62. Bereiche der Personalentwicklung als ein Kriterium zur Elementabgrenzung

Unternehmen selbst durchgeführt werden. Dabei kann zwischen einer Entwicklung am Arbeitsplatz („on-the-job") und zwischen einer Entwicklung außerhalb des Arbeitsplatzes („off-the-job") unterschieden werden. Die Entwicklung der Mitarbeiter beim Vollzug ihrer praktischen Tätigkeit *am Arbeitsplatz* ist eine der verbreitesten Bildungsmaßnahmen. Hier zeigen sich unmittelbar zum einen die Schwächen und damit die Entwicklungsbedürfnisse des einzelnen, zum anderen der Erfolg der Bildungsmaßnahmen, die dem einzelnen entweder auf externen oder internen Veranstaltungen oder am Arbeitsplatz zuteil wurden. Der Erfolg des „learning by doing" am Arbeitsplatz hängt dabei u.a. in großem Maße von der Person und den Fähigkeiten des Vorgesetzten ab, der entsprechende Lernmöglichkeiten und Lernsituationen schaffen und sich der Bildungsverantwortung bewußt sein sollte [133, S. 487]. Da er durch den unmittelbaren Kontakt Eignung und Neigung des Mitarbeiters kennt, kann er diesen individuell fördern und beeinflussen. Daneben sind Entwicklungsmaßnahmen zu nennen, die *außerhalb des Arbeitsplatzes* durchgeführt werden, beispielsweise in zentralen Bildungsstätten des Unternehmens. Als Beispiele für die berufsvorbereitende Ausbildung und für die berufsverändernde Umschulung seien hier die Jugendlichenausbildung in der Lehrwerkstatt und die Umschulung in der Umschulungswerkstatt angeführt. Als Beispiele für die berufsbegleitende Fortbildung sind zentral durchgeführte Lehrgänge, Seminare oder sonstige Lehrveranstaltungen zu nennen sowie Fortbildungsmaßnahmen an ausschließlich Fortbildungszwecken dienenden Arbeitsplätzen, die nicht mittelbar oder unmittelbar mit den Leistungsprozessen im Unternehmen zusammenhängen [125, S. 105].

Unternehmensexterne Personalentwicklung bedeutet, daß Entwicklungsmaßnahmen außerhalb des Unternehmens durchgeführt werden. So sind einmal Maßnahmen zu nennen, die von Institutionen der öffentlichen Hand durchgeführt werden. Hierunter sind alle vom Staat eingerichteten oder unter Staatsaufsicht betriebenen Schulen im weitesten Sinne zu verstehen, die entweder als Vollzeitschulen der vorberuflichen Bildung, der berufsbegleitenden Fortbildung und der berufsverändernden Umschulung dienen oder als sie begleitende Schulen daran beteiligt sind. Zum anderen sind als unternehmensexterne Entwicklungsstellen die zahlreichen und kaum mehr zu übersehenden Institutionen der gewerblichen Wirtschaft zu nennen. Hierunter fallen Lehrgänge, Seminare und sonstige Veranstaltungen von Verbänden, von Kammern, von Zweckgemeinschaften und von verschiedenen freien Trägern. Ein Beispiel für die unternehmensexterne Entwicklung *am Arbeitsplatz* ist die Entsendung des Führungsnachwuchses von Kleinbetrieben in ein anderes, vergleichbares Unternehmen, wo durch praktische Tätigkeit die erforderliche Führungsqualifikation erworben werden kann. Bei der unternehmensexternen Personalentwicklung *außerhalb des Arbeitsplatzes* vollziehen sich hingegen die Entwicklungsmaßnahmen sowohl außerhalb des Unternehmens als auch außerhalb der praktischen Tätigkeit.

zu (4): Wirkungszeiträume für die Personalentwicklung

Als weiteres Kriterium zur Elementabgrenzung können verschiedene Wirkungszeiträume angeführt werden, die für die Personalentwicklung erforderlich sind. Zwar ist z.B. der Bildungsprozeß im Rahmen der Anpassungsfortbildung kein zeitlich begrenzter Vorgang, sondern ein Prozeß des „lebenslangen Lernens", aber dennoch erscheint es angebracht, die Personalentwicklung nach Zeiträumen zu differenzieren, da jede einzelne Maßnahme oder jedes Bündel von Maßnahmen zur Personalentwicklung auf bestimmte Ziele hingeordnet und mit dem Erreichen der angestrebten Ziele zunächst beendet ist. So gibt es beispielsweise einen Abschluß der berufsvorbereitenden Ausbildung oder, wenn die Stufenausbildung berücksichtigt wird, mehrere aufeinanderfolgende Abschlüsse. Vergleichbares trifft auch für die Anpassungs-, die Aufstiegsfortbildung und die Umschulung zu, so daß zwischen einer kurz-, mittel- und langfristigen Personalentwicklung unterschieden werden kann – vgl. Abb. 63.

Eine kurzfristige Personalentwicklung strebt dabei solche Ziele an, die sich in kurzer Zeitdauer erreichen lassen. Entsprechendes gilt für die mittel- und langfristige Personalentwicklung. Grundsätzlich hängt die Länge der für die Entwicklung erforderlichen Zeiträume von einer Vielzahl von Einflußgrößen ab. Solche Einflußgrößen sind u.a. die zu entwickelnden Mitarbeitergruppen, die jeweiligen Altersgruppen, arbeitsorganisatorische Aspekte, vorgesehene Lehr- und Lernmethoden, zu beachtende Ausbildungsordnungen. Entscheidend für die konkrete Festlegung des erforderlichen Wirkungszeitraumes ist dabei jener Zeitraum, der für einen bestimmten Zuwachs an Leistungspotential erforderlich ist – vgl. Abb. 64 –, wobei zusätzlich der Lernverlauf des einzelnen nach erfolgter Entwicklung zu berücksichtigen ist. So zeigt beispielsweise der Lernverlauf bei der Person C,

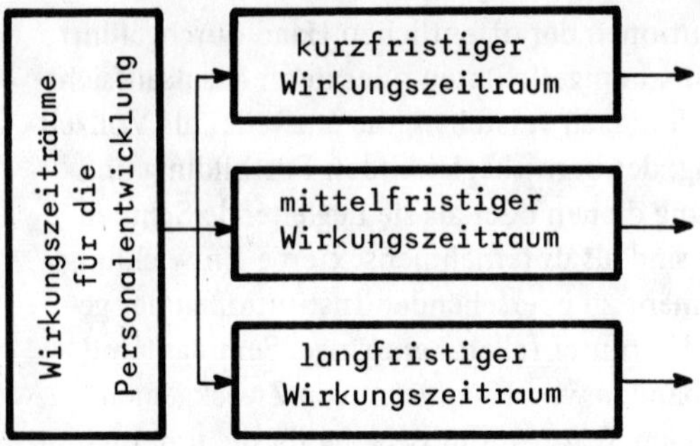

Abb. 63. Wirkungszeiträume für die Personalentwicklung als ein Kriterium zur Elementabgrenzung

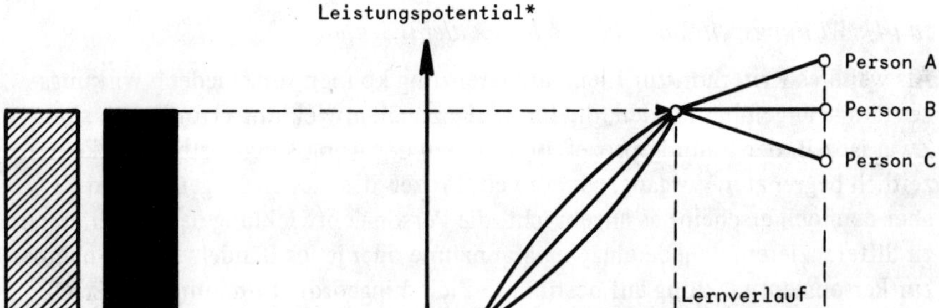

Abb. 64. Erforderlicher Zeitraum für Entwicklungsmaßnahmen – prinzipiell [143, S. 247]

daß ihr positiver Lernerfolg nach erfolgter Entwicklung sich nicht am Arbeitsplatz widerspiegelt, d.h. sie ist nicht in der Lage, das Gelernte bei der praktischen Tätigkeit anzuwenden.

Werden die *vier Kriterien kombiniert* zur Elementabgrenzung herangezogen, so beziehen sich die einzelnen Elemente dieses Teilsystems auf

- eine bestimmte Komponente der Personalentwicklung,
- eine bestimmte Art der Personalentwicklung,
- einen bestimmten Bereich der Personalentwicklung,
- einen bestimmten Wirkungszeitraum für die Personalentwicklung.

Diese mehrdimensionale analytische Bestimmung der Elemente ist in Abb. 65 veranschaulicht.

Unter Berücksichtigung obiger Kriterien können beispielsweise folgende *Elemente* gebildet werden:

Element 1: Vermittlung von Wissen im Rahmen einer mittelfristigen unternehmensinternen Grundausbildung außerhalb des Arbeitsplatzes,

Element 2: Herbeiführen einer bestimmten Verhaltensweise im Rahmen einer langfristigen unternehmensinternen Aufstiegsfortbildung am Arbeitsplatz,

Element 3: Entwicklung des manuellen Könnens im Rahmen einer mittelfristigen unternehmensexternen Umschulung außerhalb des Arbeitsplatzes usw.

Der Vorteil einer solchen Betrachtungsweise ist die Möglichkeit, jede interessierende Problemstellung unterschiedlichen Detaillierungsgrades einer gesonderten Betrachtung zugänglich machen zu können.

Die *Eigenschaften* der Elemente dieses Teilsystems finden eine Konkretisierung in der Art und Weise, *wie* die Personalentwicklung den Erfordernissen der materiellen, sozialen, informationellen und wertmäßigen Dimensionen des Unternehmensgeschehens Rechnung trägt.

So berücksichtigen die *materiellen Eigenschaften* der Personalentwicklung solche Eigenschaften oder Eigenschaftsgruppen, die sich primär aus den im Unternehmen sich abspielenden Leistungsprozessen ergeben, wobei diese Leistungsprozesse im einzelnen festlegen, über welches konkrete Wissen, Können und über welche spezifische Verhaltensweise der einzelne Mitarbeiter verfügen muß. Diesem Aspekt trägt die Personalentwicklung dadurch Rechnung, daß sie die Leistungspotentiale der Mitarbeiter so zu entwickeln und zu verändern versucht, damit die Mitarbeiter befähigt werden, eine bestimmte Tätigkeit in einem bestimmten Tätigkeitsbereich auszuüben. Die *sozialen Eigenschaften* der Personalentwicklung berücksichtigen die Belange und die Besonderheiten des Menschen, der entwickelt werden soll. So sind unter diesem Aspekt beispielsweise die individuellen Ziele und Vorstellungen der Mitarbeiter bezüglich ihrer eigenen Entwicklung zu berücksichtigen. Weiterhin muß bei Umschulungsmaßnahmen auf die

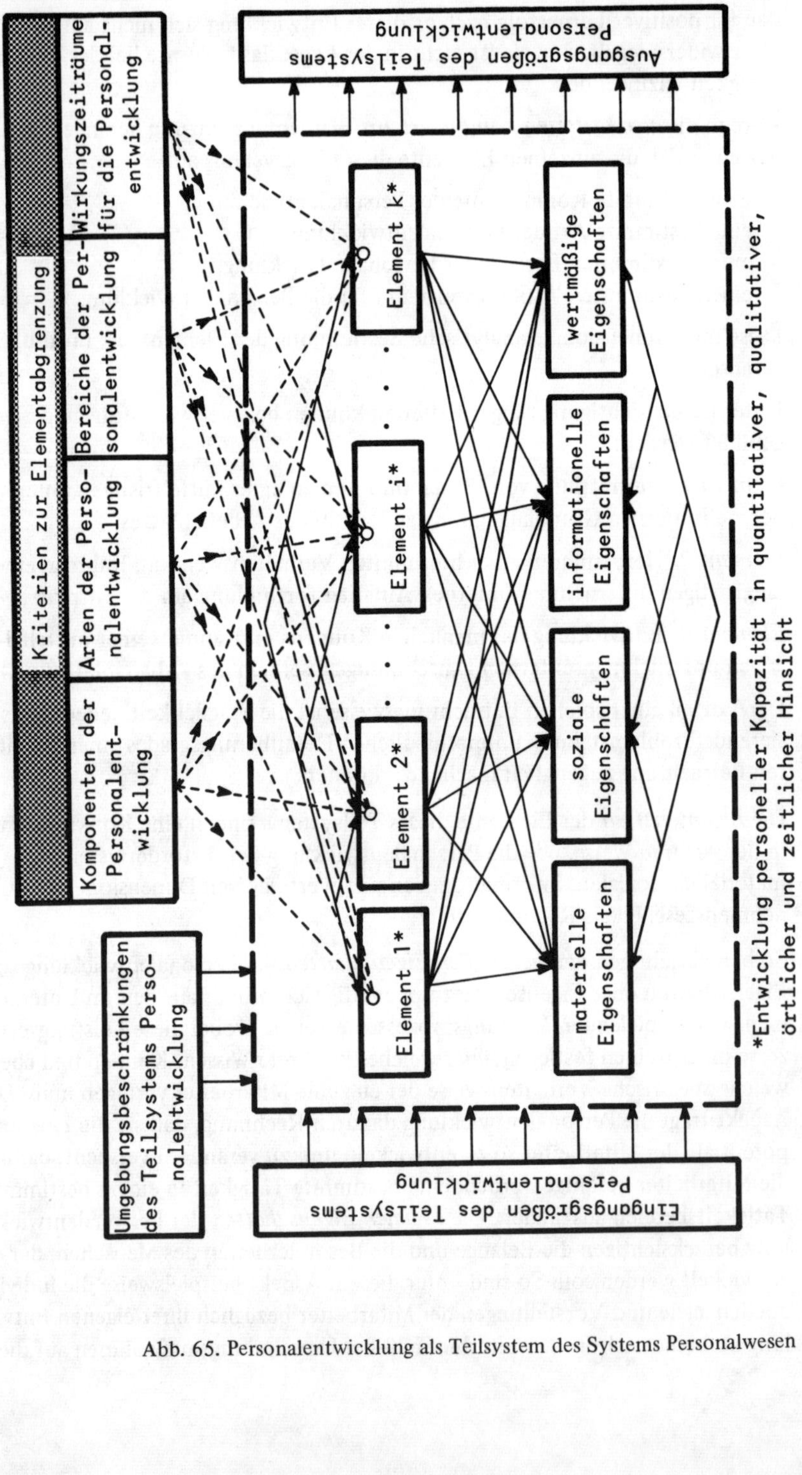

Abb. 65. Personalentwicklung als Teilsystem des Systems Personalwesen

Situation der erwachsenen Berufstätigen Rücksicht genommen werden, ist auf die Bereitschaft der Mitarbeiter einzuwirken, von gebotenen Bildungsveranstaltungen Gebrauch zu machen, müssen wesentlich mehr als bisher lernpsychologische Überlegungen berücksichtigt und die Bedingungen des Lernens bewußter in Lehrplänen eingebaut werden. Die *informationellen Eigenschaften* der Personalentwicklung berücksichtigen solche Eigenschaften, die sich aus dem Prozeß der Informationsgewinnung, -bearbeitung, -speicherung, -verwertung und -abgabe bei der Entwicklung personeller Kapazität ergeben. Im Rahmen der Informationsgewinnung müssen z.B. Informationen über gegenwärtige und zukünftige Soll-Fähigkeitsprofile, über Ist-Fähigkeitsprofile – insbesondere Informationen über verwertete, verfügbare und latente Leistungspotentiale [124, S. 166] –, über individuelle Entwicklungserwartungen der Mitarbeiter, über zweckmäßigen Einsatz der Entwicklungsmethoden, über zu beachtende Gesetzesvorschriften gewonnen werden. Bei der Informationsverwertung muß z.B. bestimmt werden, welches konkrete Wissen, Können und Verhalten im Einzelfall zu entwickeln ist, welche internen und externen Bildungsmöglichkeiten gewählt werden sollen, welche Lehr- und Lernmethoden einzusetzen sind. Im Rahmen der Informationsabgabe schließlich sind an andere Stellen oder Unternehmensbereiche Informationen zu liefern, die z.B. Aufschluß darüber geben, welches konkrete Wissen, Können und Verhalten dem einzelnen vermittelt wurde, wie der Erfolg der durchgeführten Entwicklungsmaßnahmen zu beurteilen ist, welche Entwicklungsmaßnahmen im Unternehmen durchgeführt werden können oder die dem Betriebsrat die Voraussetzungen zur Wahrnehmung seiner betriebsverfassungsgesetzlichen Rechte im Bereich der Berufsbildung[27] gewährleisten. Die *wertmäßigen Eigenschaften* der Personalentwicklung berücksichtigen schließlich die ökonomischen Aspekte. Unter diesen Aspekten werden Ausgaben, Aufwendungen oder Kosten für die Personalentwicklung als Bildungsinvestitionen [47; 164] verstanden, deren Amortisation innerhalb einer gewissen Zeit erwartet wird. Als Beispiele für anfallende Kosten seien hier angeführt: Kosten für interne oder externe Entwicklungsmaßnahmen, Kosten für die Schaffung und Unterhaltung unternehmensinterner Einrichtungen zur Personalentwicklung, Kosten für interne oder externe Referenten, Kosten für einzusetzende Lehrmittel, Kosten für die Entwicklung eigener Planspiele, Kosten für die Freistellung, wenn Entwicklungsmaßnahmen außerhalb des Arbeitsplatzes durchgeführt werden. Während die im Einzelfall verursachten Kosten relativ einfach feststellbar sind, sind die dabei erreichten Erfolge, die sich beispielsweise in erhöhten Leistungen der Mitarbeiter niederschlagen, kaum oder schwer quantifizierbar.

Mit diesen Ausführungen sind *Ziele* und *Inhalt* dieses Teilsystems umschrieben.

[27] [15, § 96 Förderung der Berufsbildung, § 97 Einrichtungen und Maßnahmen der Berufsbildung, § 98 Durchführung betrieblicher Bildungsmaßnahmen].

3.3.3.2 Personalentwicklung als Führungseinheit

Unter *prozessualem Aspekt* soll die Personalentwicklung wiederum als Führungseinheit betrachtet werden.

Bestandteil der „*strategischen*" Führungsaufgabe Personalentwicklung sind Festlegungen über Ziele und/oder Grundsätze für diesen Funktionsbereich – vgl. Abb. 66.

Ebene	Phase	
strategische Ebene	Planung Entscheidung Durchsetzung Kontrolle	Festlegungen darüber was im einzelnen durch die Personalentwicklung erreicht werden soll (Ziel), wie, d.h. auf welche Art und Weise, die Personalentwicklung auszuüben ist (Grundsätze)
operative Ebene	Planung	Planung von Maßnahmen (Entwicklungsprogrammen) zur Anpassung der Mitarbeiterqualifikation an die an sie gestellten Anforderungen unter gleichzeitiger Berücksichtigung ihrer auf persönliche Entfaltung gerichteten Interessen
	Entscheidung	verbindliche Festlegung von Personalentwicklungsplänen als Entscheidung über die im Einzelfall durchzuführenden Stoff-, Lehr-, Zeit und Finanzierungsprogramme
	Durchsetzung	Festlegung der Personalentwicklungspläne im Detail, Vorgabe der Personalentwicklungspläne
	Kontrolle	Erfassung des Erfolges der Entwicklungsbemühungen, Vergleich mit den beabsichtigten Entwicklungszielen, Beurteilung der Abweichungen nach bestimmten Kriterien
	Ausführung	Vollzug der Personalentwicklungsmaßnahmen (Entwicklungsprogramme)

Abb. 66. Phasen des Führungs- und Ausführungsprozesses des Funktionsbereichs Personalentwicklung

Ziele bestimmen, *was* im einzelnen konkret erreicht werden soll, d.h. beispielsweise: Wem soll was, wann, in welcher Zeit vermittelt werden? Soll beispielsweise durch eine möglichst langfristige Personalentwicklung allgemein das Leistungspotential aller Mitarbeiter gehoben werden, damit sie über das zukünftig erforderliche Wissen, Können und Verhalten verfügen, oder sollen nur einzelne Mitarbeitergruppen entwickelt oder soll eine auf den einzelnen Mitarbeiter bezogene Personalentwicklung durchgeführt werden? Da nicht allen Entwicklungsbedürfnissen gleichzeitig Rechnung getragen werden kann, müssen gegebenenfalls Prioritäten gesetzt werden. *Grundsätze* bestimmen, *wie*, d.h. auf welche Art und Weise, die Personalentwicklung auszuüben ist. Ein solcher Grundsatz könnte bei der Entwicklung von Führungskräften davon ausgehen, „daß immer die ranghöhere Führungskraft zuerst geschult werden muß, bevor ihre Mitarbeiter zu einer Schulung entsandt werden. Damit sollen insbesondere jene organisationspsychologischen Hemmnisse ausgemerzt werden, die sich in der Unwissenheit, Innovationsträgheit und mangelnden Flexibilität des Vorgesetzten einstellen, wenn ein Untergebener Neuerungen durchsetzen will" [144, S. 27]. Ein weiterer Grundsatz könnte festlegen, welcher Weg prinzipiell bei der Personalentwicklung beschritten werden sollte, ob z.B. unternehmensexterne oder unternehmensinterne Entwicklungsmöglichkeiten zu nutzen sind, ob Entwicklung am Arbeitsplatz oder außerhalb des Arbeitsplatzes durchzuführen ist.

Mit solchen Zielen und/oder Grundsätzen wird somit der Rahmen für die einzelnen Maßnahmen der Personalentwicklung – *„operative"* Ebene (vgl. Abb. 66) – abgesteckt.

Entsprechend dem Inhalt der Planungsphase im Führungsprozeß bedeutet in diesem Zusammenhang *Personalentwicklungsplanung*: Planung von Maßnahmen zur Anpassung der Mitarbeiterqualifikation an die an sie gestellten Anforderungen unter gleichzeitiger Berücksichtigung ihrer auf persönliche Entfaltung gerichteten Interessen. Um geeignete *Entwicklungsprogramme* aufstellen zu können, die sämtliche zur Erreichung der Entwicklungsziele erforderlichen Maßnahmen beinhalten, muß zunächst eine Beschreibung der „Ausgangssituation" erfolgen, die unter anderem klären soll: Worauf kann die Personalentwicklung aufbauen? Im einzelnen ist dabei zu klären: Über welches Wissen, Können und Verhalten verfügt bereits der Mitarbeiter, welches latente Leistungspotential und welche möglichen Entwicklungsrichtungen sind zum gegenwärtigen Zeitpunkt vorhanden? Zusätzlich ist zu klären, ob Entwicklungsprogramme für Personen aufgestellt werden sollen, die zukünftig in neue Positionen eingesetzt werden, aber dafür noch nicht genügend vorbereitet sind, oder für Personen, bei denen festgestellt wird, daß sie ihren jetzigen Aufgaben nicht voll gerecht werden.

Zur Ausarbeitung solcher Entwicklungsprogramme gehört im einzelnen die Auswahl geeigneter Stoff-, Lehr-, Zeit- und Finanzierungsprogramme. *Stoffprogramme* [16, S. 594] bestimmen, welches spezielle Wissen, Können und Verhalten den einzelnen Mitarbeitern durch Entwicklungsmaßnahmen zu vermitteln ist. Während bei der Entwicklung am Arbeitsplatz solche Stoffprogramme zumeist auf den einzelnen Mitarbeiter zugeschnitten werden können, beziehen sie sich bei Veranstaltungen außerhalb des Arbeitsplatzes auf bestimmte Mitarbeitergruppen, bei denen eine annähernd gleiche Vorbildung und eine möglichst homogene Interessenlage vorliegen sollte. *Lehrprogramme* bestimmen die Gestaltung und die Ausführung der Stoffprogramme. Sie geben darüber Auskunft, in welcher Art und Weise und in welcher Reihenfolge der zu vermittelnde Lehrstoff den Mitarbeitern dargeboten werden soll. In feinerer Differenzierung ist das Lehrprogramm in einzelne Lehr- bzw. Lernabschnitte zu untergliedern, wobei für jeden Abschnitt Lernziele, Lernstufen, Lernverfahren (Methoden) und einzusetzende Medien (organisatorische und technische Hilfsmittel) festzulegen sind [121, S. 35ff.]. Durch *Zeitprogramme* werden Dauer, Reihenfolge und Häufigkeit der einzelnen Entwicklungsprogramme bestimmt. Schließlich werden durch *Finanzierungsprogramme* die anfallenden Kosten und die jeweiligen Finanzierungsmöglichkeiten geplant. So kann beispielsweise die Finanzierung durch das Unternehmen, durch die Mitarbeiter selbst oder auch durch das Arbeitsamt im Rahmen des Arbeitsförderungsgesetzes erfolgen.

In der *Entscheidungsphase* werden Entwicklungspläne als verbindlich vorgegeben, d.h. es werden die im Einzelfall durchzuführenden Stoff-, Lehr-, Zeit- und Finanzierungsprogramme festgelegt. Hier sind Entscheidungen darüber zu fällen, welche Mitarbeiter zu Lehrgängen und Seminaren zu entsenden sind, welche speziellen, abteilungsinternen Fortbildungsmaßnahmen durchgeführt werden sollen, inwieweit Mitarbeiter für die Mitwirkung bei unternehmensinternen Veranstaltungen freigestellt werden sollen usw. Dabei versteht es sich von selbst, daß solche Entscheidungen mit den übrigen Entscheidungsbereichen innerhalb des Unternehmens und/oder innerhalb des Personalwesens zu koordinieren sind, wobei die Beratungs- und Mitwirkungsrechte des Betriebsrates entsprechende Berücksichtigung finden müssen.

In der *Durchsetzungsphase* sind die verabschiedeten Personalentwicklungspläne im Detail festzulegen und den mit der Ausführung von Entwicklungsmaßnahmen betrauten Personen vorzugeben. Die Durchsetzung solcher Entwicklungspläne hängt unter anderem weitgehend davon ab, inwieweit die mit der Entwicklung betrauten Personen als auch die zu Entwickelnden bereits in die Planungs- und Entscheidungsphase einbezogen wurden, da beide Seiten in ganz entscheidendem Maße den Erfolg von Entwicklungsmaßnahmen beeinflussen. So wird beispielsweise der Entwicklungsprozeß des einzelnen sowohl von den Lehrkräften gefördert und gelenkt als auch von seiner Motivation, d.h. von seiner Bereitschaft, von der gebotenen Lernmöglichkeit Gebrauch zu machen, andere Standpunkte und Betrachtungsweisen kennenzulernen und sein eigenes Verhalten kritisch zu prüfen [139, S. 118]. Deswegen sollten alle Faktoren, die Einfluß auf die „Bildungsmotivation" nehmen können, möglichst weitgehende Berücksichtigung finden. Insbesondere sollte der der eigentlichen Entwicklung nachfolgenden Phase (vgl. Abb. 64, Zeitraum t_1 bis t_2) mehr Aufmerksamkeit geschenkt werden. Sehr häufig begegnet man nämlich der Situation, daß sich ein positiver Lernerfolg am Ende einer durchgeführten Entwicklungsmaßnahme nicht am Arbeitsplatz des Teilnehmers widerspiegelt, weil organisationspsychologische Hemmnisse vorliegen, die den „Lerntransfer" unterbinden können [144, S. 27].

In der *Ausführungsphase* werden die Entwicklungsmaßnahmen durchgeführt. Inwieweit die angestrebten Entwicklungsziele erreicht werden können, hängt davon ab, ob die tatsächlich bei der Entwicklung auftretenden Einflußgrößen im voraus entsprechend berücksichtigt wurden. Insbesondere müssen in dieser Phase wesentlich mehr als bisher lernpsychologische Erkenntnisse und Überlegungen beachtet werden.

Schließlich muß die Frage nach dem Verhältnis von Aufwand zu Ertrag gestellt werden. In dieser *Kontrollphase* geht es um die Frage, ob und in welchem Umfang die Entwicklungsziele erreicht wurden, wenn nein, warum nicht. Zunächst ist der Erfolg der Entwicklungsbemühungen zu erfassen, wobei es nicht so sehr um eine Erfassung aller durchgeführten Maßnahmen, aller angefallenen Kosten, der für die Entwicklung benötigten Zeit geht, sondern vielmehr darum, festzustellen, inwieweit sich das Wissen, Können und Verhalten der Mitarbeiter durch Entwicklungsmaßnahmen im Vergleich zur Lage vor Beginn der Schulung verändert haben. Beispielsweise können drei Arten der Erfolgsmessung unterschieden werden [125, S. 147ff.]:

- Reaktion der Teilnehmer, Eindrücke der mit der Entwicklung betrauten Personen, Beobachtungen Dritter, z.B. mittels Fragebögen und Interviews,
- Ermittlung des Lernerfolges unmittelbar nach Abschluß erfolgter Entwicklung, z.B. anhand von schriftlichen und mündlichen Prüfungen, Fragebögen, Demonstrationen, Beobachtungen,
- Ermittlung des Lernerfolges bei Ausübung der praktischen Tätigkeit, z.B. anhand von Beurteilungen, unterschiedlichen Maßzahlen [82, S. 203ff.].

Der Erfolg oder das Ergebnis der Entwicklungsmaßnahmen ist mit den beabsichtigten Entwicklungszielen zu vergleichen („Soll-Ist-Vergleich“). Wenn z.B. die Reaktion der Teilnehmer bezüglich des Entwicklungsprogrammes negative Kritik enthält oder der Lernerfolg zu wünschen übrig läßt, sollte anhand einer Abweichungsanalyse geklärt werden, wie z.B. die angewandten Lernverfahren verbessert werden können. „Auch wenn sich das Verhalten am Arbeitsplatz nicht in der beabsichtigten Weise ändert oder wenn das Ausbildungsprogramm der eigenen Unternehmung beim Vergleich mit den Trainingsaktivitäten von Konkurrenzfirmen wenig vorteilhaft abschneidet, lassen sich aus solchen Ergebnissen Strategien zur Verbesserung der Bildungsarbeit entwickeln“ [43, S. 19]. So erfordert die Zielgerichtetheit der Entwicklungsmaßnahmen einen weitaus stärkeren Einbau von Kontrollen als das heute üblich ist, um die Entwicklungsinhalte von Ballast zu bereinigen und um das Entwicklungsgeschehen zu rationalisieren [36, S. 205].

3.3.4 Funktionsbereich Personaleinsatz

Wie das Sachziel des Personalwesens, nämlich „Bereitstellen personeller Kapazität zur Erreichung der Unternehmensziele“, zeigt, müssen die personalbezogenen Funktionsbereiche Personalbedarfsermittlung, Personalbeschaffung, Personalentwicklung, Personalerhaltung und Personalfreistellung stets im Hinblick auf den Personaleinsatz ausgerichtet sein. Damit wird zugleich deutlich, in welchem engen Zusammenhang der Funktionsbereich Personaleinsatz mit obigen Funktionsbereichen zu sehen ist.

Der Personaleinsatz zielt darauf ab, verfügbare personelle Kapazität „bestmöglich" in den unternehmerischen Leistungsprozeß einzugliedern, und zwar in quantitativer, qualitativer, örtlicher und zeitlicher Hinsicht. „Bestmögliche" Eingliederung besagt einmal, daß unter ökonomischem Blickwinkel Wirtschaftlichkeit und Rentabilität als Beurteilungskriterien heranzuziehen sind, zum anderen, daß die legitimen Sozialbelange der Mitarbeiter entsprechend zu berücksichtigen sind. Im einzelnen ist dazu der Ist-Personalbestand zu ermitteln, eine Zuordnung zu den Arbeitsplätzen vorzunehmen und sind die sich dabei ergebenden Anpassungsnotwendigkeiten aufzuzeigen, denen z.B. durch Nutzung vereinbarter Mehrarbeit, durch ergonomische Arbeitsgestaltung und durch Personalentwicklungsmaßnahmen Rechnung zu tragen ist. Um den Inhalt dieses Funktionsbereichs einer detaillierten Betrachtung zuzuführen, soll er wiederum als ein Teilsystem des Systems Personalwesen betrachtet werden.

3.3.4.1 Personaleinsatz als Teilsystem

Anhand der in der Praxis relevanten Problemstellungen lassen sich folgende vier Kriterien zur Abgrenzung von Elementen des Teilsystems Personaleinsatz heranziehen [74, S. 141]:

(1) *Arten* des einzusetzenden Personals,
(2) *Tätigkeitskategorien*, für die der Personaleinsatz erfolgt,
(3) *Tätigkeitsbereiche*, in denen der Personaleinsatz erfolgt,
(4) *Wirkungszeiträume* für den Personaleinsatz.

zu (1): Arten des einzusetzenden Personals

Gliedert man den Personaleinsatz nach Arten des einzusetzenden Personals, so ergeben sich, wenn man zur Differenzierung die Artmerkmale *Alter*, *Geschlecht*, *Herkunft* und *Leistungsminderung* heranzieht – vgl. Abb. 67 –, jeweils spezifische Einsatzprobleme. Spezielle Einsatzprobleme ergeben sich dabei insbesondere bei den Personengruppen der Jugendlichen, der älteren Mitarbeiter, der Frauen, der Ausländer und der Leistungsgeminderten.

Die Personengruppe der *Jugendlichen* als Gruppe der Auszubildenden und der Ungelernten wirft folgende Einsatzprobleme auf: Einmal handelt es sich um Heranwachsende, die sich in einem körperlich-seelischen Entwicklungsprozeß zwischen Kindheit und Erwachsenenalter befinden, bei denen u.a. beachtet werden muß, welche Gesamtbelastung ihnen im Vergleich zu den Erwachsenen zugemutet werden darf, da ihr Leistungsvermögen in Abhängigkeit vom Wachstum zu sehen ist. Zum anderen ergeben sich Probleme daraus, daß es sich um Berufsanfänger handelt. Der Übergang von Schule und Familie in den Beruf stellt den jungen Menschen in eine neue und kritische Situaiton, die ihn zumeist erstmalig

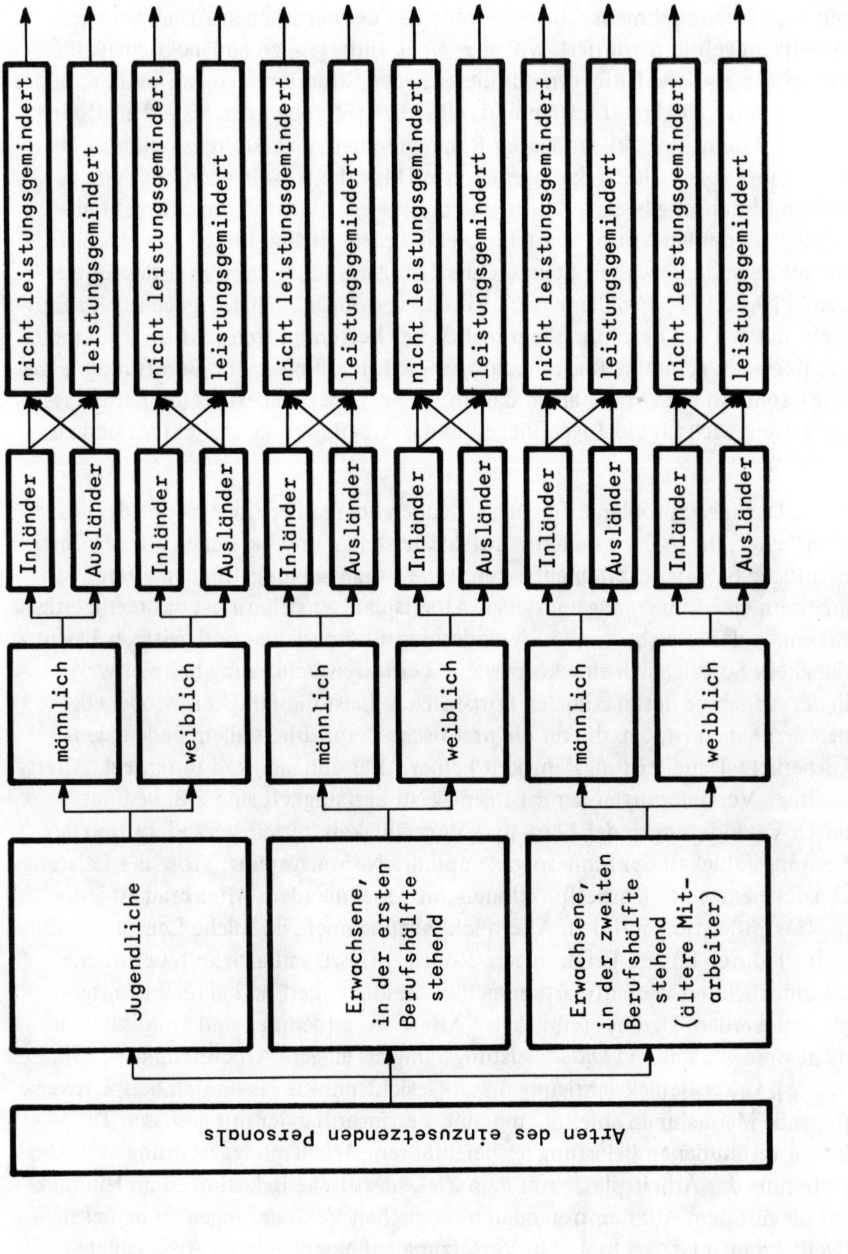

Abb. 67. Arten des einzusetzenden Personals als ein Kriterium zur Elementabgrenzung

mit sachlichen und menschlichen Problemen der beruflichen Arbeit und der Arbeitsumwelt konfrontiert, wobei er einer umfassenden pädagogischen Hilfe bedarf. Eine solche Hilfe, um mit dieser neuen Situation fertig zu werden, in der er bald wertvolle Arbeit leisten und selbst Befriedigung in dieser Arbeit finden soll, wird dem Auszubildenden im Rahmen seiner Ausbildung zuteil. Man übersieht dabei aber vielfach die jugendlichen Hilfsarbeiter, die ebenfalls einer gezielten Einführung bedürfen. „Es sind diejenigen, die ihre Lehrzeit nicht abschließen oder überhaupt nicht antreten können. Es sind billige Arbeitskräfte, die oft nach dem zweiten Lehrjahr aus dem Ausbildungsvertrag entlassen werden“ [10, S. 152]. Probleme beim Einsatz von Jugendlichen ergeben sich somit nicht nur aus der Beachtung rein rechtlicher Bestimmungen (z.B. Jugendarbeitsschutzgesetz, gesamtes Jugendrecht, Arbeitsförderungsgesetz, Berufsbildungsgesetz), sondern es geht vor allem darum, in einer speziell gestalteten Lernphase das Hereinwachsen des Jugendlichen in die Arbeitswelt zu erleichtern und zu fördern.

Spezielle Einsatzprobleme ergeben sich auch bei der Personengruppe der *älteren Mitarbeiter*, die in der zweiten Berufshälfte stehen und bei denen altersbedingt berufliche Schwierigkeiten auftreten. Eine Voraussetzung, um den älteren Mitarbeitern einen ihnen angemessenen Arbeitsplatz zu sichern, ist das rechtzeitige Erkennen der altersbedingten Veränderungen körperlicher und geistiger Leistungsfähigkeit. So zeigt sich eine körperliche Leistungsveränderung beispielsweise in der Abnahme der maximalen körperlichen Leistungsfähigkeit, wobei aber hervorzuheben ist, daß die für die praktische Berufsarbeit allein bedeutsame körperliche Dauerleistungsfähigkeit keiner Altersabhängigkeit unterliegt. Altersbedingte Veränderungen der geistigen Leistungsfähigkeit sind z.B. bedingt durch Veränderungen der Lern- und Merkfähigkeit, durch Veränderungen der Leistungsfähigkeit der Sinnesorgane und des Nervensystems. Trotz der Leistungsabnahme einzelner Körperfunktionen mit zunehmendem Alter braucht jedoch die Gesamtleistung mit dem Alter nicht abzunehmen, da solche Leistungsverluste vielfach durch höhere Erfahrungen, Routine, Gewissenhaftigkeit, berufliche Geschicklichkeit, Verantwortungsgefühl, Besonnenheit und ähnliches ausgeglichen werden. Daraus ergibt sich: „Ältere Arbeitnehmer sind grundsätzlich nicht weniger, sondern *anders* leistungsfähig als jüngere Arbeitnehmer“ [158, S. 223]. Unter Berücksichtigung dieser Gesichtspunkte lassen sich beispielsweise folgende Maßnahmen ableiten, um eine Verringerung der mit gewissen Tätigkeiten verbundenen Belastung herbeizuführen: Arbeitsplatzgestaltung, d.h. Umgestaltung der Arbeitsplätze mit dem Ziel, spezifische Belastungen im Hinblick auf die mit dem Alter eintretenden biologischen Veränderungen zu berücksichtigen; Arbeitsplatzwechsel, d.h. Versetzung auf einen anderen Arbeitsplatz, der dem veränderten Leistungsvermögen entspricht; Arbeitszeitregelung, d.h. Vermeidung von Überstunden, Nachtarbeiten, Einführen der Teilzeitarbeit. Gesetzliche oder tarifvertragliche Sonderbestimmungen wie z.B. Kündigungsschutz-,

Betriebsverfassung-, Arbeitsförderungsgesetz, verlängerte Kündigungsfristen, Entlassungsentschädigungen dienen weiterhin als Schutz vor Entlassungen und zur Vermeidung von Diskriminierungen.

Auch die Personengruppe der *weiblichen Mitarbeiter* beansprucht eine gewisse Sonderbehandlung beim Personaleinsatz. Es geht darum, sie entsprechend ihren *spezifischen* Fähigkeiten einzusetzen. So werden zahlreiche Berufe oder Tätigkeiten ganz oder fast ausschließlich von Frauen ausgeübt, weil diese besondere Eignungen und Fertigkeiten mitbringen. Somit ist beim Personaleinsatz die körperliche und seelische Eigenart der Frau zu berücksichtigen. Erst durch die Kenntnis dieser Eigenarten und Wesensmerkmale der Frau wird es möglich, die Arbeitsanforderungen in weitgehendem Maße mit ihnen in Einklang zu bringen. Zum anderen ist zu beachten, daß es sich bei dieser Personengruppe keineswegs um eine homogene Gruppe mit gleichen Interessen handelt. So ist beispielsweise die Einstellung zum Beruf recht unterschiedlich, je nachdem, ob es sich um jüngere, um verheiratete oder um älter werdende und alleinstehende berufstätige Frauen handelt [39, S. 21]. Weiterhin werfen diejenigen spezielle Probleme auf, die nach einigen Jahren der Berufsunterbrechung wieder ins Berufsleben zurückkehren, da eine solche Rückkehr häufig durch eine in der Jugend versäumte oder eine ungenügende Ausbildung erschwert wird. Grundsätzlich geht es beim Einsatz dieser Personengruppe um eine vorurteilsfreie Wertung ihres beruflichen Leistungsvermögens, da „die Frau ebenso wie der Mann das Recht hat, ihre Anlagen entsprechend ihrer ganzen Begabungsweite im Berufsleben zu entfalten. Es sollte nicht die Einstellung herrschen, die Frau sei nur willkommen als Lückenbüßer in Zeiten des Kräftemangels, dessen man sich bei Kräfteüberfluß entledigen oder den man auf jene Arbeitsplätze leiten kann, an denen Männer kein Interesse haben" [123, S. 20]. Verschiedene gesetzliche und tarifvertragliche Bestimmungen wie z.B. Grundgesetz, Betriebsverfassungsgesetz, Arbeitszeitordnung, Gewerbeordnung, Mutterschutzgesetz und verschiedene Unfallverhütungsvorschriften sind die aus rechtlicher Sicht zu berücksichtigenden Gesichtspunkte.

Die Personengruppe der *ausländischen Mitarbeiter* wirft ebenfalls spezielle Einsatzprobleme auf. Typische Merkmale dieser Personengruppe sind beispielsweise Sprach- und sonstige Anpassungsschwierigkeiten, im Einzelfall nicht ausreichendes Fachwissen und -können, andere Verhaltensweisen, Herkunftsland mit anderem Lebensrhythmus, mit anderer Tradition, mit anderer Mentalität, mit anderer Religion, häufig erhöhte Unfallquote zu Beginn der Anlernung, spezielle psychologische Bedürfnisse (Geborgenheit, Kontakt mit Landsleuten). Daraus ergeben sich vielfältige Probleme beim Einsatz dieser Personengruppe. Beispielsweise sind Vorgesetzte bei der Führung von ausländischen Arbeitnehmern zu schulen, sind die Maßnahmen zur Eingliederung in das Unternehmen auf die Bedürfnisse dieser Personengruppe auszurichten, ist auf die mangelnde Kommunikationsfähigkeit z.B. durch den Einsatz von Dolmetschern Rücksicht zu nehmen, ist eine gezielte Sprachenausbildung [60, S. 124ff.] durchzuführen, sind zusätzliche Sicherheitsvorkehrungen am Arbeitsplatz zu treffen. Schließlich sind die einschlägigen Rechtsvorschriften bei der Beschäftigung ausländischer Mitarbeiter entsprechend zu berücksichtigen.

Unter der Personengruppe der *Leistungsgeminderten* soll jene Personengruppe verstanden werden, deren Aussicht, eine geeignete Beschäftigung beizubehalten oder zu finden, infolge der Beeinträchtigung ihrer körperlichen oder geistigen Fähigkeiten wesentlich gemindert ist. Im Rahmen des neuen Schwerbehindertengesetzes sind alle Personen, die körperlich, geistig oder seelisch behindert und infolge ihrer Behinderung in ihrer Erwerbsfähigkeit nicht nur vorübergehend um wenigstens 50 Prozent gemindert sind [141, § 1 Schwerbehinderte] und darüber hinaus alle die behinderten Personen in den Schutz dieses Gesetzes einbezogen, die infolge ihrer Behinderung in ihrer Erwerbsfähigkeit nicht nur vorübergehend um weniger als 50 Prozent, aber wenigstens um 30 Prozent gemindert sind [141, § 2 Gleichgestellte]. In diesem Gesetz ist u.a. die Beschäftigungspflicht des Arbeitgebers, der Kündigungsschutz und die nachgehende Hilfe im Arbeitsleben geregelt. Im Grunde genommen sind die Einsatzprobleme vielfach ähnlich gelagert wie bei der Personengruppe der älteren Mitarbeiter, bei denen es insbesondere darum geht, den Leistungsgeminderten durch eine individuell angepaßte Tätigkeit die Chance zu geben, sich im Arbeitsleben zu behaupten. Gerade eine solche individuelle Behandlung ist eine der wichtigsten Voraussetzungen für einen gezielten Personaleinsatz, wobei im Einzelfall neben den im Schwerbehindertengesetz bestimmten Helfern (Vertrauensmann der Schwerbeschädigten, Beauftragter des Arbeitgebers) Werksarzt, Psychologe, Ausbildungsleiter, Arbeits- und Sicherheitsingenieur, Betriebsleiter usw. bei bestimmten Einzelfragen heranzuziehen sind.

zu (2): Tätigkeitskategorien, für die der Personaleinsatz erfolgt

Als weiteres Kriterium zur Differenzierung des Personaleinsatzes lassen sich Tätigkeitskategorien, für die der Personaleinsatz erfolgt, anführen. Tätigkeitskategorien wurden an früherer Stelle als Bezeichnung für die in einem Unternehmen bzw. in einem Teilbereich anfallenden Tätigkeiten gewählt, wobei sie nach solchen Merkmalen zu bestimmen sind, die dem tatsächlichen Inhalt einer Tätigkeit entsprechen. In Abb. 68 sind in Analogie zur Personalbedarfsermittlung entsprechende Tätigkeitskategorien angeführt, wobei die Tätigkeiten der operativen Ebene beispielhaft nur in Tätigkeiten des technischen Bereichs untergliedert sind. Analoge Untergliederungen können auch für alle anderen Sachbereiche des Unternehmens gebildet werden.

Spezielle Probleme beim Einsatz personeller Kapazität für verschiedene Tätigkeiten ergeben sich immer dann, wenn Zuordnungs- und/oder Anpassungsschwierigkeiten auftreten. Als Beispiel sei das Problem der bestmöglichen quantitativen Abteilungsbesetzung [45, S. 18ff.] angeführt. Schon bei der Personalbe-

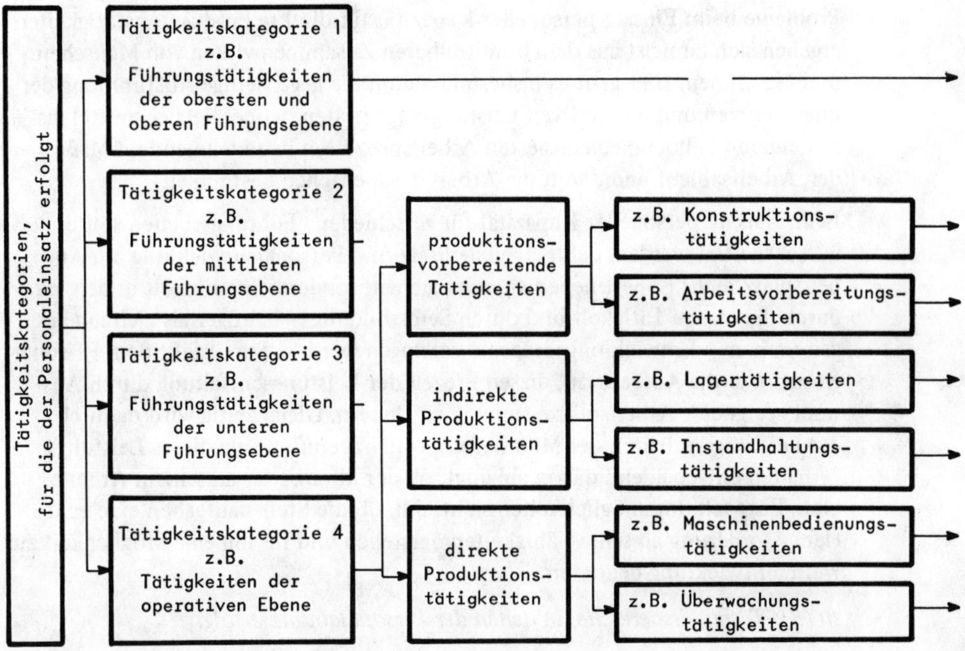

Abb. 68. Tätigkeitskategorien, für die der Personaleinsatz erfolgt, als ein Kriterium zur Elementabgrenzung

darfsermittlung stellt sich das Problem, die Besetzung einer Abteilung entweder nach dem maximalen, nach dem durchschnittlichen oder nach dem minimalen Arbeitsanfall zu berechnen. Wird der Soll-Personalbedarf nach einer der letztgenannten Möglichkeiten bestimmt, so geht es beim Personaleinsatz darum, die in bestimmten regelmäßigen oder unregelmäßigen Zeitabständen auftretenden Arbeitsspitzen abzubauen oder Arbeitstäler aufzufüllen. Dies kann beispielsweise dadurch geschehen, daß die Möglichkeiten vereinbarter Mehrarbeit (Überstunden, Abgabe höherer Leistungen) genutzt oder daß kurzfristig eingestellte Aushilfskräfte mit oder ohne tarifliche Arbeitszeitregelung eingesetzt werden oder daß innerhalb einer Abteilung oder zwischen Abteilungen personelle Kapazität zum Ausgleich von schwankendem Arbeitsanfall verlagert wird.
Der Erfolg der zuletzt genannten Möglichkeit setzt allerdings voraus, daß anhand von gezielten Aus- und Fortbildungsmaßnahmen eine gewisse Flexibilität und damit eine vielseitige Einsetzbarkeit des Personals gewährleistet ist [54, S. 162 ff.; 101, S. 261 ff.]. Weiterhin ist in diesem Zusammenhang auch der Einsatz von „Springern" bei direkten Produktionstätigkeiten und der Einsatz von „fliegenden Kolonnen" bei anderen Tätigkeiten zu erwähnen, die bei auftretenden Personal-Engpässen Aushilfe leisten.

Probleme beim Einsatz personeller Kapazität für direkte Produktionstätigkeiten ergeben sich zumeist aus dem unmittelbaren Zusammenwirken von Menschen und Maschinen. Hier geht es insbesondere um die gegenseitige Abstimmung der quantitativen und qualitativen Leistungskapazitäten, wobei Betriebsmittel insbesondere bei hochmechanisierten Arbeitsprozessen in zunehmendem Maße den Arbeitsablauf und damit die Arbeit des Menschen bestimmen.

Beim Einsatz personeller Kapazität für verschiedene Führungsebenen sollte berücksichtigt werden, daß Personaleinsatz und Personalentwicklung am Arbeitsplatz nicht isoliert nebeneinander stehen, sondern eine Einheit bilden, da durch die eigene Tätigkeit und durch Selbstbildung – häufiger als vielfach angenommen – Entwicklungsprozesse vollzogen werden. Somit fällt dem Personaleinsatz u.a. die Aufgabe zu, diesen Prozeß der Leistungsentfaltung durch Auswahl geeigneter Arbeitsplätze sinnvoll zu steuern. Gleichzeitig wird dadurch das Leistungsverhalten der Mitarbeiter positiv beeinflußt, da dieses Leistungsverhalten entscheidend davon abhängt, ob der Mitarbeiter an seinem Arbeitsplatz Entwicklungsmöglichkeiten sieht, d.h. ob die Stellenaufgaben eine echte Herausforderung an seine Fähigkeiten darstellen und für ihn eine Möglichkeit zur Weiterentwicklung bedeuten.

zu (3): Tätigkeitsbereiche, in denen der Personaleinsatz erfolgt

Analog der Personalbedarfsermittlung lassen sich zur Gliederung des Personaleinsatzes weiterhin Tätigkeitsbereiche anführen, für die der Personaleinsatz erfolgt. In Abb. 69 ist wiederum beispielhaft eine hierarchische Gliederung der Tätigkeitsbereiche aufgezeigt, wobei zwischen Bereichen, Hauptabteilungen, Abteilungen und Arbeitsplätzen – als den kleinsten Organisationseinheiten – unterschieden wird.

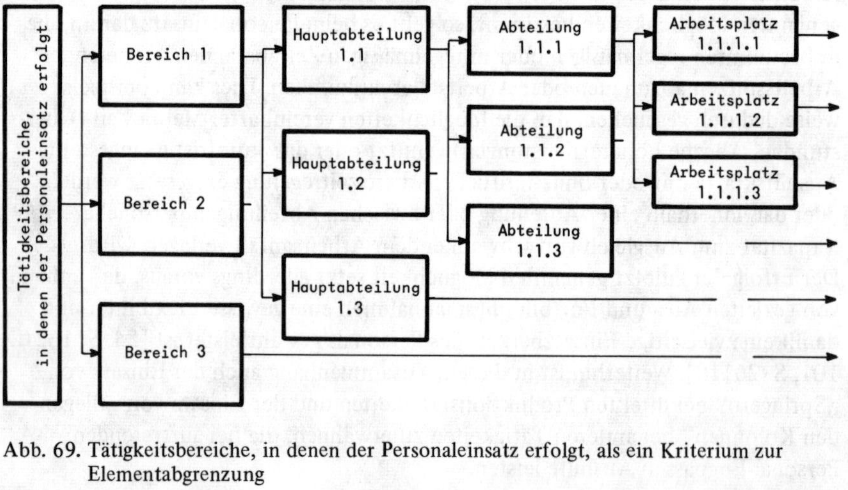

Abb. 69. Tätigkeitsbereiche, in denen der Personaleinsatz erfolgt, als ein Kriterium zur Elementabgrenzung

Welcher Detaillierungsgrad im Einzelfall heranzuziehen ist, hängt von verschiedenen Einflußgrößen ab. So kann es beispielsweise sinnvoll sein, bei den Einsatzüberlegungen von Abteilungen auszugehen, die von der Anforderungsstruktur her gleichartige Arbeitsplätze umfassen, da in der Regel eine enge Anpassung des Personaleinsatzes entsprechend dem erforderlichen Arbeitszeitbedarf an Einzelarbeitsplätzen praktisch nicht durchführbar ist. Betrachtet man hingegen Abteilungen als eine „Einheit", so kann „Stauungen" und „Leerzeiten" entweder durch Anpassung des Arbeitsvolumens oder durch Personaleinsatzveränderungen feinstufiger gegengesteuert werden.

Weitere Einsatzprobleme entstehen z.B. in Bereichen, in denen im 3-Schichten-Betrieb vollkontinuierlich gearbeitet wird, da hier speziellen sozialen und arbeitsrechtlichen Belangen Rechnung getragen werden muß. Hierbei sind sog. Schichtwechselpläne [126] aufzustellen, um auf der einen Seite einen vollkontinuierlichen Betriebsablauf zu sichern und um auf der anderen Seite eine bestimmte tariflich festgesetzte Arbeitszeit der Mitarbeiter einzuhalten. Spezielle Urlaubsregelungen können zusätzlich dafür sorgen, daß ein Urlauber immer wieder in seine alte Schichtgruppe zurückkehrt und der Arbeitsrhythmus der Gruppe so wenig wie möglich durch Springer beeinträchtigt wird.[131, S. 38, 39]. Zuordnungsprobleme entstehen weiterhin, wenn unvermeidliche Personalausfälle aufgrund von Urlaub, Krankheit, Unfall oder ähnlicher Fehlzeiten auftreten. Hierbei gilt es – insbesondere dann, wenn z.B. ein kontinuierlicher Fertigungsablauf gewährleistet werden soll oder zahlenmäßig determinierte Arbeitsgruppen zur Bedienung von Maschinen und/oder maschinellen Anlagen gebildet werden müssen –, geeignetes Personal zu finden und diesen Arbeitsplätzen – gegebenenfalls vorübergehend – zuzuordnen.

Einsatzprobleme ergeben sich weiterhin bei dem Bemühen, personelle Kapazität möglichst gleichmäßig auszulasten. Dabei ist einmal zwischen solchen Arbeitsplätzen zu unterscheiden, bei denen sich die personelle Besetzung abhängig von der anfallenden Arbeitsmenge verhält. Hierbei geht es darum, den Einsatz personeller Kapazität dem erforderlichen Zeitbedarf an dem jeweiligen Arbeitsplatz bestmöglich anzupassen. Schwierigkeiten ergeben sich dabei immer dann, wenn der Arbeitsanfall und damit der erforderliche Zeitbedarf Zufallsschwankungen unterliegt. Als Beispiel sei die Ankunft von Kunden in einer Kaufhausabteilung genannt, die nach Möglichkeit sofort zu bedienen sind. Zum anderen ist zwischen solchen Arbeitsplätzen zu unterscheiden, bei denen sich die personelle Besetzung unabhängig von der anfallenden Arbeitsmenge verhält. In diesem Fall wird vorausgesetzt, daß eine ständige, nur von üblichen Pausen unterbrochene Anwesenheit einer Person an dem jeweiligen Arbeitsplatz erforderlich ist. Dieser Betrachtung liegt ein „Wenn-dann-Prinzip" zugrunde, d.h. beispielsweise: Wenn das Unternehmen produziert, dann sind bestimmte Arbeitsplätze zu besetzen, unabhängig davon, wieviel produziert wird. „Unabhängigkeit von der Arbeitsmenge" bedeutet jedoch nicht, daß die technischen, technologischen, organisatorischen und anderen Gegebenheiten, die die personelle Besetzung solcher Arbeitsplätze beeinflussen, ihrerseits nicht so durch geeignete Maßnahmen verändert werden können, damit eine bessere personelle Auslastung erreicht werden kann. Unter diesem Aspekt sind beispielsweise möglichst große Betriebsabteilungen einer Einsatzmannschaft für Instandhaltungstätigkeiten zuzuteilen, die die Aufgabe hat, die in einer Schicht auftretenden Schadensfälle zu beheben.

zu (4): Wirkungszeiträume für den Personaleinsatz

Als letztes Kriterium zur Differenzierung des Personaleinsatzes können verschieden lange Wirkungszeiträume angeführt werden, für die der Personaleinsatz erfolgt – vgl. Abb. 70.

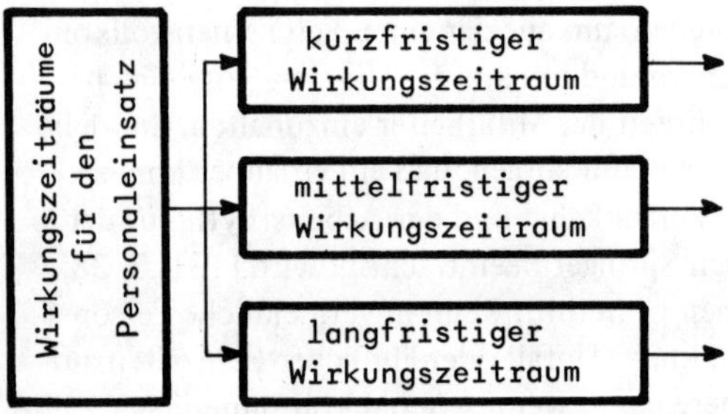

Abb. 70. Wirkungszeiträume für den Personaleinsatz als ein Kriterium zur Elementabgrenzung

Kurzfristiger Personaleinsatz bedeutet, daß verfügbare personelle Kapazität nur für einen kurzen Zeitraum eingesetzt wird. In Analogie zur Personalbeschaffung ist hier einmal der kurzfristige Einsatz von bisher noch nicht in dem Unternehmen tätigen Personen zu nennen. Dabei besteht die Möglichkeit, entweder sog. Teilzeit-Personal einzusetzen oder Personal, welches im Wege des „Personal-Leasing" gewonnen wurde. Diese Möglichkeit wird beispielsweise in typischen Saisonunternehmen genutzt oder in Unternehmen, die zu bestimmten Jahreszeiten Spitzenbelastungen bewältigen müssen. Zum anderen sind Möglichkeiten zu unterscheiden, die einen veränderten kurzfristigen Einsatz von im Unternehmen bereits beschäftigten Personen erlauben. Hier ist an die Nutzung von Mehrarbeit zu denken, wobei sowohl vereinbarte Mehrarbeitszeiten (Überstunden) als auch erhöhte Arbeitsintensitäten – z.B. gefördert mittels verschiedener Anreize – in Anspruch genommen werden können. Schließlich kann auch von der Möglichkeit, personelle Kapazität für kurzfristige Zeiträume zu verlagern, Gebrauch gemacht werden. Hierunter ist einmal der fallweise Einsatz von Personal zu verstehen, welches gewissermaßen auf Abruf bereitsteht und ansonsten Arbeiten verrichtet, welche nicht termingebunden sind (z.B. „Springer" in hochmechanisierten

Produktionsabteilungen). Zum anderen besteht die Möglichkeit, geeignetes Personal zeitweilig zwischen verschiedenen Bereichen zu verlagern [40], wobei sowohl Anpassungsproblemen Rechnung zu tragen als auch zu prüfen ist, inwieweit es sich um eine Versetzung im Sinne des Betriebsverfassungsgesetzes handelt.

Personaleinsatz für einen *mittelfristigen* Zeitraum bedeutet entsprechend, daß verfügbare personelle Kapazität für einen zeitlich fixierten, aber längerfristigen Zeitraum eingesetzt wird. Als Beispiel für einen solchen auf ein bis zwei Jahre begrenzten Einsatz auf einem bestimmten Arbeitsplatz kann die im Rahmen der Personalentwicklung angewendete Methode des „systematischen Arbeitsplatzwechsels" („Job-Rotation") angesehen werden. Hierbei wird angestrebt, einen Mitarbeiter für mehrere Arbeitsplätze zu befähigen, indem er die jeweiligen Arbeitsplätze für einen bestimmten Zeitraum vollverantwortlich übernimmt. Ebenso ist in diesem Zusammenhang der im Rahmen einer Laufbahn- oder Karriereplanung zeitlich fixierte Einsatz auf bestimmten Arbeitsplätzen zu nennen, die ein Mitarbeiter in seinem beruflichen Werdegang während seiner Zugehörigkeit zum Unternehmen durchlaufen soll.

Demgegenüber bedeutet *langfristiger* Personaleinsatz, daß personelle Kapazität langfristig, d.h. auf unbestimmte Zeit eingesetzt wird, wobei vorläufig z.B. keine horizontalen oder vertikalen Versetzungen angenommen werden.

Bei *kombinierter* Anwendung der *vier* beschriebenen *Kriterien* zur Abgrenzung des Personaleinsatzes beziehen sich die einzelnen Elemente dieses Teilsystems jeweils auf:

- eine bestimmte Art des einzusetzenden Personals,
- eine bestimmte Tätigkeitskategorie, für die der Personaleinsatz erfolgt,
- einen bestimmten Tätigkeitsbereich, in dem der Personaleinsatz erfolgt,
- einen bestimmten Wirkungszeitraum für den Personaleinsatz.

Diese mehrdimensionale analytische Bestimmung der Elemente ist in Abb. 71 veranschaulicht.

Als Beispiele seien folgende *Elementbildungen* angeführt:

Element 1: mittelfristiger Einsatz von weiblichen Jugendlichen für Schreibtätigkeiten in einem zentralen Schreibbüro,

Element 2: kurzfristiger Einsatz eines Mitarbeiters für Instandhaltungstätigkeiten in der Produktionswerkstatt,

Element 3: langfristiger Einsatz eines Leistungsgeminderten für Überwachungstätigkeiten im direkten Produktionsbereich usw.

Anhand einer solchen mehrdimensionalen Betrachtungsweise kann jede interessierende Problemstellung im Rahmen des Personaleinsatzes einer gesonderten

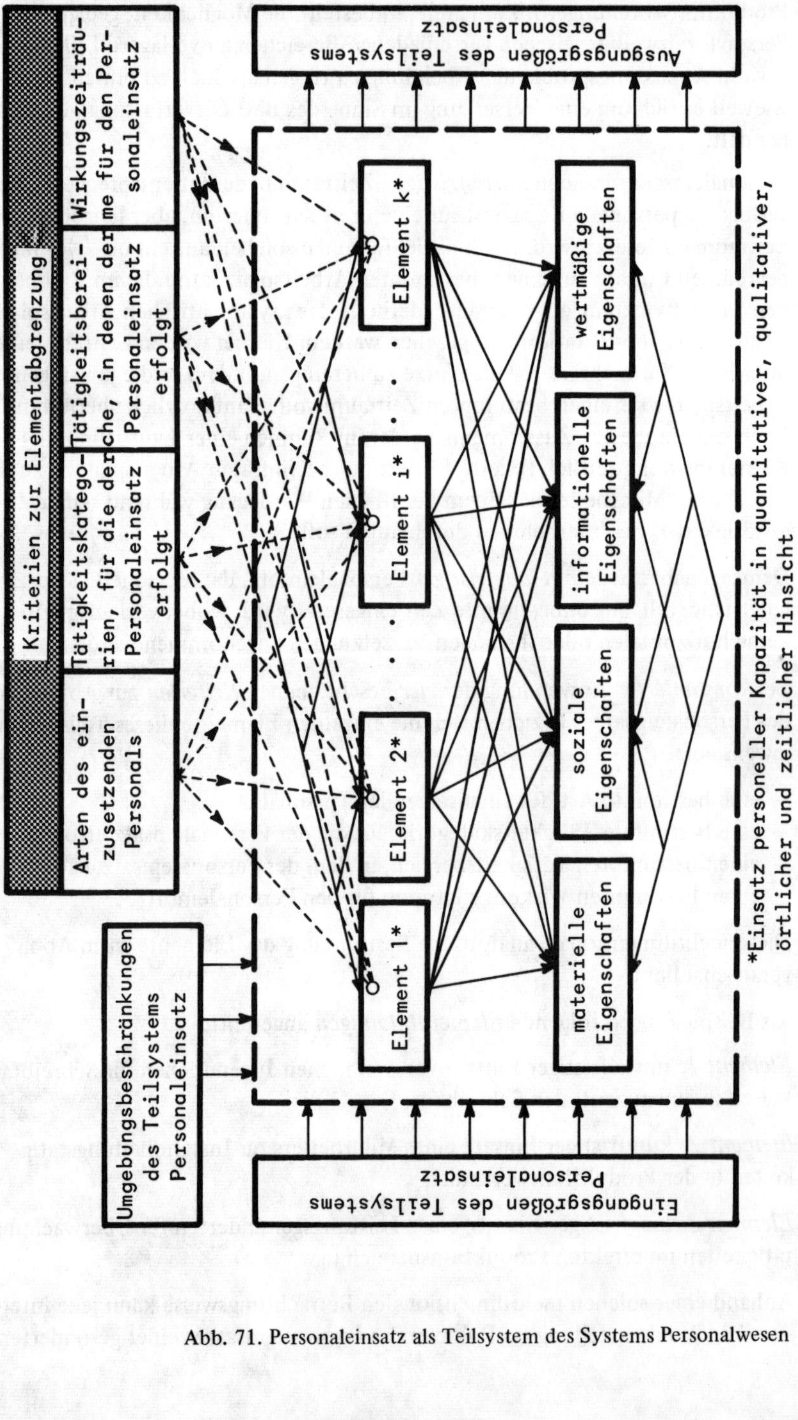

Abb. 71. Personaleinsatz als Teilsystem des Systems Personalwesen

Betrachtung unterzogen werden, wobei die jeweiligen spezifischen Besonderheiten im Einzelfall zwangsläufig Beachtung finden.

Die *Eigenschaften* der Elemente dieses Teilsystems finden eine Konkretisierung in der Art und Weise, *wie* der Personaleinsatz den Erfordernissen der materiellen, sozialen, informationellen und wertmäßigen Dimensionen des Unternehmensgeschehens Rechnung trägt. Auf diese Eigenschaften wurde schon an früherer Stelle[28] eingegangen als anhand dieses Funktionsbereichs beispielhaft die verschiedenen Eigenschaftsgruppen eines jeden personalbezogenen Funktionsbereichs erläutert wurden, die zusammen die möglichen Aspekte charakterisieren, unter denen dieser Funktionsbereich betrachtet werden kann oder muß.

Mit dieser Darstellung des Personaleinsatzes als Teilsystem sind *Ziele* und *Inhalt* dieses Funktionsbereichs umschrieben.

3.3.4.2 Personaleinsatz als Führungseinheit

Unter *prozessualem Aspekt* ist der Personaleinsatz wiederum als Führungseinheit zu sehen und zu interpretieren.

Bestandteil der *„strategischen"* Führungsaufgabe Personaleinsatz sind Festlegungen über Ziele und/oder Grundsätze für diesen Funktionsbereich – vgl. Abb. 72.

Ziele bestimmen, *was* im einzelnen konkret erreicht werden soll. Ein global formuliertes Einsatzziel könnte wie folgt festgelegt sein: Minimierung des Personaleinsatzes durch Maßnahmen, deren unterschiedliche Elastizitäten den jeweiligen Planungsfristen entsprechen [89, S. 339]. Ziele, die sich aus einer konkreten Situation heraus ergeben, sind beispielsweise: Es ist für einen bestimmten Mitarbeiter ein Laufbahnplan für die kommenden 10 Jahre zu erstellen, wobei im einzelnen festgelegt werden soll, in welcher Folge er welche Stellen für welchen Zeitraum einnehmen soll; für ein Krankenhaus ist für die kommenden zwei Monate ein Dienstplan für den Tagesdienst, Nachtdienst und Bereitschaftsdienst aufzustellen; für das kommende Jahr ist für den Bereich der Montage ein Stellenbesetzungsplan aufzustellen; wegen Krankheit in der kommenden Woche ist in der Gießerei für die Stelle des Kranführers eine neue Personaldisposition vorzunehmen usw. *Grundsätze* bestimmen, *wie*, d.h. auf welche Art und Weise, der Personaleinsatz auszuüben ist. Beispielsweise können Methoden und Verfahren vorgegeben werden, die sicherstellen sollen, daß bei Personalengpässen das verfügbare Personal jeweils dort eingesetzt wird, wo die Dringlichkeit der Arbeiten am größten ist, daß bei längerfristigen Personaldispositionen Mitarbeitern solche Arbeitsplätze zugeordnet werden, die ihren persönlichen Belangen weitgehend Rechnung tragen usw. Weiterhin könnte festgelegt sein, welche kurzfristigen Maßnahmen in welcher Prioritätenfolge bei in bestimmten regelmäßigen Zeit-

28 Vgl. Seite 75ff.

Ebene	Phase	Inhalt
strategische Ebene	Planung Entscheidung Durchsetzung Kontrolle	Festlegungen darüber was im einzelnen durch den Personaleinsatz erreicht werden soll (Ziel), wie, d.h. auf welche Art und Weise, der Personaleinsatz auszuüben ist (Grundsätze)
operative Ebene	Planung	Planung von Maßnahmen zur Eingliederung verfügbarer personeller Kapazität in den unternehmerischen Leistungsprozeß unter Berücksichtigung der legitimen Sozialbelange der einzelnen Mitarbeiter
	Entscheidung	verbindliche Festlegung von Personaleinsatzplänen als Entscheidung über den Einsatz verfügbarer personeller Kapazität
	Durchsetzung	Festlegung der Personaleinsatzpläne im Detail, Vorgabe der Personaleinsatzpläne
	Kontrolle	Erfassung der durchgeführten Personaldispositionen und Anpassungsmaßnahmen, Vergleich mit den vorgegebenen Einsatzzielen, Beurteilung der Abweichungen nach bestimmten Kriterien
	Ausführung	Eingliederung verfügbarer personeller Kapazität entsprechend den vorgegebenen Plänen in den Leistungsprozeß des Unternehmens

Abb. 72. Phasen des Führungs- und Ausführungsprozesses des Funktionsbereichs Personaleinsatz

abständen auftretenden Arbeitsspitzen vorzunehmen sind, d.h. inwieweit z.B. Überstunden [156, S. 26ff.] zu nutzen sind oder inwieweit von den Möglichkeiten, Personal kurzfristig aus Abteilungen mit geringerem Arbeitsanfall in Abteilungen mit erhöhtem Arbeitsanfall zu verlagern, Gebrauch zu machen ist.

Mit solchen Zielen und/oder Grundsätzen wird der Rahmen für die einzelnen Maßnahmen oder Aktivitäten des Personaleinsatzes – *„operative“* Ebene (vgl. Abb. 72) – abgesteckt.

In diesem Zusammenhang ist *Personaleinsatzplanung* wie folgt zu interpretieren: Planung von Maßnahmen zur Eingliederung verfügbarer personeller Kapazität in den unternehmerischen Leistungsprozeß unter Berücksichtigung der legitimen Sozialbelange der einzelnen Mitarbeiter. Im einzelnen ist zunächst die für den jeweiligen Planungszeitraum zu erwartende personelle Kapazität in ihren spezifischen Ausprägungen (quantitativ, qualitativ, örtlich und zeitlich) zu erfassen, bevor alternative Personaldispositionen aufgezeigt und hinsichtlich ihrer Realisierbarkeit bewertet werden können. Bei solchen Personaldispositionen kann es einmal darum gehen, bestimmten Mitarbeitern oder Mitarbeitergruppen spezielle Arbeitsplätze zuzuordnen. Als Beispiel seien ältere Mitarbeiter und die Gruppe der Leistungsgeminderten angeführt, für die geeignete Arbeitsplätze gefunden oder im Einzelfall speziell geschaffen werden müssen. Zum anderen kann es darum gehen, freigewordene, zukünftig freiwerdende oder neu geschaffene Arbeitsplätze personell zu besetzen. Beide Problemkreise sind eng miteinander verbunden, da es in beiden Fällen darum geht, personelle Kapazität auf der einen Seite und Arbeitsplätze auf der anderen Seite bestmöglich einander zuzuordnen. Schließlich hat die Personaleinsatzplanung alternative Maßnahmen zur Beseitigung der sich bei der Zuordnung ergebenden Anpassungsschwierigkeiten aufzuzeigen. Hierbei kann es sich um Maßnahmen handeln, die darauf abzielen, das Personal an die Arbeit und die Arbeitsbedingungen am Arbeitsplatz anzupassen (z.B. durch quantitative Auslastung des Personals, durch Veränderung der Lage der täglichen Arbeitszeit) oder die darauf abzielen, die Arbeit und die Arbeitsbedingungen an das Personal anzupassen, ein Problemkreis, der unter anderem im Betriebsverfassungsgesetz[29] besonders geregelt ist.

In der *Entscheidungsphase* des Personaleinsatzes werden die Einsatzpläne, wie z.B. Stellenbesetzungspläne, Laufbahnpläne, Versetzungspläne, Schichtwechselpläne, Dienstpläne, Überstundenpläne, Pläne zur Verlagerung personeller Kapazität als verbindlich festgelegt, d.h. hier wird eine Entscheidung über den Einsatz verfügbarer personeller Kapazität getroffen. Grundlage dieser Entscheidung ist eine Gegenüberstellung und ein gegenseitiges Abwägen der verschiedenen Einsatzalternativen hinsichtlich ihrer Realisierungsmöglichkeiten und Auswirkungen. Insbesondere sind – wie bei jeder Entscheidung – zusätzliche, zumeist nicht quantifizierbare Unsicherheitsfaktoren zu berücksichtigen, die die Personaleinsatzplanung in Frage stellen können. Solche Unsicherheitsfaktoren bestehen bei einer Laufbahnentscheidung z.B. darin, daß sowohl die zukünftigen Anforderungen der Arbeitsplätze als auch die zu erwartenden Eignungen der für diese Arbeitsplätze vorgesehenen Mitarbeiter nicht genau vorhersehbar sind. Personalausfälle aufgrund von Kündigungen, Urlaub, Krankheit, Unfall oder ähnlicher Fehlzeiten sind ebenfalls Unsicherheitsfaktoren, die die Erfolgswirksamkeit der Einsatzpläne entscheidend beeinflussen können. Weiterhin sind die Interdependenzen zwischen Personaleinsatzentscheidungen und Entscheidungen im Rahmen der Unternehmensplanung und speziell im Rahmen der Personalplanung zu berücksichtigen. So stehen Personaleinsatzentscheidungen in einem engen Zusammenhang mit den Personalbedarfs-, Personalbeschaffungs- und Personalentwicklungsentscheidungen, da der Personaleinsatz in sachlich-zeitlicher Hinsicht sowohl an ermittelte Personalbedarfszahlen als auch an vorangegangene Beschaffungs- und Entwicklungsaktivitäten anknüpft.

[29] [15]: So wird bei Angelegenheiten, die Einfluß auf die Gestaltung von Arbeitsplatz, Arbeitsablauf und Arbeitsumgebung haben, dem Betriebsrat ein umfassendes Unterrichtungs- und Beratungsrecht im Planungsstadium (§ 90 Unterrichtungs- und Beratungsrechte) und ein korrigierendes Mitbestimmungsrecht bei konkreten Maßnahmen im Bereich der Arbeitsplatz-, Arbeitsablauf- und Arbeitsumgebungsgestaltung (§ 91 Mitbestimmungsrecht) eingeräumt.

In der *Durchsetzungsphase* sind die verabschiedeten Personaleinsatzpläne einmal in eine „vorgabereife" Form zu bringen, wobei konkret und im Detail festzulegen ist, welche Personaldispositionen, welche Anpassungsmaßnahmen im einzelnen durchgeführt werden sollen, zum anderen sind diese Festlegungen den Stellen oder Personen vorzugeben, die diese Personaldispositionen oder Anpassungsmaßnahmen durchzuführen haben. Die Durchführung der Arbeits- und speziell der Arbeitsplatzgestaltung ist dabei nicht Aufgabe des Personaleinsatzes, sondern dem Personaleinsatz fällt vielmehr die Aufgabe zu, entsprechende Forderungen zu stellen, sie sachgerecht zu begründen sowie Wege zu ihrer Verwirklichung aufzuzeigen. Wesentlich erleichtert wird die Durchsetzung von Personaleinsatzentscheidungen, wenn die betroffenen Stellen oder Personen bereits in die Planungs- und Entscheidungsphase einbezogen werden, um beispielsweise die individuellen Vorstellungen der Mitarbeiter hinsichtlich ihrer fachlichen und persönlichen Neigungen möglichst frühzeitig berücksichtigen zu können.

In der *Ausführungsphase* werden die geplanten Personaldispositionen oder die geplanten Anpassungsmaßnahmen realisiert, d.h. die verfügbare personelle Kapazität wird entsprechend den vorgegebenen Plänen in den Leistungsprozeß des Unternehmens eingesetzt. Trotz sorgfältiger Planung läßt es sich jedoch nicht vermeiden, daß z.B. einzelne Mitarbeiter zeitweise über- oder unterbelastet sind, daß geplante Stellenbesetzungen nicht erfolgen können, da die Personalbeschaffung keinen geeigneten Bewerber gewinnen konnte, daß durch nicht in dem Maße erwartete Ausfallzeiten Arbeitsplätze nicht rechtzeitig besetzt werden können.

Aus diesen Gründen ist eine *Kontrollphase* unerläßlich. Um festzustellen, ob und in welchem Umfang die beabsichtigten Einsatzziele erreicht wurden, sind zunächst die Ergebnisse der durchgeführten Personaldispositionen und Anpassungsmaßnahmen zu erfassen. So ist festzustellen, ob und wie die einzelnen Mitarbeiter die vorgegebenen Arbeitsaufgaben bewältigt haben, in welchem Umfang Überstunden geleistet wurden, ob bei Personalverlagerungen zwischen zwei Abteilungen das Personal über die dafür notwendige Qualifikation verfügte, in welchem Umfang Fehlzeiten aufgetreten sind, ob Qualifikationslücken anhand von durchgeführten Entwicklungsmaßnahmen beseitigt wurden, welche Maßnahmen zur Arbeitsplatzgestaltung vollzogen wurden, welche Auswirkungen bei der Abwicklung des Schichtdienstes aufgetreten sind, inwieweit bestehende Beförderungspläne noch Gültigkeit haben usw. Der „Soll-Ist-Vergleich" und die gegebenenfalls erforderliche Abweichungsanalyse können anschließend im Einzelfall entweder wichtige Informationen für zukünftige Personaldispositionen oder zukünftige Anpassungsmaßnahmen liefern oder Hinweise geben für zweckmäßige Personalentwicklungsmaßnahmen und/oder für Maßnahmen ergonomischer Arbeitsgestaltung.

3.3.5 Funktionsbereich Personalerhaltung

Der Funktionsbereich Personalerhaltung zielt darauf ab, die den Erfordernissen des Unternehmens angepaßte personelle Kapazität durch Erhalten des Leistungsvermögens und der Leistungsbereitschaft zu sichern. Angesichts der Personalknappheit ist nicht nur das Problem zu lösen, wie man Personal oder personelle Kapazität gewinnt, entwickelt und/oder bestmöglichst einsetzt, sondern auch wie man das vorhandene Personal dem Unternehmen erhält. Einige Beispiele mögen vorweg diese Aufgaben verdeutlichen. Es geht um Bemühungen wie

- die Gesundheit der Mitarbeiter zu erhalten und dafür die notwendigen Vorkehrungen zu treffen,
- die Bereitschaft der Mitarbeiter zum Verbleiben in dem Unternehmen zu fördern,
- die im betrieblichen Kooperationssystem auftretenden Spannungen und Konflikte zu lösen,
- den mehrschichtigen Bedürfnisstrukturen der Mitarbeiter soweit wie möglich zu entsprechen.

Diese Kurzbeschreibung charakterisiert den Kern der Personalerhaltung, die im folgenden als ein Teilsystem des Systems Personalwesen betrachtet werden soll.

3.3.5.1 Personalerhaltung als Teilsystem

Zur Auffächerung der Personalerhaltung in einzelne Aufgabenstellungen, die als Elemente des Teilsystems Personalerhaltung aufgefaßt werden können, bieten sich folgende vier Kriterien zur Abgrenzung an [75, S. 191]:

(1) *Arten* der Personalerhaltung,
(2) *Arten* des zu erhaltenden Personals,
(3) *Bereiche* der Personalerhaltung,
(4) *Wirkungszeiträume* für die Personalerhaltung.

zu (1): Arten der Personalerhaltung

Berücksichtigt man, daß Art und Umfang der verfügbaren menschlichen Arbeitsleistung sowohl von dem Leistungsvermögen als auch von der Leistungsbereitschaft [146, S. 90] des Personals abhängen, so erscheint es zweckmäßig, die verschiedenen Arten der Personalerhaltung zunächst danach zu differenzieren, ob die entsprechenden Aktivitäten vornehmlich auf Erhaltung des Leistungsvermögens oder auf Erhaltung der Leistungsbereitschaft gerichtet sind – vgl. Abb. 73.

Diskrepanzen zwischen Leistungsvermögen und Leistungsbereitschaft treten beispielsweise auf, wenn es heißt: „Er könnte wohl, aber er will nicht“ oder „Er möchte wohl, aber er kann nicht“. Damit wird deutlich, daß sich die Personalerhaltung nicht nur einseitig auf Erhaltung des Leistungsvermögens *oder* auf

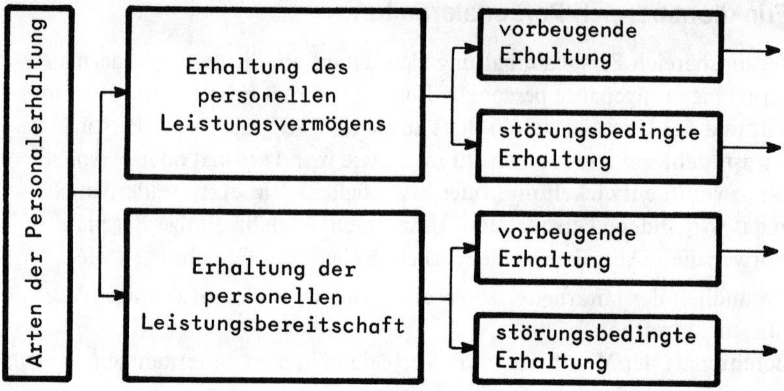

Abb. 73. Arten der Personalerhaltung als ein Kriterium zur Elementabgrenzung

Erhaltung der Leistungsbereitschaft beziehen kann, da beide Komponenten in entscheidendem Maße das verfügbare Leistungspotential bestimmen und damit die jeweilige Leistungsabgabe jedes Mitarbeiters.

Personalerhaltung als Erhaltung des *Leistungsvermögens* zielt *einmal* darauf ab, die *Leistungsfähigkeit*, d.h. „die Gesamtheit der subjektiv vorhandenen Möglichkeiten des Mitarbeiters . . . zum erfolgreichen Vollzug einer bestimmten Leistung“ [124, S. 156] zu erhalten. Die Leistungsfähigkeit stellt dabei das Maximum an Leistung dar, das ein Mensch herzugeben in der Lage ist [112, S. 80], und wird sowohl von den körperlich-geistigen Anlagen als auch durch den Grad der Entwicklung bestimmt, den diese Anlagen erfahren haben – vgl. Abb. 74. Eine Leistung jedoch, „die der absoluten Leistungsfähigkeit entspricht, kann von einem Menschen nur für eine sehr kurze Zeitdauer erbracht werden und auch nur dann, wenn höchstmögliche Leistungsimpulse vorliegen“ [153, S. 76]. Somit fällt unter diesem Aspekt der Personalerhaltung die Aufgabe zu, eine durch die Anlagen und die Entwicklung her gegebene Leistungsfähigkeit der Mitarbeiter zu sichern, indem übermäßige und länger andauernde körperlich-geistige Überbeanspruchungen, die gesundheitliche Schädigungen zur Folge haben können, abgebaut werden, indem beispielsweise sicherheitstechnische Maßnahmen [32] durchgeführt werden. Entsprechende Maßnahmen sind sowohl mit Maßnahmen des Personaleinsatzes und der Personalentwicklung als auch mit Maßnahmen in anderen Unternehmensbereichen abzustimmen.

Zum anderen zielt die Personalerhaltung als Erhaltung des Leistungsvermögens darauf ab, den jeweiligen *Leistungsdispositionen* durch entsprechende Maßnahmen Rechnung zu tragen, da es sich beim Leistungsvermögen um eine Größe handelt, die sowohl von der Leistungsfähigkeit als auch von der momentanen Leistungsdisposition bestimmt wird – vgl. Abb. 74. Diese momentane Leistungsdisposition wird im wesentlichen durch die Tageszeit, die Ermüdung, das Lebens-

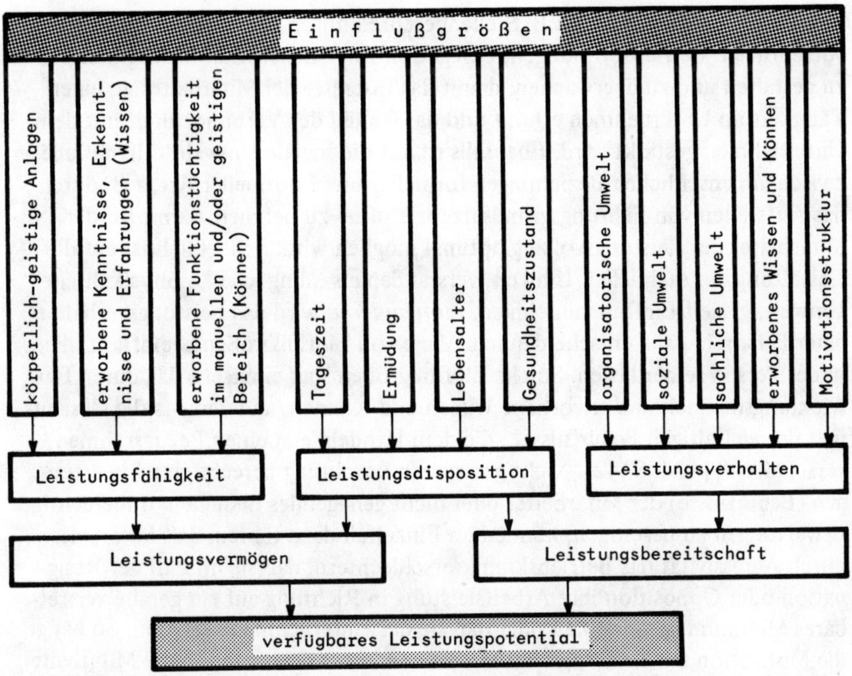

Abb. 74. Bestimmungsfaktoren des verfügbaren Leistungspotentials

alter und durch den Gesundheitszustand im Einzelfall beeinflußt. Auf diese Einflußgrößen kann die Personalerhaltung z.B. durch Maßnahmen wie Festlegung des Arbeitsbeginns und Arbeitsendes im Tagesablauf (z.B. durch Einführung einer variablen Arbeitszeitregelung [88]) sowie über die Zahl, die Dauer und die Verteilung der Pausen einwirken.

Personalerhaltung als Erhaltung der *Leistungsbereitschaft* versucht, auf das *Leistungsverhalten* der Mitarbeiter Einfluß zu nehmen, wobei zu berücksichtigen ist, daß die Leistungsdisposition ebenfalls die Leistungsbereitschaft in entscheidendem Maße beeinflussen kann – vgl. Abb. 74. Unter dem Leistungsverhalten ist dabei die Kraft zu verstehen, die auf den einzelnen Mitarbeiter einwirkt, sein vorhandenes Leistungsvermögen im unternehmerischen Leistungsprozeß einzusetzen. Wie schon bei der Personalentwicklung aufgezeigt, wird das Leistungsverhalten einer Person *einmal* von Einflußgrößen beeinflußt, die in der für diese Person relevanten Umwelt begründet sind. Damit fällt unter diesem Aspekt der Personalerhaltung die Aufgabe zu, durch Aufzeigen und/oder Durchführen geeigneter Maßnahmen eine bestmögliche Gestaltung der organisatorischen, sozialen und sachlichen Umwelt herbeizuführen. Beispielsweise geht es bei der Gestaltung der organisatorischen Umwelt darum, die Gesamtheit der organisatorischen Regelungen, wie z.B. Stellenbeschreibungen, Verfahrens- und Dienstvorschriften, Betriebsordnungen, Delegation von Entscheidungsbefugnissen so zu gestalten und zu überwachen, damit das Interesse der Mitarbeiter an einer Tätigkeit im Unternehmen erhöht und das Gefühl der Verbundenheit mit dem Unternehmen gestärkt wird. Ebenfalls ist auf die soziale Umwelt, d.h. auf alle zwischenmenschlichen Beziehungen formeller und informeller Art, z.B. durch das Aufstellen von Führungsgrundsätzen, Einfluß zu nehmen, damit für den Mitarbeiter der Leistungsvollzug optimal möglich wird. Schließlich ist auf die Gestaltung der sachlichen Umwelt, verstanden als „dingliche", „physikalische" Umwelt, gezielt Einfluß zu nehmen. *Zum anderen* wird das Leistungsverhalten einer Person in ganz entscheidendem Maße von Einflußgrößen beeinflußt, die in der Person selber liegen. Solche Einflußgrößen sind einerseits das durch Entwicklungsmaßnahmen erworbene Wissen und Können, andererseits die Gesamtheit der vielfältigen Bedürfnisse, „die dem Handeln erst einen Bezugsrahmen verschaffen" [124, S. 42]. Nicht genügende Beachtung berechtigter Erwartungen (Bedürfnisse) der Mitarbeiter oder nicht genügendes Bemühen, unberechtigte Erwartungen zu beseitigen, können im Einzelfall dazu führen, daß Mitarbeiter durch Agressivität das Betriebsklima verschlechtern, daß sie im Fall der Resignation oder Opposition ihre Arbeitsleistung in Richtung auf ein gerade vertretbares Minimum beschränken oder daß sie das Unternehmen verlassen. So hängt die Motivation zur Leistungsabgabe unter anderem davon ab, ob die Mitarbeiter für ihre Leistung eine gerechte Gegenleistung – monetärer und/oder nicht monetärer Art – erhalten. Der Personalerhaltung fällt damit die Aufgabe zu, anhand eines entsprechenden Instrumentariums eine relative Lohn- und Gehaltsgerechtigkeit im Sinne einer leistungsgerechten Vergütung für geleistete Arbeit zu verwirklichen. Ergänzende freiwillige Sozialleistungen wie z.B. Altersversorgung, Ferienheim, Beihilfen, Betriebsverpflegung, Unfallversicherung, betrieblicher Wohnungsbau können ebenfalls ein Mittel sein, um die Motivation und die Bindung der Mitarbeiter an das Unternehmen zu fördern. Diesen Zwecken kann auch das betriebliche Vorschlagswesen dienen, wenn es gelingt, durch eine sorgfältige und objektive Prüfung, Bewertung und Prämierung der Vorschläge das Vertrauen der Mitarbeiter zu gewinnen.

Berücksichtigt man ferner, daß die verschiedenen Aktivitäten der Personalerhaltung sowohl vorbeugender als auch störungsbedingter Natur sein können, so lassen sich folgende weitere Arten der Personalerhaltung unterscheiden – vgl. Abb. 73:

– *vorbeugende* Personalerhaltung,
– *störungsbedingte* Personalerhaltung.

Darin kommt zum Ausdruck, daß die Personalerhaltung nicht nur auf die Wiederherstellung des personellen Leistungsvermögens und/oder der personellen Leistungsbereitschaft im Störungsfalle abzielt, sondern auch Aktivitäten einschließt, mit denen Verluste an personellem Leistungsvermögen und/oder an personeller Leistungsbereitschaft vorbeugend wirkungsvoll verhindert oder zumindest gehemmt werden sollen. Dabei läßt sich die Forderung aufstellen, daß die vorbeugende Personalerhaltung gegenüber der störungsbedingten Personalerhaltung eine Vorrangstellung einnehmen sollte. Zwei Beispiele mögen dies verdeutlichen:

- Mitarbeiter, die sich – bedingt durch Berufsunfall, Berufskrankheit oder Überarbeitung – gesundheitliche Schäden zugezogen haben, sind auch bei großem ärztlichen Aufwand oft für den Rest ihres Lebens leistungsgemindert.
- Haben sich in Konfliktsituationen (z.B. Konflikt in mitbestimmungspflichtigen Angelegenheiten oder Zerwürfnis zwischen Vorgesetzten und Mitarbeitern) die Fronten bereits verhärtet, dann verursachen Bereinigungen vielfach erheblichen Aufwand.

zu (2): Arten des zu erhaltenden Personals

Gliedert man die Personalerhaltung nach Arten des zu erhaltenden Personals, welches – wie schon beim Personaleinsatz angeführt – nach den Artmerkmalen *Alter*, *Geschlecht*, *Herkunft* und *Leistungsminderung* differenziert werden kann – vgl. Abb. 75 –, so ergeben sich jeweils spezifische Probleme und Forderungen bei den entsprechenden Erhaltungsmaßnahmen.

Insbesondere bei den Personengruppen der Jugendlichen, der älteren Mitarbeiter, der Frauen, der Ausländer und der Leistungsgeminderten ist speziellen Problemen Rechnung zu tragen, also bei jenen Personengruppen, die auch beim Personaleinsatz eine gewisse Sonderbehandlung beanspruchen.

Bei der Charakterisierung der Personengruppe der *Jugendlichen* war schon darauf hingewiesen worden, daß es sich sowohl um Heranwachsende, die sich in einem körperlich-seelischen Entwicklungsprozeß zwischen Kindheit und Erwachsenenalter befinden, als auch um Berufsanfänger handelt. Angesichts dieser Situation können eine Vielzahl von Spannungen oder Störungen auftreten, die das Verhältnis des jungen Menschen zu seiner Arbeit entscheidend beeinflussen. „Teils zeigen sich diese Störungen in dem Gefühl des Jugendlichen, ständig in der Arbeit überfordert zu werden, teils aber auch in dem genau entgegengesetzten Gefühl, daß man in diesem Beruf bzw. an diesem Arbeitsplatz niemals sein wahres Können und seine wahre Leistungsfähigkeit zu entfalten vermag. Und diese Gefühle schlagen sich dann leicht in einer Arbeitsplatz- und Berufsunzufriedenheit nieder, die in einem freiwilligen Berufs- und Arbeitsplatzwechsel einmünden kann, allerdings nicht einmünden muß" [99, S. 7]. Damit wird deutlich, daß gerade der Jugendliche einer umfassenden pädagogischen Hilfe und sozialen Betreuung bedarf. Auch die verschiedenen Bestimmungen des Jugendarbeitsschutzgesetzes dienen der Gewährung eines besonderen Schutzes des Jugendlichen, wobei eine Vielzahl spezieller Personalerhaltungsmaßnahmen diesen

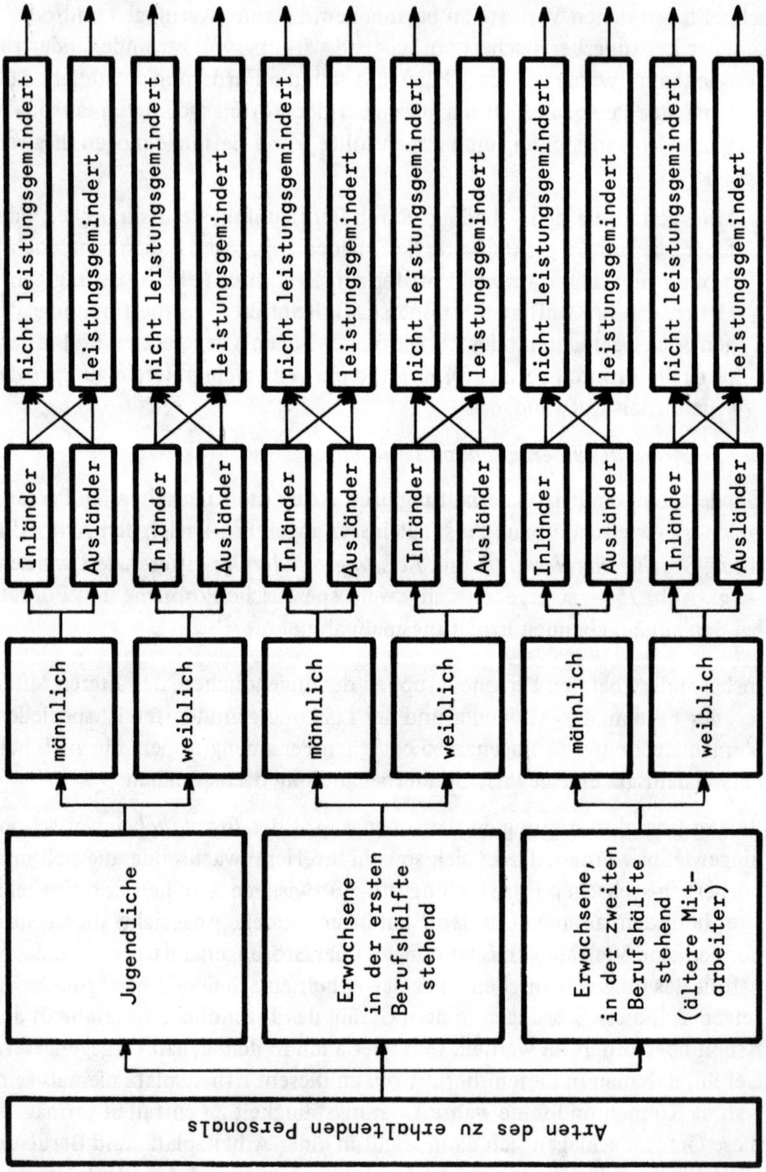

Abb. 75. Arten des zu erhaltenden Personals als ein Kriterium zur Elementabgrenzung

Bestimmungen, wie z.B. verkürzte Arbeitszeit, verlängerte Pausen- und Urlaubszeiten, gesundheitliche Betreuung, besondere Aufenthaltsräume, Rechnung tragen muß.

Der Erhaltung des Leistungsvermögens und der Leistungsbereitschaft *älterer Mitarbeiter*, die grundsätzlich nicht weniger, sondern anders leistungsfähig sind als jüngere Mitarbeiter, dienen unter anderem die schon beim Personaleinsatz aufgezeigten Maßnahmen der Arbeitsplatzgestaltung, des Arbeitsplatzwechsels und der Arbeitszeitregelung. Da das Leistungsvermögen und die Leistungsbereitschaft unmittelbar von dem Gesundheitszustand bestimmt werden, müssen regelmäßige ärztliche Untersuchungen durchgeführt werden, die Aufschluß über eventuelle Leistungsveränderungen geben. Nur so kann rechtzeitig erkannt werden, inwieweit die Mitarbeiter mit zunehmendem Alter offensichtlich überfordert werden, um dann beispielsweise obige Maßnahmen zielgerichtet einleiten zu können. Es gilt nicht nur von Fall zu Fall, sondern systematisch Mittel und Wege zu suchen, um die Gesundheit und damit das Leistungsvermögen der älteren Mitarbeiter möglichst lange zu erhalten und ein Ausscheiden aus dem Arbeitsprozeß vor Erreichen der Altersgrenze zu verhindern. Weitere Probleme können sich auch aus dem Generationsproblem zwischen „jung" und „alt" ergeben: Auf der einen Seite jüngere Mitarbeiter, die ihre eigenen Ideen verwirklicht sehen wollen, auf der anderen Seite ältere Mitarbeiter, die sich ihre Stellung in jahrelanger Arbeit errungen haben und Neuerungen skeptisch gegenübertreten, insbesondere dann, wenn ihre Position geschmälert oder gefährdet werden könnte [160, S. 92ff.]. Solche Probleme, die Anlaß zu verschiedenartigen Spannungen geben können, müssen frühzeitig erkannt werden, damit rechtzeitig Abhilfe geschaffen werden kann.

Auch bei der Personengruppe der *weiblichen Mitarbeiter* ist spezifischen Problemen Rechnung zu tragen. Grundsätzlich sollte dabei folgendes beachtet werden: Solange nicht eine vorurteilsfreie Wertung ihres beruflichen Leistungsvermögens vorherrscht, können auch gesetzliche Regelungen und tarifliche Bestimmungen nicht ausreichen, um die im Zusammenhang mit Frauen auftauchenden Probleme zu lösen und Spannungen zu vermeiden. So bestehen oftmals „Vorurteile gegenüber ihren Fähigkeiten und gefühlsmäßige Ablehnung der Kollegen und Untergebenen, vor allem wenn sie Vorgesetzte auch von Männern ist. Das kann zu Verbitterung und Resignation bei der Frau führen und ihre Arbeitsfreude mindern" [123, S. 18]. Maßnahmen zur Erhaltung des Leistungsvermögens und der Leistungsbereitschaft können somit nur dann erfolgreich sein, wenn die Andersartigkeit der weiblichen Konstitution und Wesensart besondere Berücksichtigung findet. So brauchen Frauen beispielsweise zur Wiederherstellung ihres Leistungsvermögens häufigere Kurzpausen, da ihre Leistungskurve erheblich rascher absinkt als die des Mannes. Weiterhin ist zu berücksichtigen, daß Frauen häufigeren und stärkeren Gefühlsschwankungen unterworfen sind als Männer. Deshalb ist auch die Neigung zu Konfliktsituationen in einer Gruppe von weiblichen Mitarbeitern meist größer als in einer Männergruppe.

Bei der Beschäftigung *ausländischer Mitarbeiter* ergeben sich für die Personalerhaltung ebenfalls spezifische Probleme. Zumeist bedeutet nämlich die Arbeitsaufnahme für den ausländischen Mitarbeiter eine mehr oder weniger erhebliche Umstellung, da er sich in eine für ihn völlig fremde und ungewohnte Umgebung einleben muß. Sprache, Klima, Lebensgewohnheiten, Anschauungen, Religion, politische, soziale und wirtschaftliche Verhältnisse unterscheiden sich häufig sehr wesentlich von den Verhältnissen seines Heimatlandes, so daß gerade der Erleichterung der Eingewöhnung, der laufenden sozialen Betreuung und der zielgerichteten Förderung seiner Motivation besondere Bedeutung zukommt. In dem Bemühen, den ausländischen Mitarbeiter in das Unternehmen zu integrieren, können folgende Maßnahmen zur Anwendung kommen [122]: Einsatz von Dolmetschern, Durchführung „verdolmetschter" Betriebsversammlungen, Einrichtung eines „Ausländerausschusses", Erlaß von Führungsgrundsätzen zur Behandlung von ausländischen Mitarbeitern, Aufstellung besonderer Speisepläne in Werksküchen, Aushändigung mehrsprachiger Lohnstreifen, laufende ärztliche Betreuung, Hilfen für die Freizeitgestaltung, Beschaffung angemessener und menschenwürdiger Unterkünfte.

Die Personalerhaltungsprobleme bei der Personengruppe der *Leistungsgeminderten* sind ähnlich gelagert wie bei der Personengruppe der älteren Mitarbeiter. Im Vordergrund der Bemühungen sollten dabei vorbeugende und begleitende Hilfen für den Leistungsgeminderten stehen, die sich sowohl auf die Arbeitsumwelt, als auch auf den häuslichen Bereich, auf die Behinderungsfolgen sowie auf die Persönlichkeit insgesamt erstrecken sollten [159, S. 192]. Aufgrund des Schwerbehindertengesetzes sind dem Schwerbehinderten der Vertrauensmann der Schwerbehinderten, der Beauftragte des Arbeitgebers und der Betriebsrat (bzw. Personalrat) zur Seite gestellt, die ihm eine breit angelegte Hilfestellung gewähren sollen.

zu (3): Bereiche der Personalerhaltung

Als drittes Kriterium zur Abgrenzung der Personalerhaltung können verschiedene Bereiche angeführt werden, in denen die Maßnahmen zur Personalerhaltung erfolgen können. Wie Abb. 76 zeigt, können sowohl unternehmensinterne als auch unternehmensexterne Bereiche unterschieden werden, eine Unterscheidung, die auch bei der Personalentwicklung Anwendung fand.

Unternehmensinterne Personalerhaltung bedeutet, daß Erhaltungsmaßnahmen vom Unternehmen im Unternehmen selbst oder in unternehmenseigenen „Sozialeinrichtungen" durchgeführt werden, wobei diese Maßnahmen entweder am oder außerhalb des Arbeitsplatzes erfolgen können. Maßnahmen *am Arbeitsplatz*, die der Erhaltung des Leistungsvermögens und der Leistungsbereitschaft

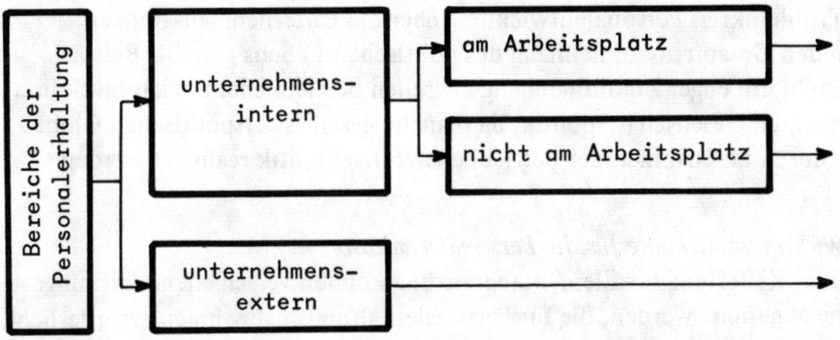

Abb. 76. Bereiche der Personalerhaltung als ein Kriterium zur Elementabgrenzung

des einzelnen Mitarbeiters dienen, sind z.B. angemessene Arbeitszeitregelung, günstige Pausenregelung und -gestaltung, sicherheitstechnische Maßnahmen, die darauf abzielen, die Zahl und die Schwere von Berufskrankheiten sowie von Arbeits- und Wegeunfällen zu mindern, leistungsgerechte Entlohnung, Regelungen, um verschiedene Spannungs- und Konfliktsituationen zu beseitigen, Delegation von Entscheidungsbefugnissen, Aufstellen von Führungsgrundsätzen. Ebenfalls fallen hierunter solche Maßnahmen, die den besonderen Bedürfnissen der verschiedenen Personengruppen im Unternehmen Rechnung tragen. Hierbei sind im Einzelfall die entsprechenden Rechtsvorschriften zu beachten. Es handelt sich also um solche Erhaltungsmaßnahmen, die dem einzelnen unmittelbar während seines Arbeitsvollzuges zuteil werden, wobei sich sowohl die Erhaltungsbedürfnisse des einzelnen als auch der Erfolg der Erhaltungsbemühungen unmittelbar zeigen. Erhaltungsmaßnahmen, die *nicht am Arbeitsplatz* durchgeführt werden, dienen mittelbar der Erhaltung des Leistungsvermögens und der Leistungsbereitschaft des einzelnen Mitarbeiters an seinem Arbeitsplatz. Hierunter fallen Maßnahmen wie werksärztliche Betreuung, Betriebsverpflegung, betrieblicher Wohnungsbau, betriebliche Altersversorgung, Bau von Aufenthaltsräumen und Ferienheimen, Gewährung von Darlehen und sonstige gesetzliche, tarifliche und freiwillige Sozialleistungen. Auch hierbei sind weitere Maßnahmen zu nennen, die sich an den besonderen Bedürfnissen der verschiedenen Personengruppen orientieren, wie z.B. Gründung eines „Ausländerausschusses", einer Helfergruppe für Schwerbehinderte.

Unternehmensexterne Personalerhaltung bedeutet dementsprechend, daß Erhaltungsmaßnahmen nicht vom Unternehmen selbst durchgeführt werden, sondern beispielsweise von Institutionen der öffentlichen Hand, der gewerblichen Wirtschaft (z.B. von Arbeitgeber- und Arbeitnehmerorganisationen) sowie von verschiedenen freien Trägern (z.B. von karitativen Institutionen, die sich mit Ausländerfragen beschäftigen). Im Einzelfall kann entweder eine Mitwirkung des Unternehmens erfolgen oder das Unternehmen kann seinen Mitarbeitern finanzielle Beihilfe gewähren. So ist der Problemkreis Personalerhaltung ebenso wie der Problemkreis Personalentwicklung über die Unternehmensgrenzen hinaus in den Gesamtzusammenhang des politischen Lebens gestellt. Beispielsweise besteht ein enger Zusammenhang zwischen betrieblicher Sozialpolitik und der allgemeinen Gesellschaftspolitik, da manche gesellschaftspolitischen Globalziele nur durch Maßnahmen der betrieblichen Sozialpolitik realisiert werden können.

zu (4): Wirkungszeiträume für die Personalerhaltung

Als weiteres Kriterium zur Elementabgrenzung können verschiedene Wirkungszeiträume angeführt werden, die für Personalerhaltungsmaßnahmen erforderlich sind – vgl. Abb. 77.

Auch wenn die Personalerhaltung als Daueraufgabe eigentlich ständig wahrzunehmen ist, erscheint es angebracht, die Personalerhaltung nach Zeiträumen zu differenzieren, da jede einzelne Erhaltungsmaßnahme oder jedes Bündel von entsprechenden Maßnahmen auf bestimmte Ziele hingeordnet und mit Erreichen der angestrebten Ziele zunächst beendet ist. So gesehen, streben kurz-

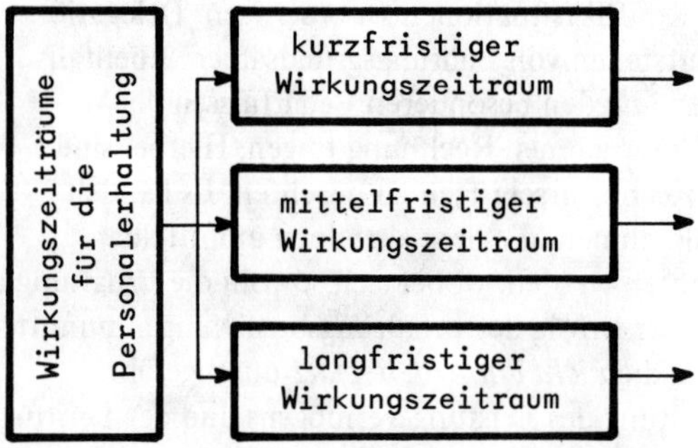

Abb. 77. Wirkungszeiträume für die Personalerhaltung als ein Kriterium zur Elementabgrenzung

fristige Personalerhaltungsmaßnahmen solche Ziele an, die sich in kurzer Zeitdauer erreichen lassen. Als Beispiele seien hier angeführt: vorbeugende Grippeschutzimpfungen, Getränkeregelung in Warmbetrieben, Schlichtung bestehender Konflikte, Klärung der Gründe, die zu geäußerten Kündigungsabsichten führten. Mittel- und langfristige Personalerhaltungsmaßnahmen streben entsprechend solche Ziele an, die nur längerfristig zu realisieren sind.

Werden die beschriebenen *vier Kriterien kombiniert* zur Elementabgrenzung herangezogen, so beziehen sich die einzelnen Elemente dieses Teilsystems auf

– eine bestimmte Art der Personalerhaltung,
– eine bestimmte Art des zu erhaltenden Personals,
– einen bestimmten Bereich der Personalerhaltung,
– einen bestimmten Wirkungszeitraum für die Personalerhaltung.

Diese mehrdimensionale analytische Bestimmung der Elemente ist in Abb. 78 veranschaulicht.

Zur Verdeutlichung seien folgende Beispiele zur *Elementbildung* angeführt:

Element 1: langfristige vorbeugende Erhaltung des Leistungsvermögens und der Leistungsbereitschaft älterer Mitarbeiter außerhalb des Arbeitsplatzes,

Element 2: kurzfristige störungsbedingte Erhaltung der Leistungsbereitschaft Jugendlicher am Arbeitsplatz,

Element 3: mittelfristige Erhaltung der Leistungsbereitschaft ausländischer Mitarbeiter außerhalb des Arbeitsplatzes usw.

Auch diese Beispiele veranschaulichen, wie auf diese Weise die bei der Personalerhaltung anstehenden Probleme erfaßt und einer gesonderten Betrachtung zugänglich gemacht werden können, wobei im Einzelfall jeweils spezifische Erhaltungsmaßnahmen zur Anwendung kommen müssen.

Die *Eigenschaften* der Elemente dieses Teilsystems finden eine Konkretisierung in der Art und Weise, *wie* die Personalerhaltung den Erfordernissen der materiellen, sozialen, informationellen und wertmäßigen Dimensionen des Unternehmensgeschehens Rechnung trägt.

So berücksichtigen die *materiellen Eigenschaften* der Personalerhaltung solche Eigenschaften oder Eigenschaftsgruppen, die sich primär aus den im Unternehmen sich abspielenden Leistungsprozessen ergeben. Diesem Aspekt trägt die Personalerhaltung dadurch Rechnung, daß sie durch verschiedene Maßnahmen das Leistungsvermögen und die Leistungsbereitschaft des Personals so zu erhalten versucht, damit die Leistungsprozesse bestmöglich abgewickelt werden können. Die *sozialen Eigenschaften* der Personalerhaltung berücksichtigen die Belange und die Besonderheiten des Menschen als Träger menschlicher Arbeitsleistung. So sind unter diesem Aspekt alle Einflußgrößen zu erfassen und entsprechend zu berücksichtigen, die sowohl auf das Leistungsvermögen als auch auf die Leistungsbereitschaft des Personals einwirken können. Solche Einflußgrößen sind beispielsweise die Motivationsstruktur, die physisch-psychische Belastbarkeit des Menschen, die unterschiedlichen Erhaltungsbedürfnisse der verschiedenen Personengruppen im Unternehmen, die vielfältigen Spannungen, die sich aus dem Zusammenwirken der verschiedenen Personengruppen im Rahmen der Leistungserstellung ergeben können. Die *informationellen Eigenschaften* der Personalerhaltung berücksichtigen solche Eigenschaften, die sich aus dem Prozeß der Informationsgewinnung, -bearbeitung, -speicherung, -verwertung und -abgabe bei der Erhaltung personeller Kapazität ergeben. Im Rahmen der Informationsgewinnung sind alle die Informationen zu beschaffen, die zur erfolgreichen Ausübung dieses Funktionsbereichs erforderlich sind. Sollen beispielsweise ausländische Mitarbeiter beschafft werden, so hat die Personalerhaltung rechtzeitig die dafür notwendigen Maßnahmen wie z.B. Beschaf-

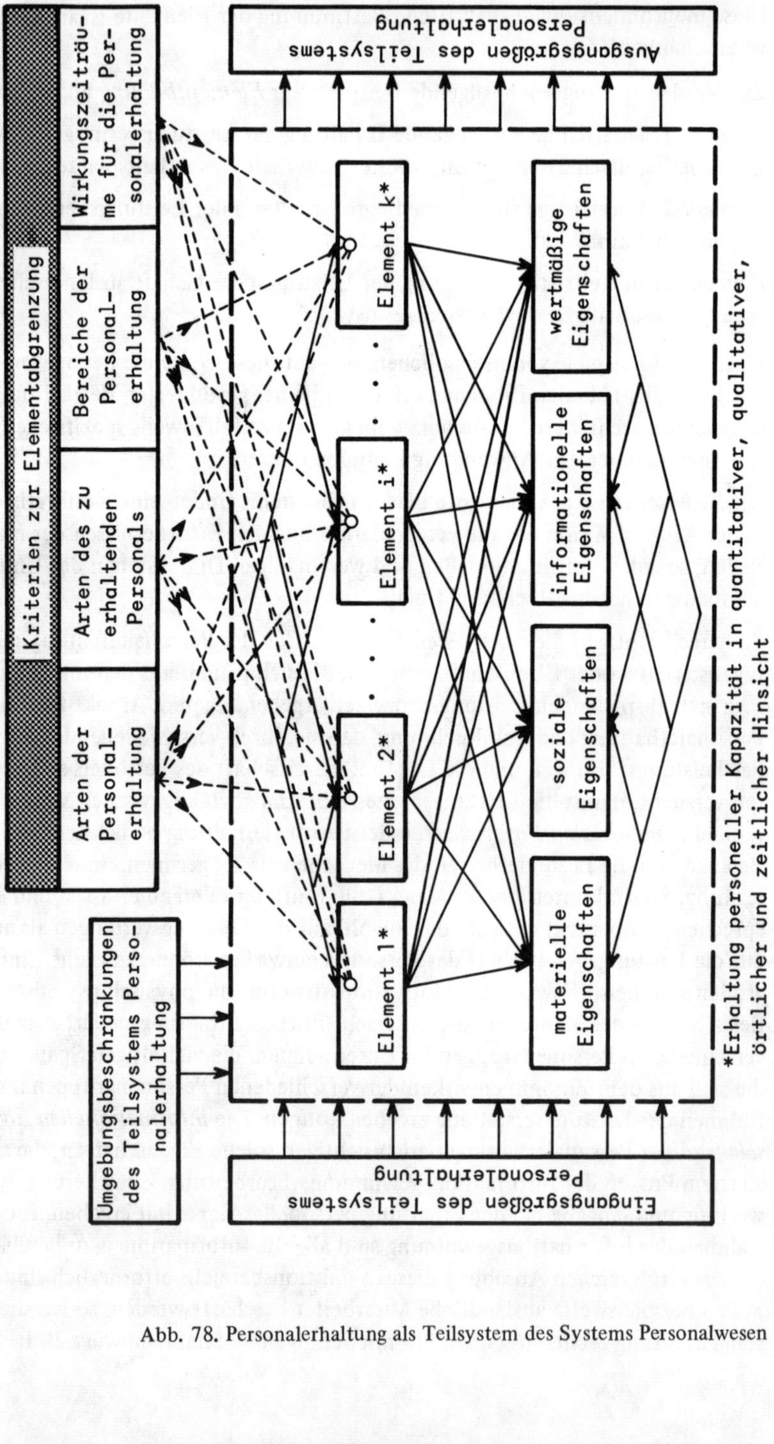

Abb. 78. Personalerhaltung als Teilsystem des Systems Personalwesen

fung von Unterkünften in die Wege zu leiten. Da die Erfolgswirksamkeit der Personalerhaltung in entscheidendem Maße auch von den Aktivitäten anderer personalbezogener Funktionsbereiche wie z.B. Personalentwicklung, Personaleinsatz abhängt, sind diesen Funktionsbereichen schließlich alle die dafür notwendigen Informationen zu liefern. Die *wertmäßigen Eigenschaften* der Personalerhaltung berücksichtigen die ökonomischen Aspekte. Unter diesem Blickwinkel sind beispielsweise die finanziellen Erwartungen der Mitarbeiter mit den finanziellen Möglichkeiten des Unternehmens in Einklang zu bringen. Insbesondere ist der wachsende Anteil der gesetzlich und tarifvertraglich bedingten Personalnebenkosten bezogen auf die Direktentgelte zu berücksichtigen. Weiterhin muß bei der Gewährung sogenannter freiwilliger Sozialleistungen beachtet werden, daß die Rechtssprechung immer mehr dazu neigt, diese Sozialleistungen – zumindest bei nachhaltiger Gewährung durch den Arbeitgeber – einem Rechtsanspruch der Arbeitnehmer zu unterwerfen, d.h. die Weitergewährung einmal eingeführter, freiwilliger Sozialleistungen wird zunehmend vom Rechtsanspruch der Arbeitnehmer absorbiert.

Damit sind *Ziele* und *Inhalt* des Teilsystems Personalerhaltung umschrieben.

3.3.5.2 Personalerhaltung als Führungseinheit

Bei der Betrachtung der Personalerhaltung als Führungseinheit steht der *prozessuale Aspekt* im Vordergrund.

Die Festlegungen von Zielen und/oder Grundsätzen für diesen Funktionsbereich sind dabei Bestandteil der *„strategischen"* Führungsaufgabe Personalerhaltung – vgl. Abb. 79.

Ziele bestimmen, *was* im einzelnen durch den Funktionsbereich erreicht werden soll. Soll beispielsweise unerwünschten Entwicklungen (z.B. Zunahme der Fluktuationsrate, des Krankenstandes, der Unfallquote, Verschlechterung des Betriebsklimas oder aufkommende Unzufriedenheit der Mitarbeiter) durch entsprechende Maßnahmen wirksam begegnet werden oder soll Vorsorge für das mögliche Auftreten von Beeinträchtigungen des personellen Leistungsvermögens und der Leistungsbereitschaft getroffen werden, um mögliche negative Entwicklungen von vornherein auszuschalten bzw. ihnen entgegenzuwirken? Im ersten Fall bestimmen die Ziele, daß auf unerwünschte Gegebenheiten zu reagieren ist, wobei bei den entsprechenden Maßnahmen ein mehr oder weniger passiver Charakter überwiegt. Im zweiten Fall hingegen ist den entsprechenden Maßnahmen ein aktiver Charakter zuzusprechen, da auf das zukünftige Geschehen bewußt im Sinne einer vorbeugenden Erhaltung Einfluß genommen werden soll. *Grundsätze* bestimmen, *wie*, d.h. auf welche Art und Weise, die Personalerhaltung auszuüben ist. Ein solcher Grundsatz könnte dahingehend formuliert sein, daß bei den Erhaltungsbemühungen primär auf die Motivationsstruktur der einzelnen Mitarbeiter einzuwirken ist, um die Ziele der Mitarbeiter mit

Ebene	Phase	Inhalt
strategische Ebene	Planung Entscheidung Durchsetzung Kontrolle	Festlegungen darüber was im einzelnen durch die Personalerhaltung erreicht werden soll (Ziel), wie, d.h. auf welche Art und Weise, die Personalerhaltung auszuüben ist (Grundsätze)
operative Ebene	Planung	Planung von Maßnahmen zur Sicherung der den Erfordernissen des Unternehmens angepaßten personellen Kapazität durch Erhalten des Leistungsvermögens und der Leistungsbereitschaft des Personals
	Entscheidung	verbindliche Festlegung von Personalerhaltungsplänen als Entscheidung über durchzuführende Maßnahme(n) zur Erhaltung personeller Kapazität
	Durchsetzung	Festlegung der Personalerhaltungspläne im Detail, Vorgabe der Personalerhaltungspläne
	Kontrolle	Erfassung der Ergebnisse durchgeführter Erhaltungsmaßnahmen, Vergleich mit den vorgegebenen Erhaltungszielen, Beurteilung der Abweichungen nach bestimmten Kriterien
	Ausführung	Vollzug der Personalerhaltungsmaßnahmen

Abb. 79. Phasen des Führungs- und Ausführungsprozesses des Funktionsbereichs Personalerhaltung

denen des Unternehmens möglichst miteinander in Übereinstimmung zu bringen. „Diese ‚Identifikation' stellt sich . . . nicht automatisch ein; es gibt keine selbstverständliche Harmonie der Interessen. Diese Harmonie muß vielmehr mit Rücksicht auf die natürlichen Interessenkonflikte systematisch angestrebt werden, wobei dieses Ziel nie vollkommen, sondern immer nur annäherungsweise erreicht werden kann" [83, S. 727]. Weitere Grundsätze können beispielsweise festlegen, in welchem Umfang den speziellen Erhaltungsbedürfnissen der verschiedenen Personengruppen Rechnung getragen werden soll, in welchem Umfang ärztliche Vorbeugungsmaßnahmen zur Erhaltung der Gesundheit im Unternehmen durchgeführt werden sollen, in welchem Umfang freiwillige Sozialleistungen gewährt werden sollen.

Mit solchen Zielen und/oder Grundsätzen wird somit der Rahmen für die einzelnen Maßnahmen der Personalerhaltung – *„operative"* Ebene (vgl. Abb. 79) – abgesteckt.

In diesem Zusammenhang bedeutet *Personalerhaltungsplanung*: Planung von Maßnahmen zur Sicherung der den Erfordernissen des Unternehmens angepaßten personellen Kapazität durch Erhalten des Leistungsvermögens und der Leistungsbereitschaft des Personals. Grundlage für diese Planungsüberlegungen muß die

Einsicht sein, daß das Leistungsvermögen und die Leistungsbereitschaft der Mitarbeiter das Resultat vieler Einflüsse sind und entsprechend die Erhaltungsziele nicht durch wenige spezielle Maßnahmen, sondern nur durch aufeinander abgestimmte Maßnahmenbündel erreicht werden können. Voraussetzung für eine rationale Auswahl eines solchen Bündels von Maßnahmen ist dabei eine Analyse der Faktoren, die das Verhältnis von Mensch und Arbeit beeinflussen.

In der *Entscheidungsphase* werden Erhaltungspläne wie z.B. Unfallverhütungsprogramme, Programme für die werksärztliche Betreuung, Richtlinien zur Konflikthandhabung, Regelungen hinsichtlich der sozialen Leistungen als verbindlich für den entsprechenden Planungszeitraum vorgegeben. Diese Entscheidungen sollen dazu beitragen, eine möglichst optimale Beziehung zwischen Mensch und Arbeit zu erreichen, da davon sowohl das Leistungsvermögen und die Leistungsbereitschaft des Personals als auch die Gewährleistung, daß das Unternehmen seine Aufgaben in der Gesamtgesellschaft erfüllt, abhängig sind. Bedingt durch den engen Zusammenhang mit anderen personalbezogenen Funktionen und Unternehmensbereichen müssen diese Entscheidungen entsprechend abgestimmt werden, wobei – wie bei jeder Entscheidung – diese Festlegungen weiterhin hinsichtlich ihrer Realisierungsmöglichkeiten, ihrer Erfolgsaussichten, der dabei anfallenden Kosten abzuwägen sind.

In der *Durchsetzungsphase* sind die verabschiedeten Personalerhaltungspläne im Detail festzulegen und den mit der Ausführung betrauten Personen vorzugeben. Auch hierbei zeigt sich recht deutlich, daß die Erfolgswirksamkeit solcher Bemühungen entscheidend davon abhängt, in welchem Maße sowohl die mit der Erhaltungsaufgabe betrauten Mitarbeiter als auch die Mitarbeiter, deren Leistungspotential erhalten werden soll, bereits in die Planungs- und Entscheidungsphase einbezogen wurden. Nur auf diese Weise kann ein gegenseitiges Vertrauen geschaffen, können die verschiedenartigen Interessen abgewogen werden, um beispielsweise die Bereitschaft der Mitarbeiter zum Verbleiben in dem Unternehmen zu fördern.

In der *Ausführungsphase* schließlich werden die Pläne zur Erhaltung personeller Kapazität realisiert, d.h. die geplanten Erhaltungsmaßnahmen werden ausgeführt. Inwieweit dabei die angestrebten Erhaltungsziele erfüllt werden, hängt davon ab, ob bei den entsprechenden Planungs- und Entscheidungsüberlegungen alle die Einflußgrößen berücksichtigt wurden, die zu einer Beeinträchtigung des Leistungsvermögens und der Leistungsbereitschaft führten oder führen könnten.

Die *Kontrollphase* soll Aufschluß über den Erfolg der Erhaltungsbemühungen geben. Dazu sind zunächst die Auswirkungen und die Ergebnisse durchgeführter Erhaltungsmaßnahmen zu erfassen, ein Problemkreis, der insbesondere bei diesem Funktionsbereich besondere Schwierigkeiten mit sich bringt, da es einen Kausalzusammenhang zwischen den getroffenen Maßnahmen und dem damit erreichten positiven oder negativen Ergebnis nachzuweisen gilt. Ursache und Wirkung beispielsweise bei Maßnahmen zur Erhaltung der personellen Leistungsbereitschaft nachzuweisen, gestalten sich als außerordentlich schwierig, da eben auch andere Aktivitäten im Personalbereich verhaltensbeeinflussend wirken. Vergleiche mit den vorgegebenen Erhaltungszielen können einmal Anlaß für sofort einzuleitende Korrekturmaßnahmen sein, z.B. Intensivierung der sicherheitstechnischen und werksärztlichen Bemühungen, Einberufungen von Sondersitzungen zur Schlichtung von Streitigkeiten, oder sie können zum anderen nach eingehender Analyse der Abweichungen eine wichtige Informationsquelle für zukünftig zu ergreifende Maßnahmen sein.

3.3.6 Funktionsbereich Personalfreistellung

Während der Funktionsbereich Personalbeschaffung im System Personalwesen darauf abzielt, personelle Kapazität zu gewinnen, fällt dem Funktionsbereich Personalfreistellung die Aufgabe zu, personelle Kapazität freizustellen, um eine personelle Überdeckung in quantitativer, qualitativer, örtlicher und zeitlicher Hinsicht zu beseitigen.

In der heutigen Situation eines allgemeinen Arbeitskräftemangels – von temporären Gegenerscheinungen einmal abgesehen – stehen zwar Probleme der Personalbeschaffung insbesondere auf dem externen Arbeitsmarkt im Vordergrund der Personalplanungsüberlegungen, aber ebenso wichtig ist es jedoch, etwaige personelle Überdeckungen planmäßig zu erfassen und sich z.B. rechtzeitig Gedanken über die weitere Verwendbarkeit freizusetzender Mitarbeiter zu machen. So können auch in Zeiten der Vollbeschäftigung in einzelnen Unternehmen oder in einzelnen Unternehmensbereichen zahlreiche Gründe zum Auftreten einer personellen Überdeckung führen. Solche Gründe oder Anlässe können sein: Saisonalbedingte periodische Schwankungen im Personalbedarf, die nach Art des Unternehmens bzw. seiner Branche unterschiedlich verlaufen; Absatz- und Produktionsrückgänge als Folge gesamtwirtschaftlicher, branchenbezogener oder betriebsindividueller Veränderungen struktureller Art; Veränderungen des Personalbedarfs als Folge technischer und/oder organisatorischer Entwicklungen.

Da es sich kein Unternehmen erlauben kann, bei bestehenden Personalüberschüssen mit seinen Arbeitskräften leichtfertig umzugehen, fällt der Personalfreistellung damit die Aufgabe zu, entsprechende Maßnahmen einzuleiten und durchzuführen. Diese Aufgabe kann sich im Einzelfall recht schwierig gestalten, da nicht nur ökonomische, sondern in ganz besonderem Maße soziale Aspekte entsprechende Berücksichtigung finden müssen. Ziel dieser Bemühungen muß es deshalb sein, neben den ökonomischen auch die menschlichen Probleme befriedigend und unter Vermeidung von Härten zu lösen. Diese beispielhaften Hinweise verdeutlichen bereits die vielfältige Problemstellung, die die Beseitigung einer personellen Überdeckung mit sich bringt.

Analog zur bisherigen Vorgehensweise soll die Personalfreistellung wiederum als ein Teilsystem des Systems Personalwesen betrachtet werden, um den Inhalt dieses Funktionsbereichs einer detaillierten Analyse zugänglich zu machen.

3.3.6.1 Personalfreistellung als Teilsystem

Zur Auffächerung in einzelne Aufgabenstellungen, die als Elemente des Teilsystems Personalfreistellung aufgefaßt werden können, lassen sich folgende vier Kriterien zur Abgrenzung heranziehen [76, S. 17]:

(1) *Arten* der Personalfreistellung,
(2) *Tätigkeitskategorien*, für die die Personalfreistellung erfolgt,
(3) *Tätigkeitsbereiche*, in denen die Personalfreistellung erfolgt,
(4) *Zeitpunkte* oder *Wirkungszeiträume* für die Personalfreistellung.

zu (1): Arten der Personalfreistellung
Analog zur Personalbeschaffung (vgl. Abb. 53) kann personelle Kapazität auf dreierlei Art freigestellt werden, nämlich einmal durch Beendigung bestehender Arbeitsverhältnisse, zum anderen durch Änderung bzw. Beendigung bestehender Arbeitnehmerüberlassungsverträge oder durch Änderung bestehender Arbeitsverhältnisse – vgl. Abb. 80.

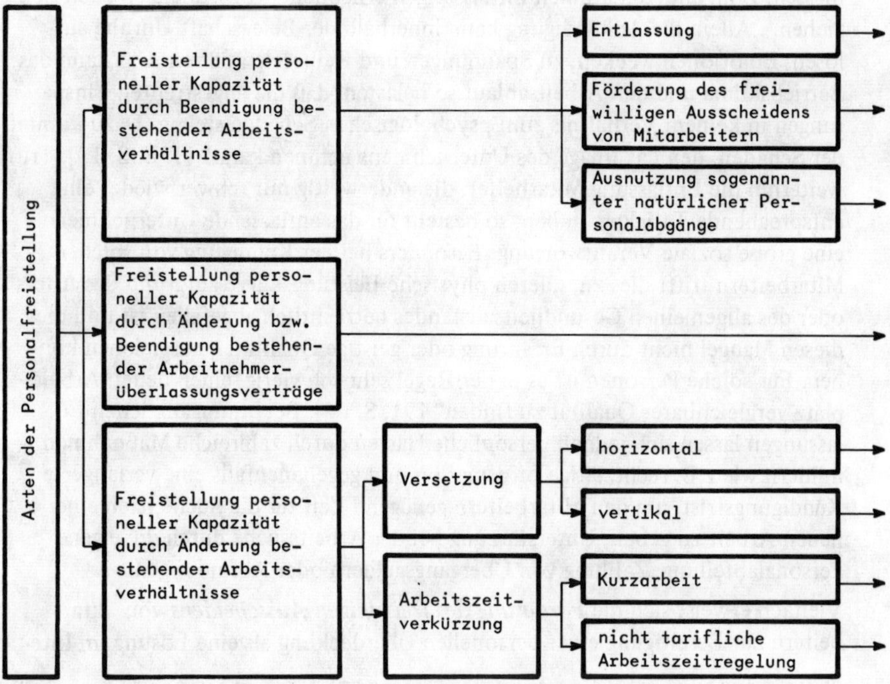

Abb. 80. Arten der Personalfreistellung als ein Kriterium zur Elementabgrenzung

Bei der Freistellung personeller Kapazität durch *Beendigung bestehender Arbeitsverhältnisse* wird zur Beseitigung einer personellen Überdeckung bewußt eine Ist-Personalbestandsverminderung herbeigeführt. Sicherlich werden solche drastischen und folgenschweren Maßnahmen nicht bei einer möglicherweise nur kurzfristigen Auftragsstagnation angewendet werden, sondern nur dann, wenn längerfristige Absatzrückgänge dies erfordern. Zwar kann durch diese Maßnahmen des „Gesundschrumpfens" erreicht werden, daß das Unternehmen mit einem geringeren Ist-Personalbestand zu einer gewinnbringenden Auslastung der verkleinerten Kapazitäten gelangt, aber auf das dynamische Element des Wachsens wird hierbei bewußt verzichtet, da in einer Aufschwungphase die freigestellten Mitarbeiter angesichts der Personalknappheit zumeist nicht mehr zu gewinnen sind.

Besteht keine Möglichkeit, freigestellte Mitarbeiter innerhalb des Unternehmens weiterzubeschäftigen – sei es aus sachlichen oder persönlichen Gründen –, so ist eine *Entlassung* der Mitarbeiter nicht zu umgehen. An eine solche Entlassung sind jedoch strenge Forderungen gestellt, da Entlassungen im Interesse des Arbeitnehmerschutzes unter bestimmten Voraussetzungen durch gesetzliche Vorschriften erschwert oder sogar verboten sind und da die gesetzlichen Mitbestimmungsrechte des Betriebsrates[30] entsprechende Berücksichtigung finden müssen. Zum anderen können Entlassungen erhebliche Konsequenzen nach sich ziehen. „Allein die Ankündigung kann innerhalb der Belegschaft Unruhe auslösen, Emotionen wecken, zu Spannungen und Reibereien führen. Das kann das Betriebsklima und den Arbeitsablauf so belasten, daß die angestrebten Einsparungen in keinem Verhältnis zum psychologischen Schaden stehen. Dazu kommt der Schaden, den das Image des Unternehmens nehmen kann" [138, S. 13]. Trifft weiterhin die Entlassung Mitarbeiter, die anderweitig nur schwer wieder eine entsprechende Tätigkeit finden, so besteht für das entlassende Unternehmen eine große soziale Verantwortung. Besonders bei der Kündigung von solchen Mitarbeitern trifft dies zu, „deren physische Leistungskurve aufgrund des Alters oder des allgemeinen Gesundheitszustandes beträchtlich abgefallen ist und die diesen Mangel nicht durch Erfahrung oder geistige Qualitäten ausgleichen können. Für solche Personen ist es in der Regel sehr schwierig, einen neuen Arbeitsplatz vergleichbarer Qualität zu finden" [91, S. 66]. Bei unumgänglichen Entlassungen lassen sich jedoch persönliche Härten durch zahlreiche Maßnahmen mildern wie z.B. rechtzeitige Information und gegebenenfalls eine verlängerte Kündigungsfrist, um den Mitarbeitern genügend Zeit für die Suche nach einer neuen Arbeit zu geben; Unterstützung bei der Arbeitssuche durch die eigene Personalabteilung; Zahlung von Übergangsgeldern oder Abfindungen.

Vielfach erweist sich die *Förderung des freiwilligen Ausscheidens* von Mitarbeitern zur Beseitigung einer personellen Überdeckung als eine Lösung im Inte-

30 [15, § 102 Mitbestimmungen bei Kündigungen, § 103 Außerordentliche Kündigung in besonderen Fällen, § 104 Entfernung betriebsstörender Arbeitnehmer].

resse des Mitarbeiters und des Unternehmens. Für den Mitarbeiter vollzieht sich die Trennung leichter, da er ja selbst die Konsequenzen durch seine Eigenkündigung gezogen hat. Das Unternehmen kann das freiwillige Ausscheiden durch Maßnahmen wie Abfindungsangebote, Sozialpläne, vorzeitige Pensionierung fördern. Die Möglichkeit der vorzeitigen Pensionierung ist jedoch im Einzelfall recht problematisch. Auf der einen Seite ist es sicherlich besser, „den bewährten älteren Mitarbeitern einen attraktiven Zuschuß zur gesetzlichen Rente zu zahlen, als sie mit unproduktiver Tätigkeit zu beschäftigen" [100, S. 38], auf der anderen Seite kann aber eine solche Maßnahme erhebliche psychologische Rückwirkungen mit sich bringen, die sich z.B. in dem Gefühl des Überflüssigseins, des nicht Gebrauchtwerdens niederschlagen.

Als weitere Maßnahme zur Reduzierung des Ist-Personalbestandes ist schließlich die *Ausnutzung sogenannter natürlicher Personalabgänge* zu nennen. Hierbei wird bewußt darauf verzichtet, Arbeitsplätze, die z.B. durch Pensionierungen, Wehrdienst, Tod, Invalidisierung, (nicht geförderte) Kündigung von seiten des Personals frei geworden sind, wieder zu besetzen. Die hiermit verbundene Verhängung eines „Einstellungsstopps" gilt als relativ milde Maßnahme. Jedoch erhebt sich die Frage, ob ein genereller Einstellungsstopp wegen der Gefahr ungünstiger Auswirkungen auf die personelle Struktur des Unternehmens über längere Zeit aufrechterhalten werden sollte. So wird man für bestimmte Mitarbeitergruppen (z.B. qualifizierte Kräfte, Auszubildende) Ausnahmen zulassen. Zudem kann weiterhin ein solcher Einstellungsstopp leicht für jüngere und vor allem für tüchtige Mitarbeiter ein Alarmsignal bedeuten, da zwar nicht ihr Arbeitsplatz, jedoch ihr beruflicher Aufstieg ungewiß erscheint, so daß sie sich entschließen, zu einem anderen Unternehmen überzuwechseln [129, S. 9].

Als weitere Art der Personalfreistellung ist die Freistellung personeller Kapazität durch *Änderung bzw. Beendigung bestehender Arbeitnehmerüberlassungsverträge* zu nennen – vgl. Abb. 80. Da im Rahmen der sog. *nichtgewerbsmäßigen Arbeitnehmerüberlassung* die Rechtsbeziehungen zwischen den drei Beteiligten (Verleiher, Entleiher und Leiharbeitnehmer) je nach den getroffenen Vereinbarungen recht unterschiedlich sein können, besteht die Möglichkeit, dieses Leihverhältnis kurzfristig zu beenden, wobei nach Beendigung dieses Leiharbeitsverhältnisses der Leiharbeitnehmer nur noch Leiharbeitnehmer des Verleihers ist. Da der Überlassungsvertrag bei der sog. *gewerbsmäßigen Arbeitnehmerüberlassung* als schuldrechtlicher Vertrag eigener Art im Rahmen der allgemeinen Vertragsfreiheit der freien Gestaltung von Verleiher und Entleiher unterliegt, besteht auch hierbei prinzipiell die Möglichkeit, das Leihverhältnis kurzfristig – mit oder ohne Kündigungsfrist – zu beenden, wenn eine entsprechende Vereinbarung getroffen wurde.

Ebenso wie die Personalbeschaffung sich nicht nur auf den externen Arbeitsmarkt richten, sondern zunächst Möglichkeiten zur Beschaffung personeller Kapazität auf dem internen Arbeitsmarkt aufzeigen und die im Einzelfall entsprechenden Voraussetzungen schaffen sollte, können entsprechend die Aktivitäten der Personalfreistellung nicht nur primär mit Personalabbau durch Entlassung auf den externen Arbeitsmarkt in Verbindung gebracht werden. Vielmehr sind zunächst durch *Änderung bestehender Arbeitsverhältnisse* die Möglichkeiten zum Abbau einer personellen Überdeckung zu überprüfen und die entsprechenden Voraussetzungen zu schaffen. Wer heute nämlich Mitarbeiter entläßt, dem fehlen sie vielleicht schon morgen bei einem neuen Konjunkturaufschwung.

Kurzfristige, in bestimmten regelmäßigen oder unregelmäßigen Zeitabständen auftretende Schwankungen des Arbeitsanfalles, die jeweils entweder kurzfristige personelle Unter- oder Überdeckungen bedingen, lassen sich jedoch meistens durch entsprechende Aktivitäten des Personaleinsatzes ausgleichen. Dies ist um so leichter möglich, wenn über eine ausreichende „disponible" personelle Kapazität verfügt werden kann. So können beispielsweise im Fall einer personellen Unterdeckung die Möglichkeiten vereinbarter Mehrarbeit (Überstunden, Abgabe höherer Leistungen), im Fall einer personellen Überdeckung die Möglichkeit des Abbaus von Überstunden oder im Fall eines unterschiedlichen Arbeitsanfalls in zwei Abteilungen die Möglichkeiten der Personalverlagerungen zwischen diesen Abteilungen genutzt werden. Weiterhin können Zeiten vorübergehender Absatz- und Produktionsrückgänge für verstärkte Aktivitäten der Personalentwicklung, für Inanspruchnahme des Jahresurlaubs, für Instandhaltungstätigkeiten, für anderweitige betriebsnotwendige Tätigkeiten, die nicht termingebunden sind, genutzt werden. Müssen aber zur Beschäftigungsanpassung auch Maßnahmen wie Versetzungen oder Arbeitszeitverkürzungen in Erwägung gezogen werden – vgl. Abb. 80 –, so ergeben sich damit nicht nur Einsatzprobleme, sondern auch Freistellungsprobleme, sofern diese Maßnahmen mit einer Änderung bestehender Arbeitsverhältnisse verbunden sind.

Die Tatsache, daß beispielsweise Maßnahmen der Rationalisierung und Automatisierung sowohl in der Produktion als auch in der Verwaltung häufig zu Personaleinsparungen und/oder zu veränderten Arbeitsanforderungen führen, bringt es mit sich, daß die dadurch bedingten Umstellungsprozesse in besonderem Maße auf eine Integration wirtschaftlicher und sozialer Zielvorstellungen gerichtet sein müssen. Bei solchen notwendigen *Versetzungen* sind vor allem die psychologischen Rückwirkungen unter Umständen beträchtlich, „und es erfordert von den mit der personalen Planung Betrauten ein großes Maß an menschlichem Einfühlungsvermögen, um den Betroffenen über die Umstellung hinwegzuhelfen, sie vor Bitterkeit zu bewahren und ihnen ihr Selbstvertrauen zu erhalten, was letzten Endes für ihre Leistung an dem neuen Arbeitsplatz von nicht unerheblicher Bedeutung ist" [91, S. 66]. Neben diesen zu beachtenden Aspekten bereiten Versetzungen keine größeren Schwierigkeiten, wenn in anderen Abteilungen zusätzliche Arbeitskräfte aufgrund des dortigen Arbeitsanfalls benötigt werden; anders hingegen, wenn der Zeitpuntk der Freistellung und der Zeitpunkt einer anderweitigen Einsatzmöglichkeit nicht zusammenfallen [127, S. 103]. Besondere Schwierigkeiten können weiterhin entstehen, wenn Mitarbeiter in arbeits- oder lohnmäßig schlechtere Positionen versetzt werden. Hier kommt unter anderem dem Abkommen zum Schutz der Arbeiter und Angestellten vor Folgen der Rationalisierung für die Betriebe der Eisen-, Metall- und Elektroindustrie der BRD vom 27. Mai 1968 besondere Bedeutung zu [37].

Arbeitszeitverkürzungen als weitere Maßnahmen zur Beschäftigungsanpassung können sowohl in Form von Kurzarbeit erfolgen, als auch in der Form, daß bei den durch Freistellung betroffenen Mitarbeitern eine von der tariflichen Arbeitszeitregelung abweichende Arbeitszeit vereinbart wird (z.B. in Form von Halbtagsarbeit) – vgl. Abb. 80. Beide Arten der Personalfreistellung führen nicht nur zu einer geringeren Beschäftigung der Mitarbeiter, sondern diese müssen in der Regel auch Nachteile – insbesondere Verdiensteinbußen – in Kauf nehmen. Ob jedoch im Einzelfall die Möglichkeit der Kurzarbeit genutzt werden kann, hängt neben rechtlichen Voraussetzungen und Bestimmungen entscheidend von den sachlichen Gegebenheiten ab. So kann beispielsweise eine Kaufhaus nicht willkürlich seine Öffnungszeiten verkürzen oder einzelne Abteilungen zu bestimmten Zeiten personell nicht besetzen. Viele Unternehmen verfügen allerdings über eine genügende Flexibilität in der Anpassung ihrer Arbeitszeiten, so daß auf diese Weise personelle Überdeckungen beseitigt werden können, ohne daß z.B. zu der gravierenden Maßnahme der Entlassung gegriffen werden muß. Festzuhalten bleibt, daß durch die Maßnahmen der Arbeitszeitverkürzungen sowohl das Interesse des Arbeitgebers an der Erhaltung der Belegschaft als auch das Interesse des Arbeitnehmers an der Erhaltung des Arbeitsplatzes gewahrt bleiben.

zu (2): Tätigkeitskategorien, für die die Personalfreistellung erfolgt
Analog den Funktionsbereichen Personalbedarfsermittlung und Personaleinsatz lassen sich als weiteres Kriterium zur inhaltlichen Abgrenzung der Personalfreistellung Tätigkeitskategorien anführen.

Da sich die Bildung von Tätigkeitskategorien ausschließlich an den sachlich bedingten tatsächlichen Arbeitsinhalten ausrichten und unabhängig von der Zuordnung dieser Arbeitsinhalte zu organisatorisch verselbständigten Tätigkeitsbereichen des Unternehmens erfolgen sollte, bringt eine solche Gliederung der Personalfreistellung zum Ausdruck, für welche Arbeitsinhalte personelle Überdeckungen zu beseitigen sind. In Abb. 81 sind in Analogie zur Personalbedarfsermittlung entsprechende Tätigkeitskategorien angeführt. Mit Hilfe solcher Tätigkeitskategorien können zunächst relativ verschiedenartig erscheinende Arbeitsplätze aufgrund einheitlicher Funktionsstrukturen in ihrem Arbeitsinhalt als eng verwandt erkannt werden, so daß sie eine wichtige Informationsgrundlage für ein zweckmäßiges Vorgehen bei der Beseitigung partieller und/oder bereichsübergreifender personeller Überdeckungen liefern. Beispielsweise läßt sich auf dieser Grundlage die Frage leichter beantworten, ob durch Versetzungen inner-

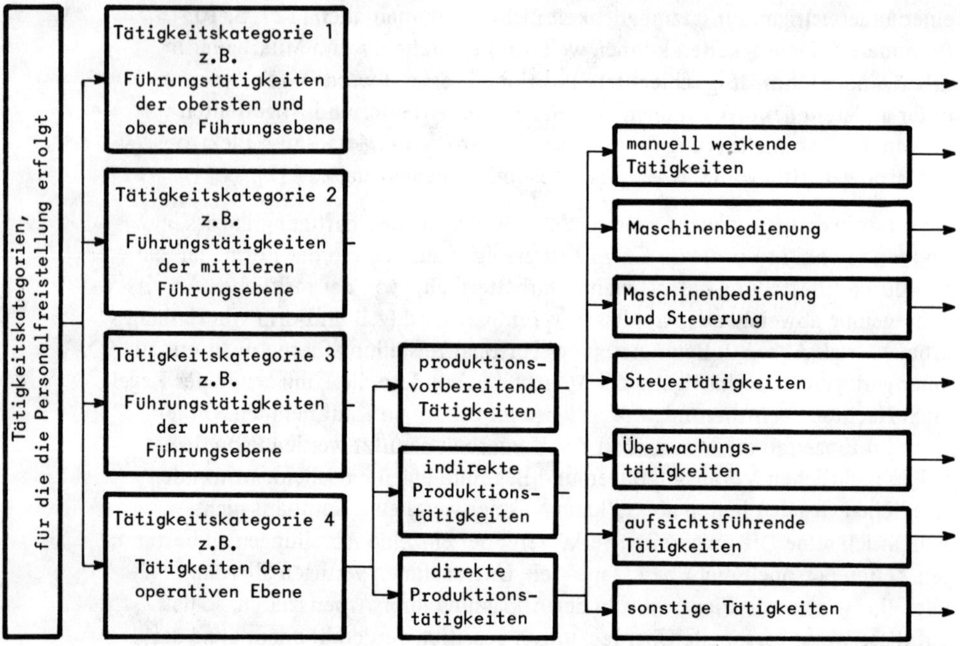

Abb. 81. Tätigkeitskategorien, für die die Personalfreistellung erfolgt, als ein Kriterium zur Elementabgrenzung

halb des Unternehmens im Sinne eines Kapazitätsabgleichs sonst vielleicht notwendige Entlassungen zu vermeiden sind, wobei solche Überlegungen naturgemäß in engem Zusammenhang mit entsprechenden Beschaffungsüberlegungen stehen müssen.

Auch wenn es darum geht, die Auswirkungen technisch-organisatorischer Veränderungen auf die Arbeitsinhalte an den einzelnen Arbeitsplätzen zu erfassen, kommt einer Gliederung der Personalfreistellung nach Tätigkeitskategorien große Bedeutung zu. Abb. 47 zeigt beispielsweise, wie im Prinzip solche technisch-organisatorischen Umstellungen durch Funktionsverlagerungen zu Tätigkeitsveränderungen führen können. Bei solchen Umstellungen kann dabei einmal der Fall eintreten, daß die davon betroffenen Mitarbeiter aufgrund ihres Leistungspotentials in der Lage sind, den neuen Anforderungen gerecht zu werden, so daß sich aus qualitativer Sicht keine Freistellungsprobleme ergeben. Zum anderen sind jedoch die Fälle zu unterscheiden, bei denen die Tätigkeiten entweder geringere oder höhere Anforderungen an die Mitarbeiter stellen. Tätigkeiten mit geringeren Anforderungen als die bisherigen Tätigkeiten auszuüben bedeutet aber sozialer Abstieg, geringere Verdienstchancen, „Entqualifizierung" [6, S. 72ff.], wobei mit einer solchen Art der Freistellung häufig eine demoralisierende Wirkung verbunden ist. Sicher können die sozialen und individuellen Nachteile durch geeignete Maßnahmen im Einzelfall gemildert oder kompensiert werden, dennoch erscheint es erfolgversprechender, gezielte Fortbildungsmaßnahmen durchzuführen, die sich an den neuen, höhere Anforderungen stellenden Tätigkeitsinhalten orientieren. Spezielle Probleme bei der Freistellung von Mitarbeitern können sich auch dadurch ergeben, daß Abteilungen wenig geneigt sind, Mitarbeiter freizustellen. Hier sollten jedoch ressortegoistische Überlegungen der Freigabe geeigneter Mitarbeiter für neue und größere Aufgaben nicht entgegenstehen dürfen, damit die Funktionsfähigkeit des internen Arbeitsmarktes nicht gefährdet wird.

zu (3): Tätigkeitsbereiche, in denen die Personalfreistellung erfolgt

Die Abgrenzung der Personalfreistellung nach Tätigkeitsbereichen ist auf die konkrete organisatorische Gliederung eines Unternehmens ausgerichtet. In Abb. 82 ist analog den Funktionsbereichen Personalbedarfsermittlung und Personaleinsatz eine hierarchische Gliederung der Tätigkeitsbereiche angeführt, wobei zwischen Bereichen, Hauptabteilungen, Abteilungen und Arbeitsplätzen unterschieden wird.

Personelle Überdeckungen können überall im Unternehmen auftreten. Jedoch wirken sich die verschiedenen Anlässe zur Freistellung personeller Kapazität nur selten gleichermaßen auf die Beschäftigung des gesamten Unternehmens aus, so daß eine personelle Überdeckung in einem Unternehmensbereich oder einer Abteilung häufig durch personelle Unterdeckungen in anderen Bereichen bzw. Abteilungen kompensiert werden kann. Ein charakteristisches Beispiel dafür ist die Mechanisierung und Automatisierung der Arbeitsplätze im Produktionsbereich, die nicht nur zu neuen Personalstrukturen an den direkt betroffenen

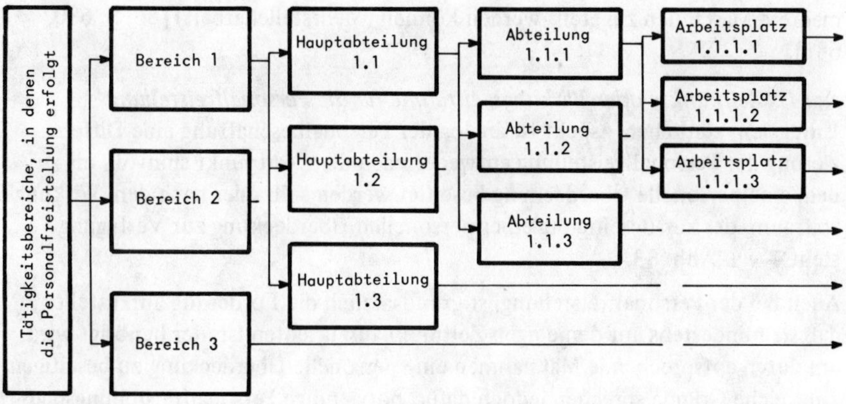

Abb. 82. Tätigkeitsbereiche, in denen die Personalfreistellung erfolgt, als ein Kriterium zur Elementabgrenzung

Arbeitsplätzen führt, sondern auch Personalveränderungen im sogenannten mittelbaren Produktionsbereich induziert, wie z.B. in der Arbeitsvorbereitung und Instandhaltung. Um solche langfristigen Personalverschiebungen jedoch realisieren zu können, müssen in verstärktem Maße

- „*abgebende Abteilungen* bei Freistellungen Mitarbeiter benennen, die noch anpassungsfähig sind und für die Besetzung der freien Position geeignet erscheinen;
- *aufnehmende Abteilungen* auch Mitarbeiter aufnehmen, die nicht immer optimal geeignet sind und längere Einarbeitungszeiten und notwendige Umschulungen erfordern;
- *die Mitarbeiter selbst* von sich aus alles dazu beitragen, um ihre innerbetriebliche Umsetzung zu erleichtern, indem sie bereitwilliger Arbeitsplatzveränderungen und zusätzlichen Ausbildungen zustimmen" [101, S. 263].

Nicht immer muß jede Rationalisierungsmaßnahme wie z.B. die Ersetzung veralteter „produktionsschwacher" Maschinen durch moderne „produktionsstarke" Maschinen zu Personaleinsparungen an den jeweiligen Arbeitsplätzen führen. Lediglich der sogenannte „arbeitssparende" technische Fortschritt führt zu einer Substitution des Produktionsfaktors Arbeit durch den Produktionsfaktor Kapital und ist entsprechend mit einer Freistellung von Arbeitskräften verbunden. Auch durch die Verminderung der Umgebungseinflüsse, d.h. der Einwirkungen von Hitze, Kälte, Nässe, Schmutz, Blendung, Lärm usw., und durch die Bessergestaltung der Bedingungen am Arbeitsplatz durch technische Hilfsmittel können Personaleinsparungen erreicht werden. Wenn beispielsweise für einen Arbeitsplatz bisher ein Mitarbeiter benötigt wurde, weil die Anforderungsart „Umgebungseinflüsse" sehr hoch bewertet werden mußte und entsprechend die Erholungszuschläge reichlich zu bemessen waren, so kann durch eine günstige Gestaltung der Umgebungseinflüsse erreicht werden, daß dem Mitarbeiter mehrere Maschinen zugeteilt werden können (Mehrstellenarbeit) [86, S. 680, 681].

zu (4): Zeitpunkte oder Wirkungszeiträume für die Personalfreistellung
Unter dem zeitlichen Aspekt ist analog der Personalbeschaffung eine Differenzierung der Personalfreistellung entweder nach dem Zeitpunkt sinnvoll, bis zu dem eine personelle Überdeckung beseitigt werden soll, oder nach dem Wirkungszeitraum, der zur Beseitigung einer personellen Überdeckung zur Verfügung steht – vgl. Abb. 83.

Auch bei der Personalfreistellung ist grundsätzlich die Forderung aufzustellen, daß sie mindestens auf denjenigen Zeitraum auszurichten ist, der benötigt wird, um durch entsprechende Maßnahmen eine personelle Überdeckung zu beseitigen. Zahlreiche Gründe sprechen jedoch dafür, notwendige Personalfreistellungsmaßnahmen nicht zum „letztmöglichen" Termin, sondern möglichst frühzeitig einzuleiten. Dies ist nicht nur aus wirtschaftlichen Gründen im allgemeinen drin-

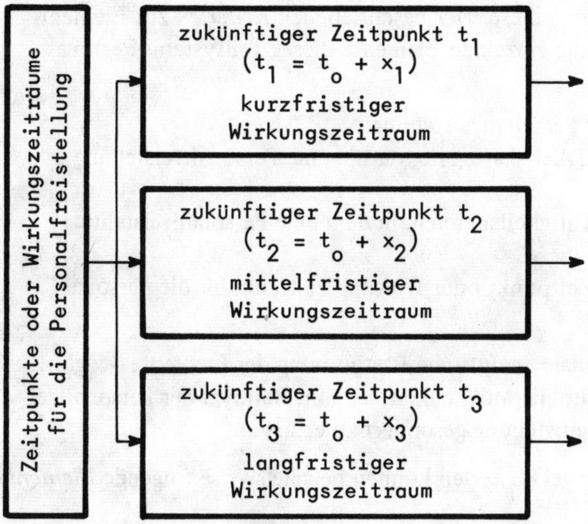

Abb. 83. Zeitpunkte oder Wirkungszeiträume für die Personalfreistellung als ein Kriterium zur Elementabgrenzung

gend erforderlich, sondern dies gebietet die soziale Verantwortung des Unternehmens gegenüber seinen Mitarbeitern, da jede Art der Personalfreistellung mit negativen Folgen für den betroffenen Mitarbeiter verbunden ist. So sollten beispielsweise bei den Überlegungen, freizustellende Mitarbeiter im Unternehmen im Rahmen einer Versetzung weiterzubeschäftigen, die im Einzelfall erforderlichen Zeiträume für Fortbildungs- oder Umschulungsmaßnahmen entsprechende Berücksichtigung finden. Die Tatsache nämlich, daß Rationalisierungsmaßnahmen gesamtwirtschaftlich gesehen bisher relativ reibungslos vor sich gegangen sind, darf nicht darüber hinwegtäuschen, daß für das einzelne Unternehmen oft schwierige Umstellungsprobleme zu überwinden waren oder zu überwinden sind, die nur durch rechtzeitige Planungsüberlegungen gelöst werden können. Ebenso trägt eine möglichst frühzeitige Information der durch Freistellungsmaßnahmen betroffenen Mitarbeiter wesentlich dazu bei, mögliche negative Folgen zu kompensieren oder wenigstens zu mildern. Grundsätzlich sollte gelten, daß die Information einerseits so früh einsetzen muß, daß keine Unruhe bei den Mitarbeitern entstehen kann und andererseits erst dann einsetzen sollte, wenn bereits Klarheit beispielsweise über die Art und den Umfang der Umstellungen und deren personelle Auswirkungen herrscht und genaue Auskünfte gegeben werden können. Schließlich sind unter dem zeitlichen Aspekt auch die im Einzelfall geltenden zahlreichen gesetzlichen und tariflichen Vorschriften, insbesondere zum Schutz bestimmter Personengruppen im Unternehmen, zu beachten, die bei den entsprechenden Freistellungsmaßnahmen Berücksichtigung finden müssen.

Bei *kombinierter* Anwendung dieser *vier* beschriebenen *Kriterien* zur Elementabgrenzung beziehen sich die einzelnen Elemente dieses Teilsystems Personalfreistellung auf

- eine bestimmte Art der Personalfreistellung,
- auf eine bestimmte Tätigkeitskategorie, für die eine Personalfreistellung erfolgt,
- auf einen bestimmten Tätigkeitsbereich, in dem eine Personalfreistellung erfolgt,
- auf einen bestimmten Zeitpunkt oder Wirkungszeitraum für die Personalfreistellung.

Eine solche mehrdimensionale analytische Bestimmung der Elemente – vgl. Abb. 84 – schafft wiederum die Möglichkeit, jede im Rahmen der Personalfreistellung auftretende Problemstellung gesondert zu erfassen.

Unter Berücksichtigung obiger Kriterien können beispielsweise folgende *Elemente* gebildet werden:

Element 1: kurzfristige Beseitigung einer personellen Überdeckung für Schreibtätigkeiten in der Arbeitsvorbereitung durch Umwandlung der Ganztagsstellen in Halbtagsstellen,

Element 2: langfristige Beseitigung einer personellen Überdeckung für Verpackungstätigkeiten in der Versandabteilung durch rechtzeitigen Einstellungsstopp,

Element 3: mittelfristige Beseitigung einer personellen Überdeckung für Maschinenbedienungstätigkeiten in der Produktionswerkstatt im Rahmen einer Versetzung usw.

Die *Eigenschaften* der Elemente dieses Teilsystems finden wiederum eine Konkretisierung in der Art und Weise, *wie* die Personalfreistellung den Erfordernissen der materiellen, sozialen, informationellen und wertmäßigen Dimensionen des Unternehmensgeschehens Rechnung trägt.

So berücksichtigen die *materiellen Eigenschaften* der Personalfreistellung solche Eigenschaften oder Eigenschaftsgruppen, die sich primär aus den im Unternehmen sich abspielenden Leistungsprozessen ergeben. Unter diesem Aspekt hat die Personalfreistellung durch geeignete Maßnahmen diejenige personelle Kapazität freizustellen, die zur Beseitigung einer bestehenden personellen Überdeckung in quantitativer, qualitativer, örtlicher und zeitlicher Hinsicht erforderlich ist. Mit dieser Beschäftigungsanpassung soll angesichts der Personalknappheit das „Horten" von Personal in einzelnen Unternehmensbereichen vermieden werden. Solche Leistungsreserven zu halten, geschieht entweder mit der Begründung, Personal für zukünftige Arbeitsbelastungen „da" zu haben oder z.B. aus Rücksichtnahme, einen langjährig tätigen Mitarbeiter nicht einer unange-

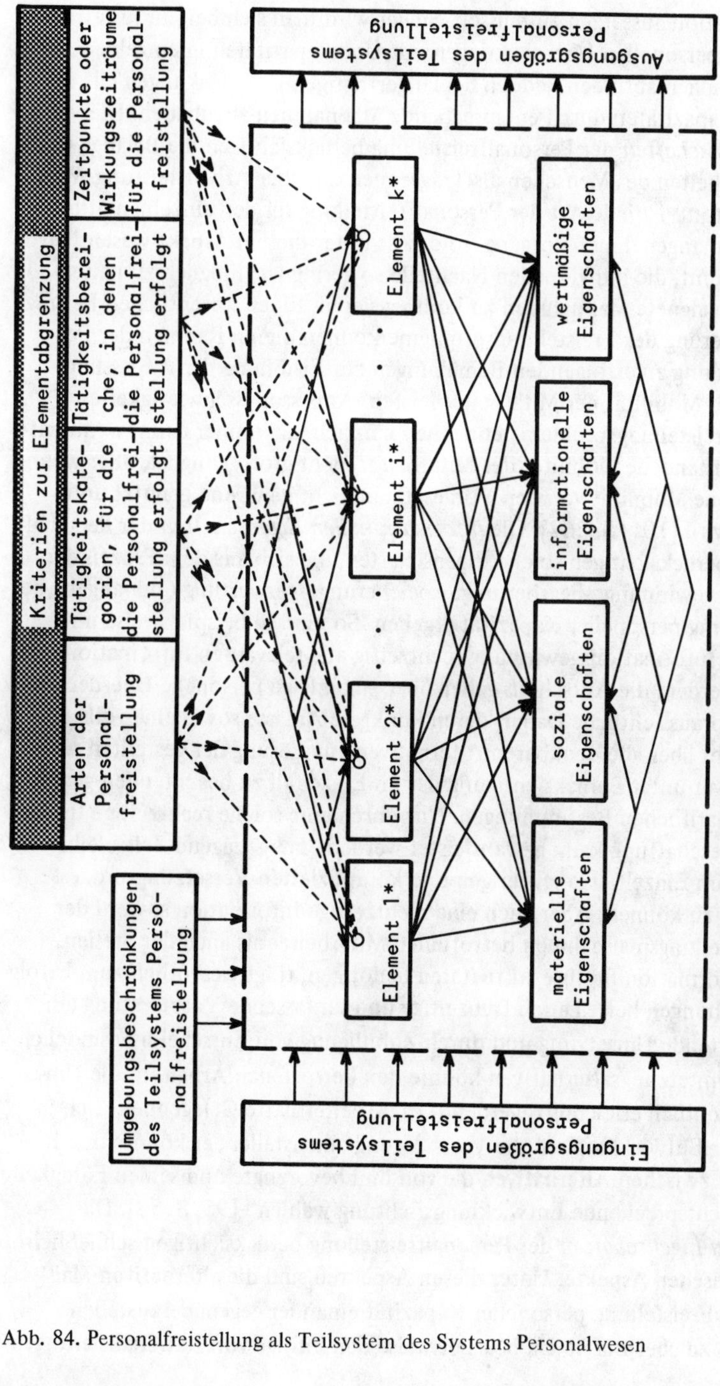

Abb. 84. Personalfreistellung als Teilsystem des Systems Personalwesen

nehmen Situation aussetzen zu müssen. Sicher wird man sich bei nur kurzfristig bestehenden personellen Überdeckungen mit Überkapazitäten in einzelnen Unternehmensbereichen abfinden, jedoch bei längerfristigen Überdeckungen gilt es, solche Überkapazitäten durch entsprechende Maßnahmen abzubauen. Die *sozialen Eigenschaften* der Personalfreistellung berücksichtigen die Belange und die Besonderheiten des Menschen als Träger menschlicher Arbeitsleistung. Wie mehrmals betont, ist jede Art der Personalfreistellung für den einzelnen Mitarbeiter ein unangenehmer Vorgang, so daß es unter diesem Aspekt wesentlich darauf ankommt, die individuellen Nachteile so gering wie möglich zu halten bzw. durch geeignete Maßnahmen zu kompensieren. Einen wesentlichen Beitrag zur Verminderung der Freistellungsprobleme können die im Rahmen der Personalentwicklung zu erfolgenden Bemühungen zur Erhöhung der Anpassungsfähigkeit oder Mobilität der Mitarbeiter leisten. Anpassungsschwierigkeiten und damit Freistellungsprobleme entstehen nämlich u.a. immer dann, wenn entweder die vorhandene Mobilität der Mitarbeiter nicht groß genug ist, oder wenn die vorhandene Mobilität von den Vorgesetzten nicht genügend genutzt und unterstützt wird [101, S. 262]. Die *informationellen Eigenschaften* der Personalfreistellung berücksichtigen solche Eigenschaften, die sich aus dem Prozeß der Informationsgewinnung, -bearbeitung, -speicherung, -verwertung und -abgabe bei der Freistellung personeller Kapazität ergeben. So müssen beispielsweise im Rahmen der Informationsgewinnung rechtzeitig alle relevanten Informationen gewonnen werden, die Aufschluß geben über zukünftige personelle Überdeckungen, deren voraussichtliche Dauer, deren konkrete Anlässe sowie eine vollständige Übersicht über alle denkbaren Alternativen zur Lösung der gestellten Aufgabe, und zwar unter Berücksichtigung der im Einzelfall zu beachtenden gesetzlichen oder tariflichen Bestimmungen. Nur durch eine solche rechtzeitige Informationsbeschaffung kann gewährleistet werden, daß genügend Zeit bleibt, um z.B. die im Einzelfall langwierigen und komplizierten Versetzungsprozesse durchführen zu können. Aber auch eine rechtzeitige Information sowohl der durch Freistellungsmaßnahmen betroffenen Mitarbeiter als auch der Stellen, die diese Information für ihre Aktivitäten benötigen, trägt wesentlich zum Erfolg dieser Bemühungen bei. „Durch frühzeitige und umfassende Vorbereitung auf die zu erwartende Umsetzung und durch Zubilligung von Entscheidungsmöglichkeiten bei Umsetzungsalternativen könnte den betroffenen Arbeitern die Umstellung wesentlich erleichtert werden: Der Arbeiter hätte Gelegenheit, sich in Kenntnis der Entwicklung auf die Veränderung einzustellen; er könnte durch die Auswahl zwischen Alternativen die von ihm bevorzugte und seinen Fähigkeiten am ehesten entsprechende Entwicklungsrichtung wählen" [95, S. 53]. Die *wertmäßigen Eigenschaften* der Personalfreistellung berücksichtigen schließlich die ökonomischen Aspekte. Unter diesen Aspekten sind die alternativen Maßnahmen zur Freistellung personeller Kapazität einander gegenüberzustellen und kritisch zu überprüfen. Da beispielsweise den infolge von Rationalisierungen freizustellenden Mitarbeitern oftmals die erforderliche Anpassungsfähigkeit fehlt, um sie ohne weiteres auf andere freie Arbeitsplätze umsetzen zu können, besteht entweder die Möglichkeit, entsprechende Fortbildungs- oder Umschulungsmaßnahmen durchzuführen, die zum Teil mit erheblichen Aufwendungen verbunden sind, oder es besteht die Möglichkeit, die Arbeitsverhältnisse mit solchen Mitarbeitern zu beenden, um neue Mitarbeiter mit der erforderlichen Qualifikation zu gewinnen. Ein solcher Personalabbau ist allerdings nicht ohne Risiken, und neue Mitarbeiter zu gewinnen, ist bei der heutigen Arbeitsmarktlage schwierig und auch teuer, da nicht nur Kosten für die Anwerbung entstehen, sondern der neue Mitarbeiter muß auch eingearbeitet werden, bevor er den zugewiesenen Arbeitsplatz voll ausfüllen kann. Damit wird wiederum deutlich, in welch engem Zusammenhang die Personalfreistellung mit anderen personalbezogenen Funktionsbereichen zu sehen ist. Weiterhin ist unter diesem ökonomischen Aspekt zu prüfen, inwieweit überhaupt eine personelle Überdeckung beseitigt werden soll. Sicherlich steht das Unternehmen angesichts der Personalkosten vor der Notwendigkeit, Personal einsparen zu müssen, dennoch wird man in der Regel nicht gleich zu Maßnahmen wie z.B. Einführung von Kurzarbeit, Umwandlung von Ganztagsstellen in Halbtagsstellen greifen, um nur kurzfristig bestehende Personalüberschüsse abzubauen, sondern durch andere Maßnahmen versuchen, solche Leistungsreserven zu nutzen.

Mit dieser Darstellung der Personalfreistellung als Teilsystem sind *Ziele* und *Inhalt* dieses Funktionsbereichs umschrieben.

3.3.6.2 Personalfreistellung als Führungseinheit

Unter *prozessualem Aspekt* soll die Personalfreistellung wiederum als Führungseinheit betrachtet werden.

Bestandteil der *„strategischen“* Führungsaufgabe Personalfreistellung sind Festlegungen über Ziele und/oder Grundsätze für diesen Funktionsbereich – vgl. Abb. 85.

Ziele bestimmen, *was* im einzelnen durch die Personalfreistellung erreicht werden soll. Solche Freistellungsziele sind beispielsweise: Um periodisch auftretende personelle Überdeckungen aufgrund wechselnden Aufgabenanfalls zu beseitigen, sollen durch entsprechende Maßnahmen geeignete Mitarbeiter freigestellt und als „Springer“ eingesetzt werden; der Personalstand ist dem langfristigen Absatzrückgang – bedingt durch eine branchenbezogene Krisenlage – anzupassen; um den durch eine geplante Ersatzinvestition veränderten Anforderungen an die quantitative und qualitative personelle Kapazität Rechnung zu tragen, sind rechtzeitig geeignete Freistellungsmaßnahmen einzuleiten; Freistellungsmaßnahmen sind nur dann durchzuführen, wenn die personelle Überdeckung entweder ein bestimmtes Maß überschreitet oder sich über einen bestimmten Zeitraum erstreckt. *Grundsätze* bestimmen hingegen, *wie*, d.h. auf welche Art und

strategische Ebene	Planung Entscheidung Durchsetzung Kontrolle	Festlegungen darüber was im einzelnen durch die Personalfreistellung erreicht werden soll (Ziel), wie, d.h. auf welche Art und Weise, die Personalfreistellung auszuüben ist (Grundsätze)
operative Ebene	Planung	Planung von Maßnahmen zur Freistellung personeller Kapazität zur Beseitigung einer personellen Überdeckung
	Entscheidung	verbindliche Festlegung von Personalfreistellungsplänen als Entscheidung über durchzuführende Maßnahme(n) zur Freistellung personeller Kapazität
	Durchsetzung	Festlegung der Personalfreistellungspläne im Detail, Vorgabe der Personalfreistellungspläne
	Kontrolle	Erfassung der freigestellten personellen Kapazität, Vergleich mit den vorgegebenen Freistellungszielen, Beurteilung der Abweichungen nach bestimmten Kriterien
	Ausführung	Vollzug der Personalfreistellungsmaßnahmen

Abb. 85. Phasen des Führungs- und Ausführungsprozesses des Funktionsbereichs Personalfreistellung

Weise, die Freistellung auszuüben ist. Da gerade die mit der Personalfreistellung verbundenen Probleme nicht nur ökonomische, sondern in ganz besonderem Maße soziale Aspekte besitzen, kommt es bei der Festlegung solcher Grundsätze wesentlich darauf an, diese menschlichen Probleme befriedigend und unter Vermeidung von Härten zu lösen. So sollten beispielsweise zunächst alle Möglichkeiten geprüft werden, freigestellte Mitarbeiter im eigenen Unternehmen weiter zu beschäftigen, bevor eine Kündigung ausgesprochen wird. Weiterhin sollte eine rechtzeitige Information erfolgen, da auch die ausgeklügelsten Pläne versagen, wenn die Mitarbeiter nicht vorher eingehend über alle vorgesehenen Maßnahmen unterrichtet werden.

Mit solchen Zielen und/oder Grundsätzen wird somit der Rahmen für die einzelnen Maßnahmen zur Personalfreistellung – „*operative*" Ebene (vgl. Abb. 85) – abgesteckt.

Entsprechend dem Inhalt der Planungsphase im Führungsprozeß bedeutet in diesem Zusammenhang *Personalfreistellungsplanung*: Planung von Maßnahmen zur Freistellung personeller Kapazität zur Beseitigung einer personellen Überdeckung. Diese Planungsüberlegungen finden ausgehend von der konkreten Zielsetzung der Personalfreistellung und der dabei zu berücksichtigenden Grundsätze ihren Niederschlag in Freistellungsprogrammen. Diese Programme beinhalten sowohl Maßnahmen zur Erreichung des Ziels als auch im Einzelfall sogenannte Sozialpläne, die die Maßnahmen zur Kompensation bzw. Minderung von Härten für die Betroffenen umfassen, wie z.B. finanzieller Ausgleich bei unvermeidbaren Herabstufungen umgestellter Arbeitsplätze, Übergangshilfen an zu entlassende Mitarbeiter. Erst eine systematische Analyse der Freistellungsalternativen und ihrer Auswirkungen schafft die Voraussetzung für rationale Entscheidungen hinsichtlich der Vorgehensweise bei erforderlichen Personalveränderungen einschließlich der Maßnahmen zum Ausgleich der voraussichtlich auftretenden Auswirkungen bei den Betroffenen. Dabei ist die Personalfreistellungsplanung durch wechselseitige Beziehungen eng mit anderen Planungsbereichen im Personalbereich und/oder im Unternehmen verbunden. So ist beispielsweise bei einer Auftragsstagnation und einer damit verbundenen personellen Überdeckung zu prüfen, ob nicht ergänzende Maßnahmen zur Auslastung der vorhandenen Kapazität getroffen werden können, wie z.B. Beschaffung von zusätzlichen Lohn- und Zulieferaufträgen.

In der *Entscheidungsphase* der Personalfreistellung werden Freistellungspläne als verbindlich vorgegeben, d.h. hier wird eine Entscheidung über die durchzuführende(n) Maßnahme(n) zur Freistellung personeller Kapazität getroffen. Beispielsweise sind Entscheidungen darüber zu fällen, welcher Mitarbeiter im Wege der Entlassung oder Versetzung freizustellen ist, in welcher Abteilung von wann bis wann Kurzarbeit einzuführen ist, ob für bestimmte Abteilungen ein Einstellungsstopp verhängt werden soll usw. Dabei werden solche Entscheidungen unter anderem wesentlich davon abhängen, wie umfangreich beispielsweise der Produktionsrückgang insgesamt ist, ob er das gesamte Produktionsprogramm oder nur einzelne Erzeugnisgruppen betrifft und schließlich wie lange die Dauer der Produktionseinschränkung veranschlagt werden muß. Bei solchen Entscheidungen sind insbesondere die Konsequenzen hinsichtlich ihrer vielfältigen Auswirkungen kritisch zu prüfen und abzuwägen, um sowohl bei den Mitarbeitern im Unternehmen eine Atmosphäre der Sicherheit zu erhalten als auch den Arbeitsmarkt nicht durch Kurzarbeit, Einstellungsstopp oder Entlassungen zu beunruhigen.

In der *Durchsetzungsphase* sind die verabschiedeten Freistellungspläne im Detail festzulegen und den mit der Ausführung der Freistellungsmaßnahmen betrauten Personen vorzugeben. Die Durchsetzbarkeit solcher Maßnahmen hängt u.a. wesentlich davon ab, inwieweit die abgebenden Abteilungen bereit sind, geeignete Mitarbeiter freizustellen, inwieweit die durch Umstellungen betroffenen Mitarbeiter genügend und rechtzeitig informiert wurden, inwieweit sie in die Planungs- und Entscheidungsprozesse miteinbezogen wurden. Auch eine rechtzeitige Information des Betriebsrates stellt sicher, daß dieser seine verschiedenen im Betriebsverfassungsgesetz geregelten Beteiligungsrechte wahrnehmen kann, um die Durchsetzbarkeit der Freistellungsmaßnahmen nicht zu gefährden.

In der *Ausführungsphase* werden die jeweiligen Freistellungsmaßnahmen realisiert, wobei die Durchführung dieser Maßnahmen im Einzelfall viel Sorgfalt,

Geduld und große Überzeugungskraft gegenüber den betroffenen Mitarbeitern erfordert.

Da sowohl eine Vielzahl von Einflußgrößen den Erfolg oder Mißerfolg der Bemühungen, personelle Kapazität freizustellen, beeinflussen können als auch die durchgeführten Freistellungsmaßnahmen selbst entscheidenden Einfluß auf die Erfolgswirksamkeit der anderen Personalfunktionen nehmen können, kommt der *Kontrollphase* große Bedeutung zu. Zunächst ist das Ergebnis der durchgeführten Freistellungsmaßnahmen zu erfassen, d.h. es geht darum, festzustellen, inwieweit anhand der durchgeführten Maßnahmen personelle Überdeckungen abgebaut werden konnten. So kann beispielsweise die Verhängung eines Einstellungsstopps zwar bewirken, daß durch die natürliche Fluktuation der Personalbestand vermindert wird, aber es ist jedoch zu prüfen, ob nicht durch die damit verbundene Unsicherheit unter den Mitarbeitern auch qualifizierte Mitarbeiter das Unternehmen verlassen, die aber dringend benötigt werden. Diese Ergebnisse der durchgeführten Maßnahmen sind anschließend mit den beabsichtigten Zielen zu vergleichen („Soll-Ist-Vergleich“). Entscheidend dabei ist, ob die mit den Personalfreistellungen verbundenen Anpassungen möglichst reibungslos sowohl im Interesse des Unternehmens als auch im Interesse der Mitarbeiter vollzogen werden konnten. Eine anschließende Abweichungsanalyse kann dabei wertvolle Hinweise geben, ob die Wahl der Maßnahmen den tatsächlichen Erfordernissen entsprachen. Damit ist angedeutet, wie solche Erfahrungen systematisch für zukünftige Freistellungsmaßnahmen genutzt werden können.

3.4 Aussagegehalt und Interpretation der durchgeführten Analyse der Führungsaufgabe Personalwesen

Bei der Formulierung des Gestaltungsziels, ein benutzergerechtes Personalinformationssystem oder präziser: ein *benutzergerechtes personalführungsorientiertes Informationssystem* zu entwickeln, wurde darauf hingewiesen, welche Bedeutung der Analyse des Personalinformationsbedarfs zukommt. Wie die Bezeichnung „personalführungsorientiertes“ Informationssystem andeutet, gilt es, alle die Personalinformationen zu bestimmen, die zur Ausübung der Führungsaufgabe Personalwesen mit den Phasen Planung, Entscheidung, Durchsetzung und Kontrolle notwendig sind.

Um eine Bestimmung des Personalinformationsbedarfs anzustreben, die sich nicht so sehr an den mit der Person wechselnden individuellen Informationswünschen eines Stelleninhabers orientiert, sondern vielmehr an den aus der Personalführungsaufgabe resultierenden „objektiven“ Erfordernissen, wurde die Anwendung der sogenannten deduktiven Vorgehensweise vorgeschlagen, die die Ermittlung des „theoretischen Personalinformationsbedarfs“ zum Inhalt hat.

Damit stellt sich jedoch – wie Abb. 15, *1. Schritt*, verdeutlicht – zunächst das Problem:

Aufzeigen und modellmäßige Abbildung der Führungsaufgabe Personalwesen.

Eine solche Abbildung der Führungsaufgabe Personalwesen, aus der die relevanten Informationsbedürfnisse abgeleitet werden können, wurde vorgestellt, wobei Ziele, Inhalt und prozessualer Aspekt dieser Führungsaufgabe herausgearbeitet wurden.

Hinsichtlich des Aussagegehaltes und der Interpretation dieser durchgeführten Analyse sind folgende zusammenfassende Anmerkungen anzuführen:

1. *Anwendung des Systemansatzes auf die Führungsaufgabe Personalwesen*

Bei der Abbildung der Führungsaufgabe Personalwesen ging es darum, die äußerst komplexe Problemstruktur dieser Führungsaufgabe aufzuzeigen, zu durchdringen und in geeigneter Form darzustellen. Die besondere Schwierigkeit bei diesem Bemühen bestand darin, sowohl die vielfältigen Aufgabenstellungen aufzuzeigen, die diese Führungsaufgabe beinhaltet, als auch den unterschiedlichen Aspekten, denen die Aufgabenstellungen genügen müssen, Rechnung zu tragen. Schließlich galt es auch, die mögliche Einflußnahme der Vielzahl von unternehmensexternen Faktoren auf die Personalführungsaufgabe aufzuzeigen, wie z.B. Lage auf den Arbeitsmärkten, bestehende Gesellschaftsordnung, geltende Rechtsvorschriften, da diese Führungsaufgabe ebensowenig autonom und losgelöst von solchen Faktoren denkbar ist wie das gesamte Unternehmensgeschehen.

Um diese komplexe Problemstruktur einer gewissen Formalisierung zugänglich zu machen, wurde der *Systemansatz* auf diese Führungsaufgabe übertragen, ein Ansatz, der es aufgrund seiner systemtheoretischen Terminologie erlaubt, die ganze Komplexität der einzelnen Aufgabenstellungen der Führungsaufgabe zu erfassen, dabei aber so praktikabel bleibt, daß auch konkrete Einzelprobleme damit angegangen werden können. So zeigt die Anwendung des Systemansatzes auf die Personalführungsaufgabe, daß damit

- eine isolierende und abstrahierende Betrachtung einzelner Problem- und Aufgabenstellungen (Elemente) unterschiedlichen Detaillierungsgrades ermöglicht wird,
- die Zusammenhänge (Beziehungen) zwischen den verschiedenen Problem- und Aufgabenstellungen der Personalführungsaufgabe erkannt und vielgliedrige Ursache-Wirkungsbeziehungen aufgezeigt werden können,
- durch Berücksichtigung verschiedener Gesichtspunkte oder Aspekte (Eigenschaften) die anstehenden Problem- und Aufgabenstellungen in ihrer ganzen Komplexität zu erfassen sind und
- durch Einbezug der Beziehungen der Personalführungsaufgabe zu anderen Führungsaufgaben im Unternehmen oder zu anderen Bereichen oder Aktivi-

täten außerhalb des Unternehmens (Eingänge, Ausgänge) die jeweilige Einbettung der anstehenden Problem- und Aufgabenstellungen in einem übergeordneten Zusammenhang gesehen werden kann.

Festzuhalten bleibt, daß es mit Hilfe des Systemansatzes aufgrund seiner systemtheoretischen Terminologie gelingt, die komplex strukturierte Führungsaufgabe Personalwesen als geordnetes Ganzes, d.h. auf der Grundlage einer einheitlichen Systematik, zu erfassen, wobei dieser Ansatz ebensoviel Gewicht auf die „Ganzheit" wie auf die „Teile" legt. Er liefert einen formal-logischen Rahmen für die inhaltliche Darstellung und damit für die Analyse und Abbildung dieser Führungsaufgabe Personalwesen.

2. *Funktionale Gliederung der Führungsaufgabe Personalwesen*

Ausgehend von dem Begriffsinhalt der Führungsaufgabe Personalwesen, worunter ein Aufgaben- und Maßnahmenbereich verstanden werden soll, der alle Funktionen umfaßt, die auf den Menschen im Unternehmen ausgerichtet sind, wurde die Führungsaufgabe als ein *Handlungssystem* aufgefaßt, welches eine geordnete Menge von Handlungen oder Funktionen beinhaltet.

Von daher erscheint es zweckmäßig und sinnvoll, der Auffächerung der komplexen Personalführungsaufgabe eine *funktionale Gliederung* zugrunde zu legen, eine Gliederung, die in grober Differenzierung zu folgender Abgrenzung einzelner Handlungs- oder Funktionsbereiche führt:

Personalbedarfsermittlung,
Personalbeschaffung,
Personalentwicklung,
Personaleinsatz,
Personalerhaltung,
Personalfreistellung.

Mit Hilfe dieser Funktionsbereiche, deren Ziele und Inhalt im einzelnen beschrieben wurden, konnte ein Beitrag geleistet werden, der im Sinne einer *definitorischen Abgrenzung* einmal die Personalführungsaufgabe in ihrer Gesamtheit beschreibt, zum anderen Funktionsbereiche voneinander abgrenzt, die gleichartige personalbezogene Aufgabenstellungen beinhalten und damit einen gewissen „selbständigen" Charakter haben. Eine solche definitorische Abgrenzung der Funktionsbereiche erscheint gerade für den Personalbereich äußerst wichtig und erfolgversprechend, da hierbei häufig Begriffe unterschiedlich ausgelegt, interpretiert und angewandt werden. So wurde oder wird z.B. die Notwendigkeit interdisziplinärer Zusammenarbeit auf dem Gebiet des Personalwesens zwar gefordert, aber eine Integration von Forschungsergebnissen verschiedener Disziplinen erscheint nur dann erfolgversprechend, wenn – wie einleitend angedeutet – von einheitlichen Begriffsdefinitionen und -abgrenzungen ausgegangen werden kann. Solche einheitlichen Begriffsbestimmungen liefern auch einen wesentlichen Beitrag in dem Bemühen, den durch das Betriebsverfassungsgesetz erweiterten Mitwirkungs- und Mitbestimmungsrechten des Betriebsrates bei Personalfragen Rechnung tragen zu können.

Wesentlicher Bestandteil dieser Analyse der Führungsaufgabe Personalwesen ist somit eine funktionale Betrachtungsweise. Es werden hierbei einzelne Funktionsbereiche und deren Interdependenzen aufgezeigt, die in ihrer Gesamtheit den komplexen Inhalt dieser Führungsaufgabe umspannen. Aufgrund dieser Vorgehensweise ist es möglich geworden, die Führungsaufgabe Personalwesen in „allgemeingültiger" Form aufzuzeigen.

Von unternehmensspezifischen Gegebenheiten, wie z.B. jeweilige Unternehmensgröße, Unternehmensbranche, Art der erstellten Leistungen, bei der Analyse zu abstrahieren, erscheint zweckmäßig und angebracht, da beispielsweise Personalführungsaufgaben sowohl in Groß- als auch in Mittel- und Kleinunternehmen auszuüben sind. Die Verwirklichung und Ausübung der aufgezeigten Personalfunktionen ist also nicht etwa von der Größe des Unternehmens abhängig, sondern Unterschiede können sich vielmehr nur in der Art und Weise ergeben, wie, d.h. mit welchen technisch-organisatorischen Hilfsmitteln, Methoden, Verfahren, mit welchen Maßnahmen oder in welchem Umfang, die personalbezogenen Funktionen im Einzelfall ausgeübt werden, wobei hierbei u.a. reine Zweckmäßigkeitsüberlegungen im Vordergrund stehen können.

Weiterhin wurde bei der Analyse bewußt von sämtlichen instantiellen und/oder organisatorischen Fragestellungen und Lösungsmöglichkeiten abstrahiert. Wie nämlich die Beschreibung der verschiedenen Vorgehensweisen zur Ermittlung des Informationsbedarfs ergab, erweist es sich als zweckmäßig, zunächst losgelöst von den subjektiven Informationswünschen der mit Personalführungsaufgaben betrauten Führungskräfte in den einzelnen Unternehmensbereichen oder in speziell organisatorisch geschaffenen Stellen (z.B. Personalabteilungen), den „theoretischen Personalinformationsbedarf" zu bestimmen. Eine solche Vorgehensweise setzt aber eine Analyse der Personalführungsaufgabe voraus, so wie sie hier vorgestellt wurde. Sicher leistet eine solche Analyse auch einen wichtigen Beitrag zur Lösung instantieller und/oder organisatorischer Fragestellungen, Fragestellungen, die u.a. das Problem aufwerfen, wie und in welchem Umfang unter gegebenen Verhältnissen im Unternehmen personalbezogene Funktionen dezentral und/oder zentral ausgeübt werden sollen. Hinsichtlich Dezentralisation und Zentralisation als diametrale Organisationsprinzipien kann aber gesagt werden, daß sie in solch „reiner" Form weder den Belangen des gesamten Unternehmensgeschehens noch den Belangen der einzelenen Unternehmensbereiche genügen können. Es stellt sich vielmehr die Frage nach „praktikablen Zwischenlösungen".

3. *Prozessuale Betrachtung der Führungsaufgabe Personalwesen*

Weiterer Bestandteil der Analyse ist der Führungsprozeß, mit dem der definierte Inhalt der Führungsaufgabe Personalwesen oder der einzelnen Funktionsbereiche dem definierten Ziel oder den definierten Zielen zugeführt werden kann. Dabei steht der *prozessuale Aspekt* im Vordergrund, wobei die Phasen Planung, Entscheidung, Durchsetzung und Kontrolle aufgezeigt und interpretiert wurden.

Die Analyse zielt unter diesem Aspekt darauf ab, die allgemeine analytische Struktur dieses Führungsprozesses aufzuzeigen – wiederum unabhängig von entsprechenden instantiellen und/oder organisatorischen Fragestellungen. Es geht darum, zu verdeutlichen, daß eine möglichst große Rationalität, d.h. eine möglichst hohe Entscheidungsgüte bei der Ausübung personalbezogener Funktionen unter Beachtung der vielfältigen Problemstellungen nur dann erreicht werden kann, wenn auch für diese Führungsaufgabe klare Ziele und/oder Grundsätze gesetzt und mit Hilfe eines entsprechenden Instrumentariums die Führungsphasen Planung, Entscheidung, Durchsetzung und Kontrolle verwirklicht werden. Die Aufgliederung in die einzelnen Phasen des Führungsprozesses und die Unterscheidung in eine „strategische“ und „operative“ Personalführungsaufgabe verfolgen dabei den Zweck, die spezifischen Besonderheiten und die dabei anstehenden Probleme aufzuzeigen. Es sei aber betont, daß die einzelnen Phasen nicht etwa an eine strenge zeitliche Abfolge gebunden sein müssen, sondern vielmehr als ein Denkschema, als eine logische Ordnung aufgefaßt werden sollen. Weiterhin ist nichts darüber ausgesagt, wer in welchen Unternehmensbereichen, auf welcher hierarchischen Ebene diese einzelnen aufgezeigten Führungsphasen und – in weiterer Ergänzung – die Ausführungsphasen ausüben sollte. So bedeutet die inhaltliche Aufgliederung und Differenzierung des Personalführungsprozesses in die einzelnen Phasen nicht etwa, daß jede einzelne Phase je von einem einzelnen Mitarbeiter durchgeführt wird oder werden sollte, obwohl es sich beispielsweise als zweckmäßig erweisen kann, Planungstätigkeiten einzelner oder sogar sämtlicher personalbezogener Funktionsbereiche zu delegieren und in zentralen Stellen zusammenzufassen. Auch soll nicht der Eindruck erweckt werden, als ob in jedem Fall die Phasen des Führungsprozesses und die Phase des Ausführungsprozesses von verschiedenen Mitarbeitern durchgeführt werden müssen („Fremdführung“), da durchaus obige Phasen auch durch einen Mitarbeiter vollzogen werden können („Selbstführung“) [145, S. 20] oder zumindest „Teile“ des Ausführungsprozesses.

4. Zusammenfassung und Ausblick auf die weitere Vorgehensweise beim Aufbau eines Personalinformationssystems

Ausgangspunkt der Überlegungen war, daß jedes Unternehmen ein Informationssystem und damit auch ein Personalinformationssystem besitzt. Es geht bei den Bemühungen zur Gestaltung eines Personalinformationssystems nicht darum, für das Unternehmen etwas völlig Neuartiges zu schaffen, sondern vielmehr darum, dieses zumeist gewachsene Personalinformationssystem zu einem planvollen, zweckorientierten System zu gestalten. Diese Bemühungen finden in der Praxis immer mehr Beachtung, da sowohl die aus wirtschaftlicher Sicht ständig zunehmende Bedeutung der Führungsaufgabe Personalwesen erkannt wird, als auch den entsprechenden Bestimmungen des Betriebsverfassungsgesetzes Rechnung getragen werden muß. Auch die Tatsache, daß das Leistungspotential der in der Wirtschaft und Verwaltung eingesetzten automatischen Datenverarbeitungsanlagen bei weitem noch nicht ausgeschöpft wird, trägt wesentlich dazu bei, sich Gedanken über den Einsatz solcher Sachmittel im Personalbereich zu machen. Dabei ist der Einsatz solcher Anlagen im Personalbereich jedoch nicht einfach gleichzusetzen mit der Übernahme und dem Gebrauch irgendeines neuen Hilfsmittels, welches vorwiegend zur Verarbeitung von Massendaten eingesetzt werden kann, sondern es gilt, dieses zur Verfügung stehende technische Potential bestmöglich zur Unterstützung der Führungsaufgabe Personalwesen zu nutzen.

Aus diesen genannten Gründen ergibt sich die Notwendigkeit, bei der Gestaltung eines Personalinformationssystems planvoll vorzugehen, indem dieser Vorgehensweise eine detaillierte Planung der notwendigen Einzelaktivitäten zugrunde gelegt wird. Nur so kann sichergestellt werden, daß einmal die bestehenden, durch viele Unzulänglichkeiten, Zufälligkeiten und traditionellen Ballast gekennzeichneten Personalinformationssysteme „echt" verbessert werden und daß zum anderen die Möglichkeiten einer Übertragung einzelner Informationsprozesse der Führungsaufgabe Personalwesen auf automatische Datenverarbeitungsanlagen aufgezeigt werden können.

Ein solches planvolles Vorgehen setzt allerdings voraus, daß zunächst – und zwar unabhängig von den ADV-technischen Möglichkeiten – Ziele und Inhalt eines Personalinformationssystems eindeutig bestimmt und festgelegt werden. Viele Schwachstellen in konzipierten Personalinformationssystemen entstehen nicht zuletzt deshalb, weil die angestrebten Ziele im Unklaren bleiben oder nicht beachtet werden. So wurde in dieser Arbeit ausgehend von der Forderung, ein „benutzergerechtes personalführungsorientiertes Informationssystem“ zu entwickeln, einmal Sach- und Formalziele formuliert, die hinsichtlich Zielinhalt, angestrebtem Ausmaß und zeitlichem Bezug im Einzelfall näher präzisiert und konkretisiert werden müssen, zum anderen der Inhalt eines solchen Systems aufgezeigt. Hinsichtlich der inhaltlichen Erfassung des Personalinformationssystems wurde deutlich, daß eine Definition gewählt wurde, die ausschließlich von der Blickrichtung der Führungsaufgabe Personalwesen ausgeht. Damit wird eine Betrachtung abgelöst, die im Personalinformationssystem lediglich ein Maschinensystem unter Einbezug von ADV-Anlagen und von Datenbanken oder lediglich ein Informationsgewinnungssystem nach dem Prototyp des betrieblichen Rechnungswesens sah.

Zur Gestaltung eines Personalinformationssystems wurde eine Vorgehensweise vorgeschlagen und gewählt, die die Methode der Modellanalyse und Modellbildung zum Inhalt hat, wie sie in Abb. 15 zum Ausdruck kommt. Die Übertragung des in dieser Methode enthaltenen gedanklichen Ansatzes auf die Führungsaufgabe Personalwesen zur Gestaltung eines Personalinformationssystems erscheint zweckmäßig und sinnvoll, um die hierbei zu bewältigenden Probleme zu lösen.

So ist zunächst im Rahmen der *Modellanalyse*, als erster „Teilkomplex“, ein formales informationelles Beschreibungsmodell der Führungsaufgabe Personalwesen und damit ein *Beschreibungsmodell eines Personalinformationssystems* zu entwickeln.

Ausgangspunkt der Modellanalyse (*1. Schritt*) ist eine Analyse und Abbildung der Führungsaufgabe Personalwesen. Eine solche Analyse muß darauf abzielen, die Problemstruktur des abzubildenden Objektbereichs zu durchdringen, wobei von bestimmten Erscheinungsformen der Realität zu abstrahieren ist, um die problemrelevanten Phänomene herausstellen zu können. Eine solche Abbildung der Führungsaufgabe Personalwesen wurde in dieser Arbeit vorgestellt, indem im einzelnen Ziele, Inhalt und prozessualer Aspekt herausgearbeitet wurden. Ergänzende Anmerkungen zur zweckmäßigen Anwendung des Systemansatzes auf die Führungsaufgabe Personalwesen, zur funktionalen Gliederung und zur prozessualen Betrachtungsweise dieser Führungsaufgabe dienten der Erläuterung und der Interpretation.

Die *weitere Vorgehensweise* bei der Gestaltung eines Personalinformationssystems besteht darin, aufbauend auf dieser Abbildung der Personalführungsaufgabe eine *Personalinformationsanalyse* durchzuführen (*2. Schritt* der Modellanalyse). Hierbei ist die Personalführungsaufgabe – wie Abb. 15 zeigt – unter informationellem Aspekt zu sehen, d.h. es sind sowohl die durch die Personalführungsaufgabe induzierten Informationsprozesse als auch die Informationsbeziehungen oder -flüsse zwischen diesen Informationsprozessen und/oder sonstigen unternehmensinternen und unternehmensexternen Informationsquellen aufzuzeigen.

Dazu ist zunächst eine *Informationsbedarfsanalyse* durchzuführen, wobei im Rahmen der Modellanalyse die Anwendung der sog. deduktiven Vorgehensweise vorgeschlagen wurde, die die Ermittlung des „theoretischen Personalinformationsbedarfs" zum Inhalt hat. Bei einer solchen „Input-Analyse" sind alle die Personalinformationen zu bestimmen, die zur Ausübung der einzelnen personalbezogenen Funktionsbereiche mit den Führungsphasen Planung, Entscheidung, Durchsetzung und Kontrolle notwendig sind. Damit ist zugleich ein grobes Ordnungsschema für die Systematisierung des Informationsbedarfs angedeutet, welches sich einmal an den jeweiligen personalbezogenen Funktionsbereichen, zum anderen an den jeweiligen Führungsphasen orientiert.

In der *Informationsbedarfsdeckungsanalyse* sind schließlich Möglichkeiten zur Deckung des ermittelten Personalinformationsbedarfs aufzuzeigen. Es gilt festzustellen, welche personalbezogenen Funktionsbereiche aufgrund ihrer Planungs-, Entscheidungs-, Durchsetzungs- und Kontrollprozesse, welche sonstigen unternehmensinternen und unternehmensexternen Informationsquellen zur Informationsbedarfsdeckung in Frage kommen können. Damit stellt sich das Problem, anhand einer „Output-Analyse" zu klären, welche Informationen bei der Ausübung der personalbezogenen Funktionsbereiche, welche Informationen bei der Ausübung sonstiger Funktionen im Unternehmen erzeugt werden und schließlich welche unternehmensexternen Informationsquellen relevant sein können.

Mit diesen Schritten der Informationsbedarfs- und Informationsbedarfsdeckungsanalyse im Rahmen der Modellanalyse sind die Voraussetzungen zur Konzeption eines formalen Beschreibungsmodells eines Personalinformationssystems geschaffen. Was ist damit gewonnen? Gewonnen ist ein allgemeingültiges *Grundmodell*, welches als *Rahmenkonzeption* einen wesentlichen Beitrag zur Entwicklung eines *unternehmensspezifischen* Personalinformationssystems leisten kann. Bedingt durch die hier gewählte Vorgehensweise, nämlich bei der Abbildung der Führungsaufgabe Personalwesen und bei der anschließenden Personalinformationsanalyse nur den aufgabenlogischen und prozessualen Aspekt dieser Führungsaufgabe herauszustellen – indem z.B. von allen unternehmensspezifischen Gegebenheiten abstrahiert wird –, gelingt es, ein solches allgemeingültiges Modell zu entwickeln. Der Nutzen eines solchen Modells ist darin zu sehen, daß einmal die durch die personalbezogenen Funktionsbereiche induzierten Informationsprozesse, zum anderen die logisch-sachlichen Beziehungen zwischen den jeweiligen Informationsprozessen aufgezeigt werden können. Durch das Aufzeigen der Informationsprozesse ist die Möglichkeit geschaffen, ein „Informationsbild" eines jeden personalbezogenen Funktionsbereichs zu erstellen, während durch das Aufzeigen der Beziehungen zwischen den jeweiligen Informationsprozessen und damit zwischen den einzelnen personalbezogenen Funktionsbereichen die wechselseitigen Abhängigkeiten verdeutlicht werden können. Gerade die Durchleuchtung und Erforschung der wechselseitigen Beziehungen zwischen den personalbezogenen Funktionsbereichen und zwischen anderen unternehmensinternen und unternehmensexternen Informationsquellen, auf die schon bei der Analyse der einzelnen Funktionsbereiche hingewiesen wurde und die vereinfacht in Abb. 31 angedeutet sind, bilden eine wesentliche und unabdingbare Grundlage für das Herstellen aktiver Beziehungen bei den entsprechenden Gestaltungsaktivitäten. Da einerseits jeder einzelne personalbezogene Funktionsbereich nur seinen ganz speziellen Beitrag zur Erfüllung der Ziele des Systems Personalwesen leisten kann, gilt es, die dadurch bedingten Verflechtungsnotwendigkeiten aufzuzeigen, um eine Integration der einzelnen Personalfunktionen herbeiführen zu können. Da andererseits die Führungsaufgabe Personalwesen in ihrer Verflechtung mit anderen Führungsaufgaben im Unternehmen gesehen werden muß, gilt es, auch diese Beziehungen aufzuzeigen, um eine Integration sämtlicher Führungsaufgaben gewährleisten zu können. Schließlich müssen auch die wechselseitigen Beziehungen zu den unternehmensexternen Faktoren oder Gegebenheiten Berücksichtigung finden.

Die *Darstellungsform* eines solchen formalen Beschreibungsmodells trägt ebenfalls wesentlich zur Durchdringung der in diesem Modell abzubildenden Sachverhalte bei. Hier kann die im sogenannten „Kölner Integrationsmodell" [64, S. 117ff.] gewählte kombinierte Darstellungsform eine wesentliche Hilfe bieten, die sowohl graphische Darstellungen als auch verbale Beschreibungen beinhaltet.

Mit diesen kurzen Andeutungen zur Charakterisierung eines Beschreibungsmodells für ein Personalinformationssystem wird deutlich, welche weiteren Schritte aufbauend auf der in dieser Arbeit aufgezeigten Abbildung der Personalführungsaufgabe zur Entwicklung eines solchen Modells notwendig sind, zum anderen, welchen wesentlichen Beitrag ein solches allgemeingültiges Modell bei der Gestaltung eines unternehmensindividuellen Personalinformationssystems im Rahmen der Modellbildung – vgl. Abb. 15 – leisten kann.

Literaturverzeichnis

[1] Ackoff, R. L.: Management Misinformation Systems. In: Management Science 14 (1967) 4, S. B 147–B 156.

[2] Adam, A., E. Helten u. F. Scholl: Kybernetische Modelle und Methoden. Köln, Opladen 1970.

[3] Adamowsky, S.: Langfristige und kurzfristige Planung. In: Unternehmensplanung. Hrsg. K. Agthe, E. Schnaufer. Baden-Baden 1963, S. 23–46.

[4] Agthe, K.: Das Problem der unsicheren Erwartungen bei unternehmerischen Planungen und Entscheidungen. In: Unternehmensplanung. Hrsg. K. Agthe, E. Schnaufer. Baden-Baden 1963, S. 83–120.

[5] Alex, L.: Prognose der Arbeitsmarktentwicklung und ihre Probleme. In: Bundesarbeitsblatt 21 (1970) 1, S. 13–17.

[6] Altmann, N. u. F. Böhle: Technischer Fortschritt und soziale Risiken. In: Bundesarbeitsblatt 24 (1973) 2, S. 72–76.

[7] Amedick, W.: Die Simulation des unternehmerischen Entscheidungsprozesses. Diss. TU Berlin 1968.

[8] Arbeitskreis Hax der Schmalenbach-Gesellschaft: Informations- und Finanzierungsentscheidungen im Rahmen langfristiger Unternehmenspolitik. In: Schmalenbachs Zeitschrift für betriebswirtschaftliche Forschung 22 (1970) 12, S. 741–770.

[9] Autorenkollektiv des Forschungsinstituts für Rationalisierung: Betriebsbereichs-, Arbeitsplatz- und Tätigkeitsanalysen. In: Wirtschaftliche und soziale Aspekte des technischen Wandels in der Bundesrepublik Deutschland. Hrsg. Rationalisierungskuratorium der Deutschen Wirtschaft (RKW) e.V. Band 1. Frankfurt 1970. S. 202–229.

[10] Becker, W.: Jugendschutz in der Arbeitswelt. In: Wirtschaft und Berufs-Erziehung 22 (1970) 8, S. 152–156.

[11] Bellinger, B.: Personalwesen. In: Handwörterbuch der Betriebswirtschaft. Hrsg. E. Seischab, K. Schwantag. Stuttgart 1958. 3. Band. Sp. 4314–4323.

[12] Berger, R. u. J. Geißler: Marketing in der Personalpolitik. In: Der Volkswirt 22 (1968) 11, S. 26–27.

[13] Berthel, J.: Informationen und Vorgänge ihrer Bearbeitung in der Unternehmung. Berlin 1967.

[14] Berufsbildungsgesetz (BBiG) vom 14. August 1969. Bundesgesetzblatt Teil I, S. 1112ff.

[15] Betriebsverfassungsgesetz (BetrVG) vom 19. Januar 1972. In: Bundesgesetzblatt Teil I, S. 13ff.

[16] Biäsch, H. u. Ch. Lattmann: Die Entwicklung der Führungskräfte der Unternehmung. In: Handbuch der Psychologie. 9. Band. Betriebspsychologie. Hrsg. A. Mayer, B. Herwig. Göttingen 1970. S. 589–612.

[17] Blake, R. F. u. J. S. Mouton: The Managerial Grid. Houston 1964.

[18] Bläsius, W.: Auf dem Weg zu neuen Softwaresystemen für den MIS- und OIS-Aufbau. In: Bürotechnik 20 (1972) 1, S. 162–166.

[19] Bleicher, K. u. E. Seidel: Forschung ohne Koordination. In: Der Volkswirt 23 (1969) 1, S. 30–32.

[20] Blohm, H.: Organisieren des Berichtswesens als Lernprozeß. In: Die Lochkarte 23 (1969) 204, S. 3–8.

[21] Blohm, H.: Metainformationen zur Annäherung an optimale Organisationsstrukturen. In: Zeitschrift für Organisation 39 (1970) 1, S. 9–16.

[22] Blohm, H.: Gestaltung eines lernenden MIS. In: Management-Informationssysteme – Eine Herausforderung an Forschung und Entwicklung. Hrsg. E. Grochla, N. Szyperski. Wiesbaden 1971. S. 333–340.

[23] Borrmann, W. A.: Wie sichern Sie Ihren Erfolg? In: Plus 6 (1972) 3, S. 17–23.

[24] Brinkmann, G.: Tätigkeitsfelder und Ausbildungsinhalte (I). In: Analysen 1(1971) 9/10, S. 23–25.

[25] Brinkmann, G.: Tätigkeitsfelder und Ausbildungsinhalte (II). In: Analysen 2 (1972) 1, S. 36–37.

[26] Brönimann, Ch.: Aufbau und Beurteilung des Kommunikationssystems von Unternehmungen. Bern, Stuttgart 1970.

[27] Buchholz, R.: Guter Ruf bringt gute Leute. In: Der Volkswirt 23 (1969) 4, S. 32–34.

[28] Büchel, A.: Systems Engineering. In: Industrielle Organisation 38 (1969) 9, S. 373–385.

[29] Chaberny, A., H. Fenger u. A. Reiter: „Tätigkeitsschwerpunkt" als Strukturmerkmal in der Erwerbsstatistik. In: Mitteilungen aus der Arbeitsmarkt- und Berufsforschung 5 (1972) 3, S. 230–257.

[30] Christen, H.: Organisation des Informationswesens. In: Bürotechnik und Organisation 19 (1969) 2, S. 96–103.

[31] Coenenberg, A. G.: Die Kommunikation in der Unternehmung. Wiesbaden 1966.

[32] Compes, P. C.: Sicherheitstechnisches Gestalten. Gedanken zur Methodik und Systematik im projektiven und konstruktiven Maschinenschutz. Habilitationsschrift RWTH Aachen 1970.

[33] Däniker, H. R.: Der Systembegriff – Ein Hilfsmittel zur Lösung betrieblicher Probleme. In: Industrielle Organisation 38 (1969) 7, S. 295–302.

[34] Dahms, H. J. u. K. Haberlandt: Erfahrungen und Grundsätze beim Aufbau eines automatisierten MIS. In: Industrielle Organisation 39 (1970) 11, S. 449–454.

[35] Dahnen, J.: Zur vorberuflichen Bildung. In: Bundesarbeitsblatt 20 (1969) 2, S. 69–72.

[36] Daul, H.: Zur Organisation der betrieblichen Ausbildung. In: Zeitschrift für Organisation 32 (1970) 5, S. 202–208.

[37] Dedering, H.: Personelle und soziale Maßnahmen bei Rationalisierung im Betrieb. Opladen 1971.

[38] Dederra, E.: Systematische Analyse der Führungsziele. In: Fortschrittliche Betriebsführung 18 (1969) 1/2, S. 4–20.

[39] Dennebaum, E. M.: Frauen richtig führen – Probleme der Beschäftigung weiblicher Mitarbeiter im Betrieb. In: Wirtschafts- und sozialpolitische Grundinformationen. Sachgruppe IV, 8 (1966) 27, S. 1–33.

[40] Dienstdorf, B.: Kapazitätsanpassung durch flexiblen Personaleinsatz bei Werkstättenfertigung. Diss. RWTH Aachen 1972.

[41] DIN 19226: Regelungstechnik und Steuerungstechnik, Begriffe und Benennungen. Berlin, Köln. Ausgabe Mai 1968. S. 1–27.

[42] Domsch, M.: Personalinformationssysteme. SCS-Schriftenreihe. Band 6. Hamburg 1972.

[43] Döring, P. A.: Planung und Kontrolle betrieblicher Bildungsarbeit. In: Rationalisierung 22 (1971) 1, S. 8–20.

[44] Drumm, H. J.: Elemente und Strukturdeterminanten des informatorischen Kommunikationssystems industrieller Unternehmungen. Berlin 1969.

[45] Duschek, E.: Optimale Abteilungsbesetzung und Arbeitsspitzenbewältigung. In: Rechnungswesen, Datentechnik, Organisation 15 (1969), 1, S. 18–22.

[46] Eckert, H.: Industrie-Verdienste 1972. In: Der Arbeitgeber 25 (1973) 4, S. 123–124.

[47] Engel, F.: Ausbildungsinvestitionen in betriebswirtschaftlicher Sicht. Berlin 1970.

[48] Ergebnis der vierten Sitzung des Gesprächskreises für Fragen der beruflichen Bildung vom 21. Januar 1970. In: Bundesarbeitsblatt 21 (1970) 2, S. 122–127.

[49] Flik, H.: Kybernetische Ansätze zur Organisation des Führungsprozesses der Unternehmung. Berlin 1969.

[50] Frese, E.: Kontrolle und Unternehmensführung. Wiesbaden 1968.

[51] Freundl, S.: Die Auswertung eigener Stellenanzeigen und erfolgter Bewerbungen. In: Personal 20 (1968) 7, S. 203–204.

[52] Friedrichs, H.: Zum Inhalt von Grundbegriffen im Personalwesen. In: Personal 22 (1970) 7, S. 212–215.

[53] Fürstenberg, F.: Der soziale Wandel der betrieblichen Personalstruktur erfordert langfristige Personalplanung. In: Personal 21 (1969) 5, S. 141–147.

[54] Fürstenberg, F.: Möglichkeiten und Voraussetzungen eines flexiblen Personaleinsatzes. In: Personal 22 (1970) 6, S. 162–167.

[55] Fuchs, H.: Systemtheorie. In: Handwörterbuch der Organisation. Hrsg. E. Grochla. Stuttgart 1969. Sp. 1618–1630.

[56] Gäfgen, G.: Theorie der wirtschaftlichen Entscheidung. Tübingen 1963.

[57] Gagsch, S.: Probleme der Partition und Subsystembildung in betrieblichen Informationssystemen. In: Management-Informationssysteme – Eine Herausforderung an Forschung und Entwicklung. Hrsg. E. Grochla, N. Szyperski. Wiesbaden 1971. S. 625–652.

[58] Garbe, H.: Die Diskrepanzen zwischen Informationsbedarf und Informationsangebot – Instrumente einer Beeinflussung und ihre Konsequenzen. In: Fortschrittliche Unternehmensführung und Verwaltung durch rationelle Datenverarbeitung – Forderungen an das Management. AWV Schriften Nr. 342. Köln 1972. S. 120–157.

[59] Gesetz zur Regelung der gewerbsmäßigen Arbeitnehmerüberlassung (Arbeitnehmerüberlassungsgesetz – AÜG) vom 7. August 1972. In: Bundesgesetzblatt Teil I, S. 1393ff.

[60] Gogoll, W. D. u. G. Hiesler: Das Problem mangelnder Deutschkenntnisse der Gastarbeiter und seine Lösung im Bildungswesen einer industriellen Unternehmung. In: Arbeit und Leistung 25 (1971) 7, S. 124–130.

[61] Griem, H.: Der Prozeß der Unternehmungsentscheidung bei unvollkommener Information. Berlin 1968.

[62] Grochla, E.: Betriebliche Planung. In: Handwörterbuch der Sozialwissenschaften. Hrsg. von E. Beckerath, H. Bente u.a. Band 8. Stuttgart, Tübingen, Göttingen 1964. S. 314–325.

[63] Grochla, E.: Automation und Organisation. Wiesbaden 1966.

[64] Grochla, E.: Die Integration der Datenverarbeitung. Durchführung anhand eines integrierten Unternehmungsmodells. In: Bürotechnik und Automation 9 (1968) 3, S. 108–123.

[65] Grochla, E.: Organisation der Planung. In: Handwörterbuch der Organisation. Hrsg. E. Grochla. Stuttgart 1969. Sp. 1305–1317.

[66] Grosch, G. u. K. Thämelt: Zur Ermittlung des Informationsbedarfs der Leiter. In: Rechentechnik/Datenverarbeitung 6 (1969) 1, S. 7–11.

[67] Hackstein, R., K. H. Nüßgens u. P. H. Uphus: Personalwesen als eine primäre Führungsaufgabe. In: Fortschrittliche Betriebsführung 19 (1970) 4, S. 88–96.

[68] Hackstein, R., K. H. Nüßgens u. P. H. Uphus: Personalwesen in systemorientierter Sicht. In: Fortschrittliche Betriebsführung 20 (1971) 1, S. 27–41.

[69] Hackstein, R., K. H. Nüßgens u. P. H. Uphus: Struktur des Führungsprozesses im System Personalwesen. In: Fortschrittliche Betriebsführung 20 (1971) 2, S. 47–57.

[70] Hackstein, R., K. H. Nüßgens u. P. H. Uphus: Personalbedarfsermittlung im System Personalwesen (I). In: Fortschrittliche Betriebsführung 20 (1971) 3, S. 105–124.

[71] Hackstein, R., K. H. Nüßgens u. P. H. Uphus: Personalbedarfsermittlung im System Personalwesen (II). In: Fortschrittliche Betriebsführung 20 (1971) 4, S. 159–181.

[72] Hackstein, R., K. H. Nüßgens u. P. H. Uphus: Personalbeschaffung im System Personalwesen. In: Fortschrittliche Betriebsführung 21 (1972) 1, S. 23–36.

[73] Hackstein, R., K. H. Nüßgens u. P. H. Uphus: Personalentwicklung im System Personalwesen. In: Fortschrittliche Betriebsführung 21 (1972) 2, S. 85–106.

[74] Hackstein, R., K. H. Nüßgens u. P. H. Uphus: Personaleinsatz im System Personalwesen. In: Fortschrittliche Betriebsführung 21 (1972) 3, S. 141–161.

[75] Hackstein, R., K. H. Nüßgens u. P. H. Uphus: Personalerhaltung im System Personalwesen. In: Fortschrittliche Betriebsführung 21 (1972) 4, S. 191–200.

[76] Hackstein, R., K. H. Nüßgens u. P. H. Uphus: Personalfreistellung im System Personalwesen. In: Fortschrittliche Betriebsführung 22 (1973) 1, S. 17–26.

[77] Häusler, J.: Grundfragen der Betriebsführung. Wiesbaden 1966.

[78] Häusler, J.: Der Führungsprozeß in der industriellen Unternehmung. In: Unternehmensführung auf neuen Wegen. Hrsg. R. W. Stöhr. Wiesbaden 1967.

[79] Häusler, J.: Personalinvestitionen nach Plan. In: Plus 3 (1969) 7, S. 17–24.

[80] Hahn, D.: Führung des Systems Unternehmung. In: Zeitschrift für Organisation 40 (1971) 4, S. 161–169.

[81] Halbach, G.: Abstellung von Arbeitnehmern (Leiharbeitsverhältnis). In: Das Personal-Büro in Recht und Praxis. Gruppe 2/4. Freiburg 1972. S. 1–4.

[82] Hauser, E.: Ergebnisbewertung im Personalwesen. Winterthur 1967.

[83] Hax, K.: Grundfragen der betrieblichen Personalpolitik. In: Zeitschrift für Betriebswirtschaft 31 (1961) 12, S. 721–732.

[84] Heinen, E.: Das Zielsystem der Unternehmung. Wiesbaden 1966.

[85] Hellmich, R.: Entwicklung eines Planungssystems für Unternehmungen. Winterthur 1970.

[86] Hentze, J.: Die Hauptdeterminanten des quantitativen Personalbedarfs. In: Zeitschrift für Betriebswirtschaft 4 (1970) 10, S. 677–688.

[87] Hildebrandt, F.: Systemtechnik im Arbeitsstudium. In: afa Informationen 20 (1970) 3, S. 35–46.

[88] Hildebrandt, W.: Untersuchung zur Berücksichtigung der menschlichen Tagesrhythmik durch eine variable Arbeitszeitregelung. Diss. RWTH Aachen 1972.

[89] Hofmann, G.: Steuerungsverfahren für Büroarbeiten. In: Zeitschrift für Organisation 40 (1971) 7, S. 339–346.

[90] Hoffmeister, J.: Wörterbuch der philosophischen Begriffe. Hamburg 1955.

[91] Hudelmaier, G.: Die Personalplanung im Zeichen der Substitution von Arbeit durch Kapital. In: Personalführung. Band II. Hrsg. A. Marx. Wiesbaden 1970. S. 63–79.

[92] Joha, J.: Auch das „Personal-Image“ eines Betriebes muß gepflegt werden. In: Personal 21 (1969) 4, 101–103.

[93] Jordt, A. u. K. Gscheidle: Erfassung betrieblicher Informationssysteme. In: Bürotechnik und Organisation 17 (1969) 4, S. 238–348.

[94] Käppler, F.: Schulung mit Effekt. In: VDI-Nachrichten 24 (1970) 34, S. 10.

[95] Kern, H. u. M. Schumann: Der soziale Prozeß bei technischen Umstellungen. Frankfurt 1972.

[96] Klauder, W. u. G. Kühlewind: Zur längerfristigen Vorausschätzung des Arbeitskräfteangebots in der Bundesrepublik Deutschland. Technik, Probleme, Möglichkeiten und Grenzen. In: Mitteilungen – Institut für Arbeitsmarkt- und Berufsforschung 2 (1969) 10, S. 787–807.

[97] Klauder, W. u. G. Kühlewind: Projektion des Angebots an inländischen Arbeitskräften in der Bundesrepublik Deutschland für die Jahre 1973, 1975 und 1980. In: Mitteilungen aus der Arbeitsmarkt- und Berufsforschung 3 (1970) 1, S. 10–32.

[98] Klaus, G. u. M. Buhr: Philosophisches Wörterbuch. Band 2. Leipzig 1971.

[99] Kluth, H.: Die Jugendlichen und die Welt der Arbeit. In: Harzburger Hefte 5 (1962) 1, S. 3–20.

[100] Knebel, H.: Schwierigkeiten des Personaleinsatzes infolge von Rationalisierung. In: Mensch und Arbeit 18 (1966) 2, S. 37–38.

[101] Knebel, H.: Eine wesentliche Aufgabe der Personalführung: Verbesserung der innerbetrieblichen Mobilität. In: Personal 20 (1968) 2, S. 261–264.

[102] Köhler, R.: Informationssysteme für die Unternehmensführung – Der allgemeine Bezugsrahmen und eine empirische Bestandsaufnahme mit besonderer Berücksichtigung des Absatzsektors. In: Zeitschrift für Betreibswirtschaft 41 (1972) 1, S. 27–58.

[103] Koreimann, D. S.: Systemanalyse. Berlin, New York 1972.

[104] Kosiol, E.: Modellanalyse als Grundlage unternehmerischer Entscheidungen. In: Zeitschrift für handelswirtschaftliche Forschung 13 (1961), S. 318–334.

[105] Kosiol, E.: Organisation der Unternehmung. Wiesbaden 1962.

[106] Kosiol, E., N. Szyperski u. K. Chmielewicz: Zum Standort der Systemforschung im Rahmen der Wissenschaften. In: Schmalenbachs Zeitschrift für betriebswirtschaftliche Forschung 17 (1965), S. 337–378.

[107] Kosiol, E.: Die Unternehmung als wirtschaftliches Aktionszentrum. Reinbek bei Hamburg 1966.

[108] Kottusch, W.: Was wird für die Eingliederung ausländischer Arbeitnehmer aufgewendet? In: Bundesarbeitsblatt 22 (1971) 7/8, S. 492–497.

[109] Kramer, R.: Information und Kommunikation. Berlin 1965.

[110] Kreuzaler, E.: Teilzeitbeschäftigung bei männlichen Arbeitnehmern. In: Bundesarbeitsblatt 21 (1971) 11, S. 669–671.

[111] Krieg, W.: Kybernetische Grundlagen der Unternehmungsgestaltung. Bern, Stuttgart 1971.

[112] Lehmann, G.: Praktische Arbeitsphysiologie. Stuttgart 1962.

[113] Lehmann, H.: Integration. In: Handwörterbuch der Organisation. Hrsg. E. Grochla. Stuttgart 1969. Sp. 768–774.

[114] Lewin, K.: Feldtheorie in den Sozialwissenschaften. Bern, Stuttgart 1963.

[115] Lotz, K.: Personalplanung im Unternehmen. In: Zeitschrift für handelswirtschaftliche Forschung 14 (1962), S. 398–414.

[116] Luxem, E.: Die funktionsorientierte Bestimmung von Tätigkeitsinhalten. In: Mitteilungen der Arbeitsmarkt- und Berufsforschung 5 (1972) 3, S. 226–229.

[117] Maier, K. H.: Die Suche nach Führungskräften. In: Handbuch der Führungskräfteauswahl, -förderung, -bezahlung. Hrsg. R. Buchholz, R., K. H. Maier. München 1970. S. 277–327.

[118] Mayer, H.: Die Anpassungsfähigkeit eines MIS. In: Industrielle Organisation 39 (1970) 9, S. 379–382.

[119] March, J. G. u. H. A. Simon: Organizations. New York 1959.

[120] Meyhak, H.: Überlegungen zur Entwicklung eines Unternehmens-Simulators. In: Management-Informationssysteme – Eine Herausforderung an Forschung und Entwicklung. Hrsg. E. Grochla, N. Szyperski. Wiesbaden 1971. S. 505–526.

[121] Mönninghoff, J.: Pädagogische Technologie für betriebliche Referenten, Ausbilder und Schulungsleiter. In: Arbeit und Leistung (1972) Sonderheft I, S. 35–40.

[122] Mönninghoff, J.: Betriebliche Integration von „Gastarbeitern" durch betriebsbezogene Bildung. In: Arbeit und Leistung 25 (1971) 7, S. 130–132.

[123] Morawe, Ch.: Frauenerwerbsarbeit. In: Bundesarbeitsblatt 18 (1967) 1/2, S. 18–20.

[124] Müller, W.: Kaderentwicklung und Kaderplanung. Bern, Stuttgart, Wien 1971.

[125] Nagel, K.: Die innerbetriebliche Ausbildung von Führungskräften.in Großunternehmungen. Berlin 1969.

[126] Neeb, F.: Aufbau von Schichtwechselplänen für Betriebe mit kontinuierlicher Arbeit. In: Unternehmensforschung 1 (1956/57) 4, S. 178–198.

[127] Neumann, H. P.: Personalprobleme der Rationalisierung. In: Personal 20 (1968) 4, S. 101–103.

[128] Nieschlag. R.: Das Problem der Systematisierung personalpolitischer Maßnahmen. In: Verantwortliche Betriebsführung. Hrsg. E. Gaugler. Stuttgart 1969. S. 197–209.

[129] Personalplanung im Chemiebetrieb. Hrsg. Arbeitsring der Arbeitgeberverbände der Deutschen chemischen Industrie e.V. Wiesbaden 1968.

[130] Potthoff, E.: Organisation des Personalwesen. In: Handwörterbuch der Organisation. Hrsg. E. Grochla. Stuttgart 1969. Sp. 1296–1305.

[131] Rehhahn, H.: Integrierte Personalplanung in einem Stahlwerk. In: afa Informationen 21 (1971) 3/4, S. 35–51.

[132] Reinhardt, R.: Berufliche Grundbildung. In: Bundesarbeitsblatt 20 (1969) 2, S. 73–75.

[133] Richter, H.: Aus- und Fortbildung von Führungskräften. In: Handbuch der Führungskräfteauswahl, -förderung, -bezahlung. Hrsg. R. Buchholz, K. H. Maier. München 1970. S. 453–534.

[134] Rölle, H.: Die Ermittlung des Informationsbedarfs der Manager. Ausgangspunkt oder Ziel des MIS? In: Management-Informationssysteme – Eine Herausforderung an Forschung und Entwicklung. Hrsg. E. Grochla, N. Szyperski. Wiesbaden 1971. S. 763–783.

[135] Rölle, H.: Die modellgestützte Systemanalyse für die Gestaltung problembezogener computergestützter Informationssysteme. In: Zeitschrift für Datenverarbeitung 10 (1972) 1, S. 24–30.

[136] Scherpf, A.: Personalplanung. In: Management-Enzyklopädie. Band 4. München 1971. S. 1099–1105.

[137] Schmidbauer-Jurascheck, B.: Teilzeitbeschäftigung – Notlösung oder Chance? In: Maschine und Manager 8 (1965) 1, S. 26–30.

[138] Schnorbus, A.: Risiken beim Gesundschrumpfen. Personalabbau in der Praxis. In: FAZ vom 27. 7. 1972, S. 13.

[139] Schönfeld, H. M.: Die Führungsausbildung im betrieblichen Funktionsgefüge. Wiesbaden 1967.
[140] von Schutterstein, E.: Modelle – Die Stützen des MIS. In: Management-Informationssysteme – Eine Herausforderung an Forschung und Entwicklung. Hrsg. E. Grochla, N. Szyperski. Wiesbaden 1971. S. 529–544.
[141] Schwerbehindertengesetz (SchwbG) vom 29. April 1974. In: Bundesgesetzblatt Teil I, S. 1005ff.
[142] Staerkle, R. u. F. Jaeger: Information und Kommunikation. In: Organisationsleiter-Handbuch. Hrsg. A. Degelmann. München 1969.
[143] Stiefel, R. Th.: Die Evaluierung in der Management-Schulung. In: Die Unternehmung 25 (1971) 3, S. 241–258.
[144] Stiefel, R. Th.: Lernpsychologische Aspekte in der Durchführung von Managementkursen. In: Arbeit und Leistung (1972) Sonderheft I, S. 25–29.
[145] Stier, E.: Die Entscheidungshelfer für die Unternehmensleitung. Wiesbaden 1969.
[146] Stier, F.: Zur Ermittlung und Bewertung menschlicher Arbeit und Leistung. In: Arbeit und Leistung 24 (1970) 5, S. 89–92.

[147] Ulrich, H.: Allgemeine Organisationslehre (Vorlesungsunterlagen, vervielfältigt am Institut für Betriebswirtschaft an der Hochschule St. Gallen). o.J.
[148] Ulrich, H.: Die Unternehmung als produktives soziales System. Bern, Stuttgart 1970.
[149] Ulrich, H. u. R. Staerkle: Personalplanung. Köln, Opladen 1965.

[150] Vigier, G. J.: Management-Informations-Systeme. In: Informationssysteme in Wirtschaft und Verwaltung. Hrsg. H. R. Walter, R. A. Fischer. Berlin, New York 1971. S. 127–187.

[151] Wächter, H.: Planung im Personalbereich. In: Betriebswirtschaftliche Forschung und Praxis 22 (1970) 5, S. 287–303.
[152] Wacker, W. H.: Betriebswirtschaftliche Informationstheorie. Opladen 1971.
[153] Wagner, H.: Die Bestimmungsfaktoren der menschlichen Arbeitsleistung im Betrieb. Wiesbaden 1966.
[154] Walz, D.: Allgemeine Voraussetzungen zur Gestaltung des Informationssystems in einem Unternehmen. In: Zeitschrift für Organisation 37 (1968) 1, S. 16–23.
[155] Wegner, G.: Systemanalyse und Sachmitteleinsatz in der Betriebsorganisation. Wiesbaden 1969.
[156] Weilbach, E.: Überstunden – Signal für mangelhafte Betriebsorganisation. In: Der Erfolg 20 (1971) 9, S. 26–28.
[157] Welch, R.: Personal-Leasing der „zweite Arbeitsmarkt" – Zeitarbeit ist mehr als „Feuerwehr" fürs Büro. In: Handelsblatt 27 (1972) 80, S. 35.
[158] Wellner, W.: Eigenschaften älterer Arbeitnehmer und Möglichkeiten ihrer Beschäftigung. In: Personal 23 (1971) 6, S. 222–223.
[159] Welter, F. J.: Die betrieblichen Helfer der Schwerbehinderten. In: Arbeit und Sozialpolitik 25 (1971) 6, S. 192–194.
[160] Wiedemann, H.: Jung gegen alt? In: Rationalisierung 22 (1971) 4, S. 92–96.
[161] Wild, J.: Input-, Output- und Prozeßanalyse von Informationssystemen. In: Schmalenbachs Zeitschrift für betriebswirtschaftliche Forschung 22 (1970) 1, S. 50–72.
[162] Wild, J.: Informationstheorie. In: Management-Enzyklopädie. Band 3. München 1971. S. 530–546.
[163] Wild, J.: Management-Prozesse und Informationsverarbeitung. In: Datascope 2 (1971) 4, S. 1–8.
[164] Winterhager, W. D.: Kosten und Finanzierung der beruflichen Bildung. Stuttgart 1969.

[165] Wirth, H.: Bildungsarbeit im Industrieunternehmen. München 1969.
[166] Witte, E.: Das Informationsverhalten in Informationssystemen – Die These von der unvollkommenen Informationsnachfrage. In: Management-Informationssysteme. Hrsg. E. Grochla, N. Szyperski. Wiesbaden 1971. S. 833–842.
[167] Wittmann, W.: Unternehmung und unvollkommene Information. Köln, Opladen 1959.
[168] Wöhe, G.: Einführung in die allgemeine Betriebswirtschaftslehre. Berlin, Frankfurt a.M. 1967.
[169] Zangemeister, Ch.: Systemtechnik – eine Methodik zur zweckmäßigen Gestaltung komplexer Systeme. In: Zeitschrift für Organisation 39 (1970) 5, S. 209–217.
[170] Zekorn, K.: Zur beruflichen Umschulung. In: Bundesarbeitsblatt 20 (1969) 2, S. 75–79.
[171] Zimmermann, W. L.: Auf dem Wege zu einem ganzheitlichen Informations- und Entscheidungssystem – Teil 3. In: Elektronik 18 (1969) 12, S. E 237–E 240.

Sachregister